新 社会福祉士養成課程対応

権利擁護を
支える法制度

山口 光治 編

みらい

●編者

<ruby>山口<rt>やまぐち</rt></ruby> <ruby>光治<rt>こうじ</rt></ruby>　淑徳大学

●執筆者一覧（五十音順）

<ruby>有田<rt>ありた</rt></ruby> <ruby>伸弘<rt>のぶひろ</rt></ruby>　関西福祉大学 …………………………………… 第5章

<ruby>小川<rt>おがわ</rt></ruby> <ruby>知晶<rt>ちあき</rt></ruby>　川崎医療福祉大学 ……………………… 第6章第1節〜3節

<ruby>荻野<rt>おぎの</rt></ruby> <ruby>太司<rt>ひろし</rt></ruby>　沖縄国際大学 ……………………… 第7章第1節〜3節

<ruby>葛<rt>かつら</rt></ruby> <ruby>絵梨奈<rt>えりな</rt></ruby>　東京都船形学園 …………………………… 序章第2節

<ruby>神谷<rt>かみや</rt></ruby> <ruby>和孝<rt>かずたか</rt></ruby>　東海学院大学 …………………………………… 第4章

<ruby>香山<rt>かやま</rt></ruby> <ruby>芳範<rt>よしのり</rt></ruby>　明石市後見支援センター ………………… 第10章コラム、第11章第1節5・6

<ruby>川村<rt>かわむら</rt></ruby> <ruby>岳人<rt>がくと</rt></ruby>　立教大学 …………………………………………… 第2章

<ruby>佐藤<rt>さとう</rt></ruby> <ruby>伸隆<rt>のぶたか</rt></ruby>　地域の耕房 風と土に一滴水 …………第10章第1節〜5節、第12章第3節

<ruby>澤田<rt>さわだ</rt></ruby> <ruby>寛子<rt>ひろこ</rt></ruby>　流山市北部地域包括支援センター ……… 第6章コラム

<ruby>都村<rt>つむら</rt></ruby> <ruby>尚子<rt>なおこ</rt></ruby>　関西福祉科学大学 ………………………… 第12章第1節

<ruby>中嶌<rt>なかしま</rt></ruby> <ruby>知文<rt>ともふみ</rt></ruby>　中嶌知文・実香法律事務所 ………第11章第1節1〜4・第2節・コラム

<ruby>古井<rt>ふるい</rt></ruby> <ruby>慶治<rt>けいじ</rt></ruby>　ふるい後見事務所 …………………… 第8章コラム、第9章第1・2節

<ruby>前田<rt>まえだ</rt></ruby><ruby>小百合<rt>さゆり</rt></ruby>　三重県立志摩病院 …………………… 第7章コラム、第12章第2節

<ruby>松本<rt>まつもと</rt></ruby> <ruby>直高<rt>なおたか</rt></ruby>　特定非営利活動法人シビルブレイン ……第9章第3節・コラム

<ruby>元木<rt>もとき</rt></ruby> <ruby>博之<rt>ひろゆき</rt></ruby>　社会福祉法人 新生会 榛名憩の園 ………序章第1節

<ruby>森田<rt>もりた</rt></ruby> <ruby>隆夫<rt>たかお</rt></ruby>　群馬医療福祉大学 ………………………… 第8章第1節〜3節

<ruby>山口<rt>やまぐち</rt></ruby> <ruby>光治<rt>こうじ</rt></ruby>　前出 …………………………………… 序章第3節、第1章

<ruby>山本<rt>やまもと</rt></ruby> <ruby>克司<rt>かつし</rt></ruby>　安田女子大学 …………………………………… 第3章

はじめに

　社会福祉分野における権利擁護の重要性が高まるなか、2009（平成21）年度から社会福祉士養成課程に「権利擁護と成年後見制度」という科目が導入され、社会福祉士国家試験の出題範囲にも組み込まれてきました。その後、2021（令和3）年度には名称が「権利擁護を支える法制度」に改められ、時代とともに変化していく権利擁護課題の解決のために内容が充実されてきています。

　社会福祉領域における権利擁護の推進の背景には、家庭内における虐待や暴力、介護や福祉の専門職等による虐待問題の発生、認知症や知的障害、精神障害等によって判断能力が低下した者の権利が侵害されてしまう問題、社会経済情勢の変化に伴う社会的排除や貧困の問題などの発生が影響しています。それとともに権利擁護の担い手としての社会福祉士へ期待が高まっていることがうかがえます。

　人びとが安心して、自分らしく、自立した地域生活を営んでいくためには、当事者がもてる力を発揮するとともに、ソーシャルワーカーである社会福祉士が当事者の「必要」と「求め」に応じて、側面から支援していくことが求められます。そして、その際に重要となるのが「権利擁護の視点」であり「方法」です。

　社会福祉分野における権利擁護は、現時点では十分に共通理解が得られ、学問的に確立しているとは言いがたい側面があり、今後の社会福祉実践をふまえた研究が期待されているテーマでもあります。その意味では、本書もその研究に一石を投じる役割を担っていると考えます。

　本書は、先に述べたように社会福祉士養成課程の「権利擁護を支える法制度」に対応し、厚生労働省の示す以下の「科目のねらい」を包含するように編集しました。

①法に共通する基礎的な知識を身につけるとともに、権利擁護を支える憲法、民法、行政法の基礎を理解する。

②権利擁護の意義と支える仕組みについて理解する。

③権利が侵害されている者や日常生活上の支援が必要な者に対する権利擁護活動の実際について理解する。

④権利擁護活動を実践する過程で直面しうる問題を、法的観点から理解する。

⑤ソーシャルワークにおいて必要となる成年後見制度について理解する。

　そして、社会福祉士として必要となる知識としての法の理解と法を駆使する実践力を身につけることに加え、ソーシャルワークとしての権利擁護活動を実践する視点やかかわり方についても盛り込み、包括的に権利擁護について学ぶことができるように配慮しました。

　権利擁護活動は、成年後見制度や日常生活自立支援事業など、さまざまな制度上の仕組みが整うことも大切ですが、一人ひとりの当事者の権利が擁護されることが

重要といえます。本書では、権利擁護活動を推進するうえで必要となる知識と情報について掲載していますので、社会福祉士を目指す学生はもちろんのこと、精神保健福祉士、その他福祉現場の実践者にも日々の実践を整理する際にご活用いただければ幸甚です。

　最後に、本書を発行するにあたってご尽力いただきました執筆者の先生方、および㈱みらいの西尾敦氏に対して厚く御礼申し上げます。

2021年2月

編者　山口　光治

目　次

序章　「権利擁護を支える法制度」を学ぶあなたへ

第1章　権利擁護とは

第2章　ソーシャルワーカーと法

第３章　日本国憲法の理解

第4章　民法の理解

第5章　行政法の理解

第6章　権利擁護を支える仕組み

第7章　権利擁護活動における法的諸問題

第12章　権利擁護活動の実際

「権利擁護を支える法制度」を学ぶあなたへ

ここでは、「『権利擁護を支える法制度』を学ぶあなたへ」と題して、社会福祉の現場において権利擁護にかかわる施設職員・教員のインタビューを掲載します。第1章以降の学びに入る前に、インタビューを通して権利擁護の実際や権利擁護にかかわる方の思いを感じてみましょう。

Interview 1　現場で働く先輩職員からのメッセージ①

Q₁　元木さんの自己紹介（職場紹介を含む）をお願いします

　私は社会福祉法人 新生会 特別養護老人ホーム 榛名憩の園でソーシャルワーカーをしています。「あなたが去ることを希望されないかぎり、最後までお世話させていただきます。」という法人の「誓いの言葉」に共感して就職し、16年目（2020〔令和2〕年現在）になります。

　新生会は1938（昭和13）年に設立された結核療養所榛名荘が前身で、1957（同32）年に社会福祉法人 新生会となりました。榛名憩の園は、1969（同44）年に群馬県民間第一号の特別養護老人ホーム（以下「特養」）として開園しました。その後、2004（平成16）年に改築され、全室個室のユニット型の特養となりました。

Q₂　職場での主な業務と仕事のやりがいについて教えてください

　主な業務内容は、特養に入居したい方の相談をはじめ、特養に入居した方やそのご家族からの相談に応じること、ショートステイ利用の受付を行います。その際にご本人やご家族、ケアマネジャーに福祉制度や施設の役割、施設利用の仕方などを説明します。

　やりがいを感じる場面は、急で難しい支援を必要としている方の課題に対して、関係者、関係機関が一緒になって取り組めたときです。「新生会なら話を聞いてもらえて、解決しないまでも、いろいろな選択肢がわかり、見通しが立つようになるから」と、市や県をまたいで相談にみえる方がたくさんいらっしゃ

います。

　もちろん、すべての方にかかわって課題に取り組めるわけではありません。お話を聞いて、ケアマネジャーや近くの地域包括支援センターに質問することを一緒に考えて、予想できる今後の流れをお伝えするだけで終わることも多々あります。しかし、「聞いてもらえてよかった」「これからすることがわかって安心した」と言っていただけることが、やりがいにつながります。

Q3　利用者とのかかわりで印象に残っていることや大切にしていることを教えてください

　利用者の権利擁護にかかわる事柄としては、私が就職した頃よりも、特養の申込者・入居者で成年後見制度を利用している方が多くなってきていることがあげられます。以前は、成年後見制度を利用している方は50〜60人の施設に1人ぐらいの珍しい存在でしたが、今は4〜5人となっています。成年後見人と施設とのかかわり方は、基本的にはご家族がいるケースと変わらず、入居契約や料金改定に伴う契約更新を行ったり、本人に必要な生活用品の購入の相談をしたりします。

　一方、ご本人が亡くなった際には「後見人には、亡くなってから本人の意思を代弁する権利がない」との理由で、亡くなった方の葬儀をどのようにするか成年後見人と相談できないときがあり、困ってしまったことがありました。そのため現在では、事前に特養ではどのようなケアや対応ができるかということ、成年後見人は入居からご本人が亡くなるまで、どんな役割があるかを確認しておくようになりました。

　権利擁護に関連して、仕事で大切にしていることは、日本国憲法第25条で定められている健康で文化的な生活を送ってもらえるようにすることです。特養でショートステイの業務にかかわっていると、自宅で生活している高齢者とかかわる場面が多くなります。食事を満足に取っていなかったり、何日もお風呂に入っていなかったり、尿取りパッドを何日もかえていない方に出会うこともあります。そうした際には押しつけにならないように食事、清潔、入浴を支援できるようかかわります。その結果として、「三食温かいものが食べられた」「暖かいお風呂に入れた」「きれいになった」と喜んでもらえたときは、とてもうれしいです。

　また、利用者のためになることであれば、対応した経験がない事例にも取り組んでいくようにしています。前例がない事例で権利擁護の知識が必要となる場面というのは、虐待が疑われるケースが多いです。支援が必要な場面に気づくためにも、権利擁護に関する具体的な事例が記されている「対応困難事例集」

や「ケース例」などをよく読み、身体的虐待、経済的虐待などの教科書で扱われる用語がどのような場面で使用されるのかということや、地域包括支援センター、社会福祉協議会などの関係機関や専門職の役割、そしてそれらはどの法律に基づいて動いているかを学んでおくことが必要です。

　実際に地域包括支援センター（高崎市では「あんしんセンター」と呼ばれます）と連携して、ご本人の安定した生活に向けた支援ができるように働きかけたことがありました。このケースでは、ご本人が高齢で、ご家族も病気のため、食事も満足に取れず、お風呂も故障していたため入浴ができておらず、清潔が保てていませんでした。また、私たちがかかわるまで在宅サービスの利用もありませんでした。そのときは、特養側ではご本人のアセスメントを行い、地域包括支援センターやケアマネジャー側には、ご家族のアセスメントや支援、関係者への聞き取りをお願いしました。その後、現状の課題、今後考えられる支援の選択肢をあげて、特養と地域包括支援センター職員が情報の共有と支援の方向性の確認を行い、主たる介護者への説明を行いました。

Q₄ 将来、社会福祉士になる学生や権利擁護を学ぶ学生へ向けたメッセージをお願いします

　少子高齢社会になり、生活様式や労働環境が多様化し、福祉の現場では今まで以上に権利擁護のための知識が必要になってきています。「法律は弱い者の味方ではなく、法律を知っている者の味方」であり、みなさんがこれから学ぶ権利擁護の知識が、みなさんが出会う利用者の希望を叶えることにつながったり、本人らしく生活することの助けにつながったりしていきます。

　また実際の福祉の現場では、「何かおかしい」という漠然とした想いや「何とかしたい」という感情論では物事は進んでいきません。自身の行動を裏づける法律、制度に関する知識が必要です。法律や制度は日々変わっていきますので、それらに関する学びが必要になってきます。そこで学生の間に福祉に関する本や新聞、事例、論文を読んでおくとよいと思います。その際、ただやみくもに読んでいくのではなく、本書のような体系立った本をもとにして、なぜその権利が必要だといわれ、どのようにして権利を勝ち取ってきたかなど、歴史も含めて知識を広げていくとよいと思います。対応が困難な事例に出会ったとき、現在学んでいることが基礎・土台になり、きっと役に立つはずです。

　私が就職した時代には「教科書に書いてあることは理想だから、大学で勉強した内容は福祉の現場では役に立たない」と言われてしまうことがありましたが、そのようなことはありません。教科書で学んだことは、日々の仕事、取り組みのなかで十分に活かされていますし、役に立ちます。教科書で学んだ内容

を体験できた場合、その事例を蓄積していきましょう。きっとみなさんの自信につながります。

　逆に、教科書と現実での対応が違った場合でも、その出来事を自分なりに記録しておくとよいでしょう。就職して日が浅い時期に「おかしいな」と感じても、状況を理解しきれていなかったり、対応がわからなかったりと、すぐにはその状況を変えられない場合が多いものです。でも、いつか（その時が半年後か10年後かわかりませんが）発言できる機会が与えられたとき、改善できる立場になるまでの準備として、今の状況と想いを記録し、説明できるようにしておくとよいでしょう。

　いつかみなさんと福祉の現場でお会いできるとよいですね。応援しています。

Interview 2　現場で働く先輩職員からのメッセージ②

Q₁　葛さんの自己紹介（職場紹介を含む）をお願いします

　私は児童養護施設にて、児童指導員としてさまざまな職種の職員と日々協力しながら、子どもたちが自らの経験と向き合い自立できるよう支援しています。

　私が児童養護に興味をもつきっかけとなったのは、中学生時代の経験です。いわゆる「ヤンキー」といわれるような、問題となる行動を起こす生徒が一定数いる中学校で過ごすなかで、彼ら彼女らの仲間思いで純粋な姿から「その人の本当に伝えたいこと」に目を向けることの大切さと難しさに気づかされました。このことから、福祉に携わりたいと考えるようになりました。

Q₂　職場での主な業務と仕事のやりがいについて教えてください

　児童指導員の仕事は生活支援と学習支援、自立支援などです。私の勤めている施設では、男女別に８名の児童が１つの寮で暮らす「縦割り制」を採用しています。そのときに所属している児童にもよりますが、幼児であれば生活全般、高校生であれば、自立を考慮し今後の生活に向けての準備を一緒にしていきます。入所する児童は辛い過去や背景を抱えていて、コミュニケーションが苦手であるように感じます。職員となってまだ２年ですが、寮を飛び出し帰ってこない児童、激しい暴言暴力があり結果として椅子や扉を壊す児童、リストカットを繰り返す児童など、必死に自分を表現しようとする児童の姿を見てきました。正直なところ罵（ののし）られることなどもありますが、あきらめずに向き合っています。不調時に「うぜえ！　死ね！　消えろ！　くそばばあ！」と叫びながら

手当たり次第に物や他人を殴っていた児童が、1年後に「自分はここが悪かったと思うけど、これが許せなかった」と話をしてくれたときには、あきらめなくてよかったという気持ちと、この子のためにもっとたくさんの支援をしたいという気持ちになりました。

Q₃　利用者とのかかわりで印象に残っていることや大切にしていることを教えてください

　私が勤めている施設では、児童が自分の権利を自分で護れるように、「子どもの権利」とはどのようなものがあるか、それらを護るためにどのようなことができるかを伝える講習会を開いています。その結果、児童は自身の権利をそれぞれ認識し主張することができるようになりました。しかし、これが「子どもにしか権利がない」と誤って伝わったことがあり、「大人には権利がない」と話した子どもが何人もいました。このことから、自分の権利のみを伝えるだけでは足りないのだということにも気づきました。

　児童はよく、自分の権利を主張し合うことで衝突することが多いですが、自分と同じように相手にも権利はあり、子どもや大人、性別などは関係なくみんながもっているものであること、時には自分の権利が100％主張できないときもあることも併せて伝えています。

Q₄　将来、社会福祉士になる学生や権利擁護を学ぶ学生へ向けたメッセージをお願いします

　仕事を始めたとき、次々と起こる課題に向かっていく先輩や上司の働きぶりに圧倒されました。不安でしたが、専門的な話し合いのなかに出てくる単語の意味が理解できたとき、とてもほっとしたことを覚えています。

　実際の業務のなかでは、親権の変更や戸籍から独立するケースなどがあり、未成年後見人などの多職種と協働したり、それらにかかわる事柄を当該児童が理解できるよう説明したりして、児童のよりよい選択を支えられるようにしています。こうした場面に立ち会うとき、学生時代に権利擁護について学んでおいてよかったと感じます。勉強はとても大変ですが、将来必ずみなさんの強みになります。一緒に福祉に携われるよう応援しています。

Interview 3　教員からのメッセージ

Q₁ 福祉の現場ではどのような困難を抱えている方がおり、どのような支援が行われているのでしょうか

　　日本の社会福祉は、生活保護、児童福祉、障害者福祉、高齢者福祉、地域福祉などの対象を中心として、その対象が抱える生活上の課題（ニーズ）に対してサービスを提供していくといった形で、分野ごとに制度が発展し、専門的な支援が行われるようになってきました。

　　たとえば、元木さんの勤務されているような特別養護老人ホームは、身体上または精神上著しい障害があるために常時の介護を必要とし、かつ、居宅においてこれを受けることが困難な高齢者の生活を支えていますし、葛さんの勤務されているような児童養護施設は、保護者のない児童や虐待されている児童、その他環境上養護を要する児童を入所により養護し、自立に向けた支援を行う役割を担っています。

　　また、医療分野や精神保健分野、教育分野、司法分野などにおいても、第一義的なサービスの提供、たとえば医療や教育、更生保護などに関連して、さまざまな生活上の課題を抱え、社会福祉の専門的支援を必要とする場合もあります。

　　さらに、低所得者や児童、障害者、高齢者など、生活上の課題を抱える人の属性による類型化では捉えきれない、社会的孤立やひきこもり、虐待、自殺、ダブルケアやヤングケアラー等への支援も求められてきています。そのほかにも、自然災害による生活への影響、新型コロナウイルスにより拡大する生活困窮、差別や偏見の問題など、個人や世帯が抱える生きづらさやリスクが複雑化・多様化してきており、人びとが抱える生活上の課題に対して社会福祉士が関与していくこととなります。

Q₂ そうした方々への支援のために、社会福祉士にはどのようなことが求められており、どのようなことを意識して学んでいけばよいのでしょうか

　　社会福祉士としての役割は、生活上の課題を抱えた人を助けることではなく、その課題を抱えた人あるいはその家族が、自分たちの力で歩んでいくことを脇から支えていくこと、といえます。

　　「生活」は幅広く、衣食住はもちろんのこと、当事者のライフステージ上で遭遇するさまざまな出来事、たとえば、子育て、就学（教育）、就労、介護な

ど広範囲にわたります。そのため、それらに該当する福祉各法や民法などの法的な知識、制度を利用するための手続きなどの知識が求められます。元木さんもこのことを指摘しています。

また社会福祉士には、当事者の生活上の課題に対して既存の法制度やサービスを活用して支援を行うだけでなく、生活上の課題である福祉ニーズがあるのに、それに対応したサービスやサポートがない場合にも行動を起こしていく必要があります（ソーシャルアクション）。加えて、家族や職場、地域などの社会構造の変化、自然災害や感染症などによってもたらされてくる新たな生活上の課題をも対象として支援していくことが期待されています。

さらに、近年指摘されているように、福祉サービスが対象者ごとに縦割りとなっていることによる弊害によって、生活上の課題を抱えていても制度の狭間に陥ってしまう社会的なつながりの弱い人への支援といった社会的問題にも目を向けていかねばなりません。

そして、ソーシャルワーカーである社会福祉士に求められることは、人間の尊厳や人権の尊重、社会正義の実現、多様性の尊重といった専門的価値（目的）を福祉実践の中核に置き、生活課題を抱えた当事者と、その人を取り巻く社会環境との相互作用領域（つながり）に焦点を当て、専門的知識や専門的技術を駆使して支援にあたることです。

特にこれからの時代は、葛さんが児童養護施設で取り組まれているように、当事者自身が自分の権利を認識し、主張していくことを支援すること、当事者の意思を尊重し、意思決定支援を適切に行っていくことなど、当事者を主体として中心に位置づけた自立への支援が一層求められます。しかし、このことは当事者の自己責任を強調するものではありません。生活上の課題は、先に述べたように人と社会環境との間で生じる社会的な問題ですから、個人の問題として捉えることは適切ではありません。その人がどのように生きるかを決める主体は、その人自身ですので、それを支えていくことが社会福祉士に求められます。さらに、地域においては、住民を主体にしたつながりの再構築を促進し、地域共生社会の実現に向けて役割を果たしていくことが求められます。

Q₃ 将来、社会福祉士になる学生や権利擁護を学ぶ学生へ向けたメッセージをお願いします

みなさんは社会福祉士の養成課程で、ソーシャルワーク実践に必要な各科目の知識と技術を学び、それらを統合していこうとしています。また、社会福祉士としての価値と倫理に基づく支援を行う実践能力を高めていこうとしています。そして、具体的に、支援を必要とする人や地域の状況を理解し、その生活

上の課題についてアセスメントし、当事者の内的資源や社会資源を活用した支援計画を策定、実施およびその評価を行うことや、それらを多職種・多機関、地域住民等との連携により、総合的で包括的な支援として進めていくことを学んでいると思います。

　この科目のタイトルにあり、みなさんが学んでいく「権利擁護」は、どのような福祉現場であっても社会福祉士として職務を遂行するうえでは共通の学びであり、社会福祉実践の根拠を問うことに通じます。つまり、社会福祉士が人びとの生活と権利を護るために、どのような価値に基づき、どう具体的に働きかけていくのかという実践基盤を確認することを意味するからです。

　社会福祉士を目指すみなさんに大切にしてほしいことは、生活上の課題を抱えている人が、その人らしく暮らすことを支えていくこと、個人の尊厳を尊重し、誰もが生まれながらにもつ人権を尊重していくことです。また、「障害者の権利に関する条約」が策定される過程で用いられた合言葉、「私たちの事を私たち抜きで決めないで（Nothing about us without us）」に象徴されるように、当事者自身が自らの生き方を決める権利をもち、それを社会福祉士が支えていくことを基本に置いていただきたいです。

Q4　最後に、第1章以降ではどのようなことを学んでいくのでしょうか

　この科目は、ソーシャルワーカーである社会福祉士が、人権と社会正義などの専門価値を実践の中心に置き、権利擁護実践に取り組むうえで必要な法制度や各種ガイドライン等の知識、それらの活用法、法的諸問題の理解と実践上の留意点などを学ぶことを目指しています。

　具体的には、権利擁護の概念とその実践の法的根拠となる日本国憲法や民法、行政法の理解、具体的に権利擁護へ取り組むための活用可能な仕組みと成年後見制度、日常生活自立支援事業の理解、その際にどのような法的諸問題があるのか、権利擁護を進めるうえで連携を取る組織や団体、専門職等の理解、そして、権利擁護活動の実際を理解できるよう構成されています。

　法律は苦手だと感じている方も多いかと思いますが、本書はわかりやすく、重要なポイントに絞って整理されていますので、本書を通して権利擁護に必要な専門知識や権利擁護のためのツールを身につけ、それを権利擁護のために活用し、行動できる社会福祉士に育ってほしいと願っています。すでにみなさんは多くの社会福祉に関する専門科目や演習体験を重ねてきていると思いますし、社会福祉現場での実習体験などもあるかもしれません。それらの学びに、本書の内容を重ねながらさらに学びを深めていただきたいと願っています。

権利擁護とは

第1章

●事前学習

・ソーシャルワーカーを目指す私たちは、なぜ権利擁護について学ぶのでしょうか。みなさんが今学んでいる専門的知識や専門的技術を、どのような方向へ用いるのかという専門価値にかかわる問いです。「ソーシャルワーカーの倫理綱領」をヒントに、ソーシャルワーク実践の場を想像しながら、この問いについて考えてみましょう。

●本章のねらい

　社会福祉士の働きは、当事者や地域住民とともに、その人や地域の抱える問題を見出し、解決する方法を考え、当事者自身が取り組んでいくことを励ますことである。自分らしく生きようとする人間の可能性を信じ、当事者の自立した生活が実現するまでパートナーとして傍らに寄り添っていく専門職が社会福祉士である。そこでは、当事者や地域の力を引き出し、強め、その人権と権利を擁護していく役割が求められる。

　本章では、社会福祉士が捉える権利擁護の基盤にある人権と諸権利、権利擁護の視点と方法について概観する。

　なぜ権利擁護を学ばなければならないのかという問いは、いわば社会福祉実践の根拠を問うことに通ずる。すなわち、社会福祉士が人びとの生活と権利を護るために、どのような価値に基づき、どう具体的に働きかけていくのかという実践基盤を確認することを意味するからである。ぜひ権利擁護実践の基礎についての理解を深めてほしい。

〔プロローグ〕

　近隣住民から、Ａ子さんのことを心配して地域包括支援センターへ相談が寄せられた。それによると、Ａ子さん（75歳）は、3か月前に戻ってきた息子（50歳）と二人暮らしをしている。Ａ子さんは軽度の認知症があるため、時折、会話が成り立たないことはあるが、ADLは自立している。

　息子は今まで仕事を転々とし、長続きしない性格であった。やっと2年間続いた仕事も嫌になり、Ａ子さんのもとへ舞い戻った。

A子さんが「いい加減に仕事をしたらどうなの」と話しても、「うるさい、ばばあ！　田舎じゃ、そんな簡単に仕事は見つからない！」「あんたの年金が入ってくるんだからいいだろ。うるさいことばかり言うと殴るぞ！」と脅し、何度か殴られている様子であるという。また、「あんたがこうやって育てたんだろ。いつかは全部俺のものになる財産を先に使って何が悪いんだ！」と怒鳴り散らす。そんななかで生活しているA子さんは、「こんな子に育てたのは、私のせいではないか。私が悪いんだろうか」と思うようになり、自分が我慢すればいいとあきらめている様子であるという。

地域包括支援センターの社会福祉士は、A子さんの思いを受けとめ、暴力を振るう責任は息子さんにあり「A子さんが悪いのではないよ」というメッセージを送りながら、その暴力によって操られ、消えかかっているA子さんの強さを引き出し、自分らしく生きたい気持ちを高めるように努めた。そして、成年後見制度の利用につなぎ、適切な財産管理と身上監護を第三者の成年後見人に依頼した。社会福祉士は、常に被害を受けているA子さんの側に立って支援していこうと支援活動を開始した。

＊1　日本ソーシャルワーカー連盟
日本におけるソーシャルワーカーの倫理を確立し、専門的技能の研鑽、資質の向上を図るとともに、ソーシャルワーカーとしての社会的地位の向上を図るための事業を行い、国際ソーシャルワーカー連盟との連携や日本国としての統一的見解を集約し、決定する組織である。会員には、公益社団法人日本社会福祉士会、公益社団法人日本精神保健福祉士協会、公益社団法人日本医療社会福祉協会、特定非営利活動法人日本ソーシャルワーカー協会の4団体がある。

＊2
日本ソーシャルワーカー連盟代表者会議では、各団体の倫理綱領として「ソーシャルワーカーの倫理綱領」を施行する際に、本綱領のタイトルに各団体名を使用することについて合意している。

この例に限らず、人びとが安心して自由に、自分らしく生きる権利と、その可能性が脅かされ、暴力や虐待、権利侵害といった状況がまかり通る社会を放置しておくことはできない。

私たちは社会福祉士として何ができるのか。その社会的責任の重さに向き合い、行動を起こしていくために権利擁護を学び、当事者の最善の利益を確保し、希望ある未来を当事者とともに築いていくことが求められる。

第1節　ソーシャルワークと権利擁護

1．社会福祉が捉える権利擁護

社会福祉士として権利擁護実践に携わる際に、2つの重要な指針がある。

1つには、社会福祉専門職団体協議会代表者会議が2005（平成17）年に制定し、日本ソーシャルワーカー連盟＊1代表者会議が2020（令和2）年に改訂した「ソーシャルワーカーの倫理綱領」＊2である。その前文には「われわれソーシャルワーカーは、すべての人が人間としての尊厳を有し、価値ある存在であり、平等であることを深く認識する。われわれは平和を擁護し、社会正義、人権、集団的責任、多様性尊重および全人的存在の原理に則り、人々がつながりを実感できる社会への変革と社会的包摂の実現をめざす専門職であり、

多様な人々や組織と協働することを言明する」と述べられている。

　2つには、2014（平成26）年7月にメルボルンで開催された国際ソーシャルワーカー連盟（IFSW）総会および国際ソーシャルワーク学校連盟（IASSW）総会において採択された「ソーシャルワーク専門職のグローバル定義」である。そこでは、「ソーシャルワークは、社会変革と社会開発、社会的結束、および人々のエンパワメントと解放を促進する、実践に基づいた専門職であり学問である。社会正義、人権、集団的責任、および多様性尊重の諸原理は、ソーシャルワークの中核をなす。ソーシャルワークの理論、社会科学、人文学、および地域・民族固有の知を基盤として、ソーシャルワークは、生活課題に取り組みウェルビーイングを高めるよう、人々やさまざまな構造に働きかける。この定義は、各国および世界の各地域で展開してもよい」[3]と定義されている。

　この2つから、ソーシャルワークとしての権利擁護を捉えると、人権と社会正義の原理を基盤として、すべての人間がかけがえのない存在としてその尊厳が尊重され、自由、平等、共生に基づく社会正義の実現を図り、社会福祉の推進とサービス利用者の自己実現を目指すという基本的な方向性を見出すことができる。そして、そのような権利擁護の理念や思想を実現するために、社会福祉実践において利用者の意見や権利主張を側面的に支援し、権利擁護のための法制度や政策を活用して代弁・弁護していくことが社会福祉が捉える権利擁護であるといえる。

2．権利擁護の視点

　社会福祉実践において権利擁護という言葉の使われ方をみると、虐待や人権侵害への対応方法のことを意味していたり、成年後見制度[4]や日常生活自立支援事業[5]を利用することそのものであると捉えている場合が散見される。それは誤りではないものの、そこで用いられている権利擁護は単に方法を意味しており、援助過程を通して相手の痛みや苦しみ、悲しみなどを受けとめ、それに対して誠実に応答していこうとする権利擁護実践の姿勢や態度、視点を含めては捉えられていない。また、制度上の仕組みが整うことと、一人ひとりの当事者の権利が擁護されることとは次元が異なる。

　権利擁護を進めていくためには、その姿勢や態度を含めて権利擁護実践を構造的に理解し、人権や福祉サービス利用者の諸権利を理解しておく必要がある。そして、その基礎に置かれる「当事者をどのように捉えるか」「当事者にどう援助者として向き合うか」という姿勢や態度、視点として次の点をあげることができる。

[3] 日本社会福祉教育学校連盟と社会福祉専門職団体協議会による訳。IFSWとしては日本語訳、IASSWは公用語である日本語定義。

[4]　成年後見制度
第8章参照。

[5]　日常生活自立支援事業
第10章参照。

①一人ひとりがかけがえのない存在である（人権、価値、個別化）

②人はみな生きる力をもっている（人権）

③自分の人生を自分で決める権利と力がある（自己決定、自己選択、残存能力）

④あなたはひとりではない（関係性、社会的存在）

⑤相手を理解する際に、自分でできないことや失われた面のみならず、強みや強さに目を向ける（ストレングス）

⑥力を引き出し、強めていく（エンパワメント）

⑦人はかかわり方によって変化しうる存在である（変化の可能性）

　あくまでも権利主体は当事者本人であり、その本人の力を引き出すとともに、社会環境を整えて側面から支援していくこと、そして時に代弁していくことが権利擁護実践である。社会福祉士は、そのような当事者との協働のプロセスを通して、当事者の最善の利益を確保していくのである。

3．権利擁護の４つの諸相

　ソーシャルワーク領域における権利擁護概念を探求した岩間伸之は、「権利擁護とは、健康で文化的な最低限度の生活の維持及び権利侵害状態からの脱却という狭義の理念を包含しつつ、さらに本人の自己実現に向けたエンパワメントを志向する理念としてとらえることが求められる」として、以下の４つの諸相を提示している[*6]。

> A：権利侵害状態からの脱却
> B：積極的権利擁護の推進
> C：予防的権利擁護の推進
> D：権利侵害を生む環境の変革

　第一は「権利侵害状態からの脱却」であり、生命が危険にさらされている、最低限度の生活が維持できていない、虐待等による権利侵害が認められる、不適切な人間関係や非人間的な環境に置かれているといった権利侵害状態からの脱却を図ることをあげている。第二は、「積極的権利擁護の推進」で、生命や財産を守り、権利侵害状態からの脱却を図るだけでなく、「本人らしい生活」と「本人らしい変化」を支え、本人の自己実現に向けた取り組みを保障することを指している。そして、第三には「予防的権利擁護の推進」をあげ、早期発見・早期対応によって、虐待事例を含む支援困難事例等、深刻な事態に陥ることを未然に防ぐこと。そのためには、地域住民等のインフォーマルサポートの参画による専門職との連携と協働が不可欠となることを指摘

＊６
岩間の４つの諸相は、人と環境の相互作用領域に焦点を当てて介入していくソーシャルワークの固有の視点をもとに、生活者本人を主体として中心に据え、権利侵害があればその状態から抜け出すこと、また、そのような状態に陥ることを予防するとともに、日々の暮らしのなかで本人らしい生活と変化を支えていくことこそが権利擁護であると示唆し傾聴に値する（岩間伸之「権利擁護の推進と地域包括ケア−地域を基盤としたソーシャルワークとしての展開−」『地域福祉研究』No.42　2014年　pp.13-21）。

している。第四には、「権利侵害を生む環境の変革」について、多様な権利侵害の温床となる環境（社会）の側の変革を促すこと。就労条件や労働環境、介護や子育てを取り巻く状況、社会的孤立や排除等をソーシャルアクションによって好転させることをあげている。

第2節　ソーシャルワークの基盤にある人権

　私たちは他者と出会い、自己を紹介する際に、必ず名前を伝える。職業や資格、学校名や学年、年齢、趣味などを話すこともあるが、他者とは異なる唯一無二のものとして一人ひとりの名前がある。そして、その名前は人間らしく生きるために欠かせないものであり、自分自身の人格そのものを表している。このような人格や人権を意味する名前について、「児童の権利に関する条約」の7条には、児童は出生のときから氏名を有する権利および国籍を取得する権利を有するものと明記され、誕生した人間の存在と固有の価値を示している。

　ソーシャルワークの基盤にある人権を理解するためには、1948年国連総会で採択された「世界人権宣言」が基本となる。この宣言は、人権を「すべての人民とすべての国とが達成すべき共通の基準」として保障すべきものとして示している。その1条には、「すべての人間は、生まれながらにして自由であり、かつ、尊厳と権利とについて平等である。人間は、理性と良心とを授けられており、互いに同胞の精神をもつて行動しなければならない」と人間の尊厳を述べている。このことは、ソーシャルワーク実践の基本原理であり、権利擁護を推進するうえでの基盤に位置づけられる。わが国の憲法においても11条に「基本的人権の享有」が掲げられ、侵すことのできない永久の権利として位置づけられている。

・「世界人権宣言」（1948年国連総会で採択）
・「難民の地位に関する条約」（1951年採択、1954年発効、1981年日本批准）
・「あらゆる形態の人種差別の撤廃に関する国際条約」（1965年採択、1969年発効、1995年日本批准）
・「国際人権規約（社会権規約・自由権規約・自由権規約選択議定書）」（1966年採択、1976年発効、日本は自由権規約選択議定書を除き1979年に批准）
・「女子に対するあらゆる形態の差別の撤廃に関する条約」（1979年採択、1981年発効、1985年日本批准）
・「児童の権利に関する条約」（1989年採択、1990年発効、1994年日本批准）
・「障害者の権利に関する条約」（2006年採択、2008年発効、2014年日本批准）

そして、世界人権宣言をより具体化し、法的拘束力をもたせたのが「国際人権規約（社会権規約・自由権規約・自由権規約選択議定書）」である。また、「難民の地位に関する条約」「あらゆる形態の人種差別の撤廃に関する国際条約（人種差別撤廃条約）」「女子に対するあらゆる形態の差別の撤廃に関する条約（女性差別撤廃条約）」「児童の権利に関する条約」「障害者の権利に関する条約」などを通して人権の国際的保障を進めている。今日の社会福祉士の業務のなかには、国内外における国際的な活動や人権にかかわる新たな課題への対処も含まれており、これらの条約等に関しても理解しておく必要がある。

第3節　権利擁護の内容

前節においてソーシャルワーク実践の基盤には、人権が位置づけられていることを述べた。人権とは、すべての人間が生まれながらにもっている権利であり、「人間として生きる」ための普遍的なものである。そして、その上に「自分らしく生きる」ために欠かせないさまざまな権利がある。

1. 社会福祉における権利

＊7　朝日訴訟
生活保護法による保護基準が憲法25条の「健康で文化的な最低限度の生活」を保障するのに十分ではないとして、朝日茂さんが原告となり、その違憲性が争われた訴訟。
第3章p.58参照。

＊8　堀木訴訟
障害福祉年金の受給者に児童扶養手当を支給しないとする併給禁止が憲法14条・25条に違反するとして堀木フミ子さんにより提起された訴訟。
第3章p.58参照。

＊9　ノーマライゼーション
社会福祉の基本理念。年齢や性別、障害の有無などによって特別視するのではなく、ノーマルに近い生活を営むことができる社会を目指していこうとする思想。

社会保障や社会福祉の権利を捉える際に、社会福祉士が理解しておかねばならないものとして次の権利がある。それは、最高法規である日本国憲法の25条、14条、13条である。詳細については本書第3章「日本国憲法の理解」に譲ることとするが、いわゆる「生存権」「法の下の平等」「個人の尊重と幸福追求権」そして「自己決定権」が含まれている。

これらの権利については、これまでの社会福祉の歴史を概観するとわかるように、たとえば、生存権の保障に関しては朝日訴訟*7や堀木訴訟*8によって争われたり、さまざまな生活のしづらさを伴う人びとにとって、法の下の平等がノーマライゼーション*9の理念との関係で適切に保障されているのかなど議論されてきている。また、幸福追求権は国民自らが幸福を追求する権利を認めたものであるが、そのように理解されていない現状もみられる。そして、これらの権利については、現在も、そして今後も、時代と社会の変化に伴う新たな生活課題の出現に際して議論されていかねばならない。

2. 福祉サービス利用者の権利

社会福祉士が福祉サービス利用者の権利を擁護し、対等な関係を構築するためには、以下のような援助を実践していくことが求められる。ここでは佐

藤進の「福祉サービス受給の権利」[*10]と、久田則夫がいう利用者主体のサービスとなるための8つの権利[*11]を参考に整理することにする。

(1)　福祉サービスの情報に関する援助

　福祉サービス利用者が提供者と対等な関係で契約を締結するには、利用者に対してサービスの情報を入手する権利が確保されなければならない。それは、利用者の福祉サービスに関する「知る権利」を尊重することを意味する。

　援助を必要としたときに誰もが情報を入手することができるような体制と支援は欠かせない。また、福祉サービスを選択するために必要な援助とは、サービスの質を評価したり他の事業者と比較できるような詳細で適切な情報内容の公開を促したり、その情報を利用者にわかりやすく説明していくことである。つまり、利用者側に立った情報の公開と説明への援助が求められる。

　そして、サービス情報の公開の一方で、サービス利用者のプライバシーや個人情報の保護と援助内容の本人および利害関係者への開示も求められる。

(2)　福祉サービスの利用への援助

　利用者のなかには、福祉サービスを利用するためにどこへ申請に行ったらよいか、どのような手続きが必要かなどがわからずに、第三者の援助を必要とする人も多い。また、サービス利用に消極的であったり、拒否をする人も少なくない。このような人びとを、いかにサービス利用に結びつけていくかは最も重要な課題である。それは、申請が援助の入り口となるからである。

　申請から利用までの過程では、なるべく容易な方法で利用開始に至るようにすることはもちろんのこと、申請から利用決定までの迅速な対応と公正な受給資格の認定が行われているかについても見守っていく必要がある。

　また、サービス利用の選択や決定が自己の能力では十分に行うことができない場合は、日常生活自立支援事業を利用したり、場合によっては、成年後見制度の活用によって援助を行うことも考えられる。

(3)　福祉サービスの量と質の向上への援助

　提供されるサービスが利用者のニーズに応じて適切で適正なサービスとなるように、量的なサービスの確保と質の高いサービスを利用できるような援助が必要となる。利用者がサービスを選択するためには、選択可能なサービス基盤つまり供給量が充実していなければならない。そして、それによって事業者間に市場原理が働き、サービスの質の向上へと作用するのである。また、サービスの質を高めるためには、サービス提供者側が自主的にサービス

[*10]
佐藤は、福祉サービス受給の権利を以下の5つに整理している。❶公的な福祉サービス関係情報の提供と情報入手の権利、❷手続的権利、❸受給者のニーズとその保障されるべき福祉サービス内容充実の権利、❹行政不服申し立て、行政争訟または損害賠償請求訴訟の権利、❺行財政運営・計画への参加の権利をあげている（佐藤進「措置福祉制度の歴史的意義と新たな展開」『社会福祉研究』第64号 1995年　p.58)。

[*11]
久田は、利用者主体のサービスを保障するために、❶地域社会で生活する権利、❷個別ケア（Individualised Care）を受ける権利、❸質の高いサービスを受ける権利、❹自己決定・自己選択する権利、❺わかりやすい情報提供を受ける権利、❻意見・質問・苦情を表明する権利、❼プライバシーの保護に関する権利、❽自己尊重の念と尊厳を維持する権利、の8つをあげている（久田則夫「社会福祉における権利擁護の視点に立つ新たな援助論―『利用者主体のサービス』の実現をめざして」『社会福祉研究』第70号　1997年 pp.47-48)。

＊12　第三者評価
福祉サービスの質の向上を支援するために、「福祉サービス第三者評価事業に関する指針」に基づき、国・都道府県において、第三者による評価事業を行っている。

内容を見直したり、第三者評価＊12を導入する方法などがある。

　このようなサービス利用者の実体的権利を擁護するためには、利用者へのサービス内容の公開と説明、利用者の自己決定・選択の権利を尊重していくことが基本となる。とりわけ利用者の生活全般をまるごと抱えて援助を行う入所施設においては、一人ひとりの必要と求めに応じて個別援助を受ける権利が保障されなければならない。そのためには、利用者の権利を明文化して表示したり、利用者の視点をもって代弁していく活動が必要となる。

(4)　不服の申立てなどへの援助

　福祉サービスを利用する権利の自己貫徹のためには、その権利が侵害されるような場合に不服を申立てたり、不満や要望がある場合に苦情解決制度＊13を利用することができなければならない。実際に福祉サービスを利用する過程では、ごく些細な不満や契約内容とサービス内容の相違から、人権侵害に至るような重大な事態までさまざまな苦情が想定される。そして、その状況に応じて適切な苦情解決の方法や法的な支援が活用できるように援助していかねばならない。

＊13
社会福祉法82条には、「社会福祉事業の経営者は、常に、その提供する福祉サービスについて、利用者等からの苦情の適切な解決に努めなければならない」と規定し、苦情解決の仕組みを設け、事業者が提供する福祉サービスの援助の内容に関する事項や福祉サービスの利用契約の締結・履行または解除に関する事項について、解決に向けた努力義務を述べている。

　具体的な解決方法としては、各事業者による苦情解決窓口の利用や各種オンブズパーソン（オンブズマン）の利用、都道府県社会福祉協議会の運営適正化委員会による苦情解決のための相談・助言・調査・斡旋などを利用する方法がある。また、行政不服申立て、行政争訟、損害賠償請求訴訟などによる法的措置も方法としてある。さらに消費者問題の側面からは、国民生活センターや消費生活センター、消費者相談などの窓口の活用も可能である。

(5)　住民本位のまちづくりへの援助

　社会福祉の実施体制は、1990（平成2）年の「老人福祉法等の一部を改正する法律（平成2年法律58号）」以降、市町村において在宅福祉サービスと施設福祉サービスが総合的・一元的に提供できるように改正がなされてきた。加えて、市町村ごとに各種福祉計画等の策定や見直しを行い、介護保険法や障害者の日常生活及び社会生活を総合的に支援するための法律（以下、「障害者総合支援法」）に基づく事業の運営を行うことになった。これは、市町村を中心にした地域福祉を一層推進するとともに、地方自治のあり方が大きく問われる時代となったことを意味する。

　また、地域共生社会の推進が喫緊の課題とされ、制度・分野ごとの縦割りや「支え手」「受け手」という関係を超えて、地域住民や地域の多様な主体が参画し、人と人、人と資源が世代や分野を超えてつながることで、住民一

人ひとりの暮らしと生きがい、地域をともに創っていく方向へとわが国が動いている。

　地域福祉の推進に不可欠なことは、地方自治への住民参加と参画である。たとえば、老人保健福祉計画や地域福祉計画などの計画策定や見直しへの住民の参画、各種審議会等への参加や審議内容の公開などがあげられる。また、福祉財政はもちろんのこと、行財政の公開化を通して自治意識の醸成や高揚を図ることも、住民が主体的に地域共生社会を築いていくための援助に通じる。

3．契約上の権利

　福祉サービスが契約による利用方式に転換することは、利用者とサービス提供者の双方の意思が合致することに基づく、対等な関係を基本としてサービスが提供されることを意味する。福祉サービスの契約は一般の契約と異なり、サービスを利用する側が自分の生存に密接に関連する契約である。つまり、生きていくためにはこのサービスを受けざるを得ないという状況下で結ばれているものである。また、サービスを利用する側が高齢であったり障害を伴うことによって社会的に弱い立場に置かれている場合もあり、利用者側の利益が守られているかどうか配慮していく必要がある。そして、サービス提供者側には利用者の利益を守ることとともに高度な注意義務が求められる。

　したがって、十分に利用者が理解できる方法でサービス内容を説明し、利用者側の要望も組み入れて合意を交わし、契約書によってその内容を確認して契約が成立する。そして、成立と同時に権利義務関係が生じ、契約に基づいたサービス提供が行われる。その際に、契約当事者は原則として福祉サービスの利用を受ける本人がなるが、判断能力が不十分な場合は契約締結ができないため、成年後見人の選任を申立て対処していくことになる。

　しかし、契約の前提となる対等な関係を築くためには課題も多い。たとえば、サービスを利用する側は「お世話になって申し訳ない」という思いを感じていたり、サービスを選ぶほど供給量がなかったり、サービス提供者側にも「世話をしてやっている」という意識が生じている場合があり、対等な関係を築きにくい状況もある。また、サービスに関する専門的知識は利用者よりも提供者の方が有しており、サービスの内容や質が適切なのかなど、利用者が判断することが難しい場合もある。そのため、利用者（消費者）保護と利用への支援が不可欠となる。

第4節　社会福祉の変革と権利擁護

1．社会福祉基礎構造改革と権利擁護

　介護保険法や障害者総合支援法などに例をみるように、社会福祉基礎構造改革によって福祉サービスは措置から契約による利用方式へと転換する時代に入ってきた。それは、行政処分として上から下へサービスを決定する方式から、自らサービスを選び対等な関係で契約を結ぶ方式に変わることである。

　これまでのサービスは、措置を基本として福祉制度やサービスに利用者を当てはめ、該当する者に利用させるサービス提供者本位の仕組みという傾向が強かった。しかし、これからは対等な利用契約を基本とした、利用者のニーズに合わせてサービスをマネジメントして提供する利用者本位の仕組みへと移行される。言うならば、初めにサービスありきではなく、初めにニーズありきとした援助のあり方である。

　これをソーシャルワーク実践という臨床からみると、社会福祉は利用者が生きていくことを援助するということであるので、これまでの援助者と利用者の関係であった「してあげる、してもらう」という関係から、「ともに生きる」という対等な関係への転換を意味する。また、援助者の福祉サービス利用者への理解としては、「援助の対象としての人間」から「ともに生きる存在としての人間」へと転換が求められるのである。

　契約制度下での福祉サービスの提供においては、これまでの社会福祉実践のなかでの援助関係を見直しながら、真に対等な関係を構築するために利用者ニーズに合ったサービスの提供を行うという方向性を再確認し、各種の権利擁護実践を通してそれを実現していく必要がある。そして、その実践は、ただ単にサービスの利用形態が措置から契約制度へ移行することに伴う利用者（消費者）保護にとどまらず、個人が人としての尊厳をもって、家庭や地域のなかで、障害の有無や年齢にかかわらず、その人らしい安心のある生活が送れるために、利用者の意見や権利主張を側面的に支援したり、代弁・弁護していくものである。このような権利擁護を進めるうえでの原理は、自己決定権や自己選択の尊重にある。

2．自己決定・自己選択の尊重

　福祉サービスが契約制度へと転換していくなかで、自己決定や自己選択が重視されることは利用者にとって大きな意義のあることである。それは同時

に、自分の生き方を自分で決め、その決めたことに責任をもつという厳しさも併せもっている。どのようなサービスを利用しながら、どのように自分の人生を主体的に生きていくかという問題は、極めて個別的であり、一人ひとりの価値観や自立意識に左右されることである。

　しかしながら、サービス利用者すべてが適切に自己決定や選択ができるかというと、そのような状況ではない。依存的で自己決定に慣れていない人や自己決定をしてはいけないと思っている人、判断能力が低下し自己決定が適切に行えない人など、支援を要する人の存在を見逃してはならない。特に、わが国においては、本音ではなく、建前で他人と話をしたり、我慢することや堪え忍ぶことを美徳とする文化が根強く、正当な自己主張がなされないことも多い。このような文化や風土を一朝一夕に変えることは難しいが、社会福祉士は利用者が自分の権利を主張してもよいこと、自分らしく生きることをエンパワメント・アプローチにより、利用者へ働きかけ定着させていくことが必要となる。エンパワメントとは、人間が本来もっているさまざまな力を、本人とともに、本人を取り巻く社会環境に働きかけ、外的な抑圧をなくし、また本人自身の内的な抑圧を低減していくことで取り戻していく過程であり活動である。したがって、それを通して利用者の自己決定・自己選択の過程に対し支援していくことが求められる。

第5節　社会福祉士と権利擁護実践

1. 権利擁護実践の構造的理解

　権利擁護を推進するソーシャルワーク実践において、どのような専門的支援が必要となるかを考えるうえで、足立叡の「社会福祉実践における基礎構造と本体構造」[14]の考え方が参考となる。足立は、社会福祉の学びと実践について建築工事にたとえ、建物本体の工事と建物を支える基礎工事の関係と同様に、その関心が本体構造にのみ向けられ、それを支える基礎構造の意味を問う姿勢が見失われると、本体と基礎の乖離[15]が起き砂上の楼閣[16]となってしまう危険を指摘している。

　それを権利擁護実践に当てはめると、本体工事にあたるところは、成年後見制度や日常生活自立支援事業の理解と活用、児童や高齢者への虐待、DV防止に関する法の理解や対応システムの整備、被虐待者や虐待者への支援方法、苦情解決や不服申立て制度の活用、消費者被害の防止方法、面接スキルなどの権利擁護に特化した専門的実践である（図1-1）。そして、その本

＊14
足立叡編著「社会福祉基礎構造改革の考え方と課題」『新・社会福祉原論』みらい　2005年　pp.211-221

＊15　乖離
しっかりと結びついていなければならないものが離れてしまうこと。

＊16　砂上の楼閣
砂の上に建てた楼閣（高く造った建物）は、基礎が柔らかくて転覆する恐れがあることから、長続きしない物事や実現が不可能な計画のたとえ。

図1-1　権利擁護実践における基礎構造と本体構造

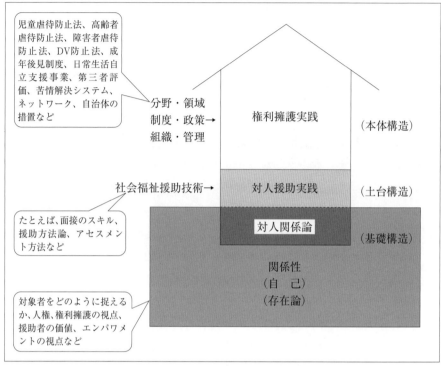

児童虐待防止法、高齢者
虐待防止法、障害者虐待
防止法、DV防止法、成
年後見制度、日常生活自
立支援事業、第三者評
価、苦情解決システム、
ネットワーク、自治体の
措置など

分野・領域
制度・政策→
組織・管理

権利擁護実践

（本体構造）

社会福祉援助技術→

対人援助実践

（土台構造）

対人関係論

（基礎構造）

たとえば、面接のスキル、
援助方法論、アセスメン
ト方法など

関係性
（自　己）
（存在論）

対象者をどのように捉える
か、人権、権利擁護の視点、
援助者の価値、エンパワメ
ントの視点など

出典：足立叡編『新・社会福祉原論』みらい　2005年　p.220を一部改変

体がぐらつかないためには、その基礎に援助者の価値や援助の視点、援助の
姿勢・態度、関係性などが堅固に形づくられていなければならない。

　さまざまな自治体や地域包括支援センターの職員らと話しをすると、権利
擁護の関心の多くは、権利擁護のための具体的支援方法や法的な対応、ネッ
トワークの構築、行政の権限の発動など、「本体構造」のみに向けられている。
それはもちろん重要なことであることは言うまでもないが、その本体を支え
ている「基礎構造」の意味を問うことが軽視されてはいないかという疑問が
残る。権利擁護実践においても基礎構造の意味を問う姿勢が失われたとき、
本体と基礎の乖離が起き、実践そのものが崩れてしまうのである。そして、
そのことは、権利擁護実践が方法論へと関心が寄せられるゆえに、その目的
がなおざりにされてしまうという危惧につながる。たとえば、社会福祉士の
実践をみると成年後見制度を利用させることや虐待防止ネットワークを構築
するといった手段が目的化され、地域において「その人らしい生活の営みを
実現していく」という本来の目的を見失い、目的と手段が入れ替わってしま
う現象がみられる。そのため、権利擁護実践の基礎となる援助の視点につい
て十分理解しておかねばならない。

2.　権利擁護実践の対象

(1)　判断能力の不十分な人の権利擁護

　地域社会においては、認知症や知的障害、精神障害などにより判断能力が不十分な人びとが生活している。そして、時にそのような人びとの人権や権利が侵害され、安心した生活が脅かされてしまうことが起きている。一人ひとりの人権と権利が擁護され、その人らしい生活が確保されていく社会となるには、それを支援していく仕組みが必要となる。特に高齢者に関してみると、今後ますます認知症高齢者が増加するなかで、介護サービスの利用契約や身上監護面の支援、財産管理面においての権利侵害を未然に防いでいくことなどが求められている。また、障害に関するサービスの利用も契約となり、自己の判断でその締結が困難な人も多い。

　判断能力が不十分な人に対する権利擁護は、その判断能力を補い、時には代理して判断し、法律行為などを行う第三者の存在が必要となる[17]。そして、その際には、意思決定支援ガイドラインを活用し、できる限り本人の意思を引き出す工夫や働きかけ、もし判断能力があったならばどう判断したのかを本人の立場に立って推測し、その人らしく生きることを支援しなければならない。

　このような判断能力の不十分な人への支援としては、成年後見制度や日常生活自立支援事業などの活用が必要となる。

(2)　判断能力のある人の権利擁護

　権利擁護実践においては、判断能力の不十分な人に対して支援が必要であるとともに、判断能力があっても権利擁護を必要とする人も多く存在することを見落としてはならない。たとえば、養護者による高齢者虐待事例でみられる状況として、虐待されている高齢者自身に判断能力があっても「助けてほしい」と訴えなかったり、助けを求めることでさらに危害が加えられる恐れがあり訴えられない場合がある。また、福祉サービス提供者と利用者の関係においては、契約方式により形のうえでは対等な関係をとっているものの、実際には必ずしも対等・水平な関係性にはなく、「もっとこうしてほしい」と思っていても言い出せない状況も起きている。このように、判断能力があっても自ら考えを主張しない、あるいは主張したいが主張することができない現実もある。

　判断能力があっても自分の意見や考えを主張しない場合には、本人自身が

*17
わが国が2014（平成26）年に批准した障害者の権利に関する条約と成年後見制度との関係で課題となることとして、条約12条の「法律の前にひとしく認められる権利」がある。条約では障害者が法的能力の行使にあたり必要とする支援について規定しているが、成年後見制度は判断能力の不十分な人に対して第三者である成年後見人等が法律行為の代理や取消しを行う制度となっており、成年被後見人等である障害者自身の法的能力の行使に関して矛盾が生じている。

自分の生きる力を内的に抑圧している状況がみられる。たとえば、次のような要因をあげることができる。家族や職員に世話をしてもらわないと生きられないし、お世話になっていて申し訳ない。自分の意見はわがままだから我慢しなくてはいけない。どうせ先が短いのだからとあきらめの気持ちが強い。こうなったのは自分が悪い、自分の責任だと思っている。家庭内のことは他人に言えないし、言うべきではないと思っている。自分にはどうすることもできないと無力感に覆われているなどをあげることができる。このような状況の人びとに対しても、権利擁護は必要となり、当事者がもつ生きる力を引き出し、強めていく支援が重要となる。

　また、判断能力があって自分の意見や考えを主張したいが、それができない場合には、その人を取り巻く外的な抑圧の影響がある。たとえば、自分の考えを主張することによって相手側から暴力や虐待、いじめを受ける危険が生じたり、相手の気分を害することによって不利益を受ける恐れがある場合がある。この場合には、専門職が介入して、内的な抑圧を低減するとともに外的な権利侵害を防ぎ、安心で安全な環境を確保しなければならない。そのほか、コミュニケーションをとる際に、用いる言語や文化的背景が異なることにより話していることがわからなかったり、伝えたいことが伝えられない場合や生活ニーズを有しているにもかかわらず支援につながっていない人びとなどに関しても権利擁護の対象として対応が求められる。

3．権利擁護実践の方法

　社会福祉士が権利擁護実践を行っていく方法として、これまで述べたことを整理すると大きく2点になる。

(1)　外側から護ること

　1つ目の方法としては、権利侵害や虐待、消費者被害等に直接的に介入し、未然に防いだり、その状態を悪化させないように止め、改善・回復させていくことがある。直接的に介入することは、社会福祉士という第三者が当事者の外側から護っていく権利擁護の方法である。たとえば、家庭内等において虐待や暴力を受けている被害者を救済するために事実確認や緊急的な介入を行っていくこと[18]、訪問販売によって支払いが困難な高額商品を購入してしまった場合のクーリングオフ[19]制度の活用、権利侵害の回復のために弁護士[20]を依頼し訴訟を提起していくことなどがある。

　また、権利侵害の予防としては、虐待や暴力とはどういうことなのか、人権について啓発することや困ったときの相談窓口を明確にし周知しておくこ

＊18
家庭内暴力に関する法律として次の四法がある。「児童虐待の防止等に関する法律（平成12年制定）」、「配偶者からの暴力の防止及び被害者の保護等に関する法律（平成13年制定）」、「高齢者虐待の防止、高齢者の養護者に対する支援等に関する法律（平成17年制定）」、「障害者虐待の防止、障害者の養護者に対する支援等に関する法律（平成23年制定）」

＊19　クーリングオフ
第2章p.45参照。

＊20　弁護士
第11章p.228参照。

と、判断能力が不十分な人に対して成年後見制度や日常生活自立支援事業を利用できるように支援していくことなどがある。

そして、直接的に介入していくためには、本書で述べられている法的な知識やそれを活用する知識をもつとともに、ソーシャルワークの技術に関する知識とそれを実践できる力、専門職倫理についても体得しておかねばならない。

(2)　内側の力を高めること

2つ目は、当事者にかかわりながらその当事者へのエンパワメント・アプローチを通して本人の力を引き出し、強化していくことにより、当事者の内側からの変化を促し権利擁護を行っていこうとする方法である。それは、当事者自身が内にもつ、権利意識や発言力、行動力や可能性などを社会のなかで発揮できるように支援していくことである。たとえば、自分らしく暮らしたいという気持ちをもちながらも、「自分は他人と比べると劣っている」とか「役に立たない存在である」と思ってしまい、本来もっている力を自ら抑えてしまっていることがある。

また、虐待や暴力を受けるような人間関係のなかで生活していることにより、生きることへのあきらめや絶望感が強く、自尊感情（セルフエスティーム）が低くなっていることもある。そのような状態に陥っている当事者にかかわり、その思いを受けとめ、自分らしく暮らしていくことができる方向へとともに歩んでいこうとする実践がエンパワメントであり、権利擁護実践の中核に据えられる。

これは、ソーシャルワークにおけるアドボカシー[21]の具体的実践方法の一つであり、当事者と社会福祉士との協働の過程を通して実現していくものである。そのためには、エンパワメントやストレングスの視点、他者との関係のあり方などの権利擁護実践の基礎を理解するとともに、観察力、コミュニケーション技術や面接技術などについても体得しておく必要がある。

このように権利擁護を実践していくためには、関係する法律や制度、政策やシステムという道具に精通し、使いこなすとともに、ソーシャルワーカーである社会福祉士自身（価値、姿勢・態度、援助技術など）を重要な道具として活用していくことが必要となる。そして、その道具が錆びつくことのないように、常に感性や専門的技術を磨き、専門的知識を高め、また自らの実践を振り返るための事例研究やスーパービジョン、コンサルテーションなどを行っていかねばならない。

*21　アドボカシー
高田真司は、アドボカシー（advocacy：弁護的機能）の定義を、「ソーシャルワーカーの一つの機能で、クライエントの利益を守るため、クライエントの立場に立って実践すること。弁護士が被告を弁護するごとくであるが、ソーシャルワークの弁護的機能には資源としての法律制度の活用のみでなく、組織や制度の変革をも意味していると考えられる」としている（高田真司「弁護的機能 advocacy」京極高宣監修『現代福祉学レキシコン』雄山閣　1993年　p.187）。

●事後学習

①「ソーシャルワーク専門職のグローバル定義」について調べ、実践の基礎
　をなす原則は何か、どのような定義となっているか、なぜそのような定義
　に変わっていったかについて理解しよう。
②ソーシャルワーカーとして権利擁護を進めていくために必要となる姿勢や
　態度、視点について具体的にあげてみましょう。
③権利擁護を推進していくうえで「エンパワメント」は欠かせない。あなた
　の言葉でエンパワメントについて、具体的に説明してみましょう。

【引用文献】
第3節、第4節の執筆にあたり、拙稿「第5節 契約下における援助のあり方」社団法人
日本社会福祉士会編『新 社会福祉援助の共通基盤 第2版 上』中央法規出版　2009年
pp.81-90に加筆・修正を加え引用した。

【参考文献】
・足立叡編『新・社会福祉原論』みらい　2005年
・京極高宣監修『現代福祉学レキシコン』雄山閣　1993年
・社団法人日本社会福祉士会編『改訂 社会福祉士の倫理 倫理綱領実践ガイドブック』中
　央法規出版　2009年
・社団法人日本社会福祉士会編『新 社会福祉援助の共通基盤 第2版 上』中央法規出版
　2009年
・高山直樹監修、社団法人日本社会福祉士会編『社会福祉の権利擁護実践－利用者の声
　を聴く社会福祉士として－』　中央法規出版　2002年
・西尾祐吾・清水隆則編『社会福祉実践とアドボカシー－利用者の権利擁護のために－』
　中央法規出版　2000年
・ネイル・ベイトマン著（西尾祐吾監訳）『アドボカシーの理論と実際－社会福祉におけ
　る代弁と擁護－』八千代出版　1998年
・森田ゆり『新・子どもの虐待－生きる力が侵されるとき－』岩波書店　2004年
・山口光治『高齢者虐待とソーシャルワーク』みらい　2009年
・山本克司『福祉に携わる人のための人権読本』法律文化社　2009年
・ロバート・アダムス著（杉本敏夫・齊藤千鶴監訳）『ソーシャルワークとエンパワメント
　－社会福祉実践の新しい方向－』ふくろう出版　2007年

COLUMN

働いて体感した「エンパワメント」

　社会福祉士として老人デイサービスセンターで働く鈴木さん。まだ、就職して2年目に入ったばかりの新人です。ようやく仕事の段取りにも慣れてきて、少しずつ利用者や家族の声を受けとめられるようになってきました。

　そんな鈴木さんが最近気になっているのが、奥さんを介護している男性の介護者の様子です。送迎をするために自宅へ迎えに行くと、会話も少なく無表情で妻の外出を見送る夫や「俺の体がだめになったら、こいつと一緒に死ぬしかない」と独り言のようにつぶやく声などが聞こえてくるのです。

　デイサービスで日中の介護を提供しているのに、それだけでは介護者の支えになっていないのではないか、男性が介護するということに何か特別な大変さがあるのだろうかと考えるようになりました。そして、男性介護者が真に求めていることは何だろうか、どうしたらそれを知ることができるだろうかと職員会議の際に投げかけてみました。

　すると、鈴木さんが気にしていた介護者のほかにも、ちょっと気になる男性の介護者がいることがわかり、直接それらの男性介護者から話を聞いてみたらどうかということになりました。しかし、鈴木さんが社会福祉士という専門職で、同じ男性だからといっても、まだまだ若く、どう話を切り出してよいか、どんな質問をしたら介護の本音を引き出せるのか自信がありませんでした。

　そこで鈴木さんは、デイサービスセンターへボランティアに来ている小林さんに協力してもらおうと考えました。小林さんは7年間にわたり奥さんの介護をし、昨年、その介護を終えていました。その後、縁あってこのデイサービスセンターへ週1回ボランティアに来ていました。小林さんに話すと、「自分の経験が活かされるのはうれしい」と快く引き受けていただきました。

　鈴木さんは、このデイサービスセンターの利用者の家族で、介護をしている男性全員に、「男性介護者の集い」の案内チラシを手渡しながら、ぜひ、参加してほしいとお願いをして回りました。

　そして、第1回目の男性介護者の集いが8名の参加者によって開かれ、まず小林さんに介護体験談の口火を切っていただき、少しずつ参加者から介護の様子を聞くことができました。こうして始まった集いは、毎月1回の開催から月に2回へと増やされ、すでに10回を数えるまでとなりました。初回から参加したある男性は、「男だから弱音を吐いてはいけないと思って介護していたが、ここに来ると自然に自分の気持ちを話したくなる。話すと少し心が軽くなるよ」と語っていました。それを聞いていた鈴木さんは、「こういうことがエンパワメントというのかな」と大学で学んだことを思い出しました。

第2章 ソーシャルワーカーと法

●事前学習

・ソーシャルワーカーがクライエントを支援する際、法的な知識が求められる具体的な場面を想像し、ノートに書き出してみましょう。

●本章のねらい

　ソーシャルワーカーは、社会的に弱い立場にある人びとの命や生活を擁護する専門職であるため、利用者の人権および自己決定を尊重し、利用者の生活全体に及ぶ広い範囲の権利を擁護することが求められる。
　そこで、本章では法の概念やソーシャルワーカーが法を学ぶ意義を概説する。さらに、複数の事例を示し、法律や制度の活用によって利用者の権利擁護を実現するソーシャルワーカーの役割をイメージする。これらを通じ、相談援助の活動を展開していくためには、国民の権利を規定するさまざまな法律や制度を理解し、活用することが不可決であることを学ぶ。

第1節　法の基礎理論

1．法の概念

　「人間は社会的動物である」とは、古代ギリシャの哲学者アリストテレスの言葉であるが、確かにわれわれ人間は社会に属し、そのなかでさまざまな役割を担い、生活を営んでいる。およそすべての人間が社会と無縁で生きていくことはできないが、その社会が一定の秩序を保っていなければ、各人の生活が脅かされることになる。たとえば、「車は道路の左側を通行しなければならない」「赤信号では停まらなければならない」というルールが守られなければ、安心して車を運転したり、歩行したりすることはできない。このように社会には「こうしなければならない（してはならない）」という人びとの行動を規律するルール、すなわち社会規範が必要となる。
　法は、まさにこの社会規範の一種である。社会規範にはほかにも道徳や宗教、慣習、礼儀などがあるが、法は国家によって強制される点で、他の社会

規範と異なる。

　ここでは、「契約」と「約束」の違いを例に取り、法がもつ強制力をみてみよう。たとえば、引っ越しを考えているAが、Bの家を売ってもらう「約束」を取りつけた。そこで、Aは今まで住んでいた家を第三者に売り払ってお金を用意し、Bを訪ねたところ、Bに「やっぱり家は売らない」と言われてしまったとする。この場合、AはBを「約束を守らないのは不道徳だ」と非難することはできても、Bは公権力による制裁を受けるわけではなく、結果としてAは泣き寝入りをせざるを得ない。しかし、AとBの約束を「契約」として保護すれば、Bが約束を守らない場合、Aは裁判所に訴えて権利関係を確定し、執行官に委託して強制的に家を手に入れることができる。さらに、このような措置が予定されていれば、Bは「契約」がもつ強制力をおそれ、安易に「契約」を破ろうとはしないはずである。

　このように法は、その強制力を背景として、紛争の予防と解決という効力をもつ社会規範である。

2．法の分類

(1)　法源

　他の社会規範とは異なり、法の強制力は裁判を通じて実現される。裁判をするにあたって裁判官がよりどころとする基準を法源というが、この法源は、成文法と不文法、公法と私法、実体法と手続法など、いくつかの基準によって分類することができる。

(2)　成文法と不文法

　成文法は、文書の形式で制定された法であり、制定法ともいわれる。以下に示すように、成文法には憲法、条約、法律、命令・規則、条例・規則がある。一方、不文法は、文書によって表現されていない法であり、慣習法[*1]、判例法[*2]、条理[*3]などがある。

①憲法

　憲法[*4]は、国家の統治機構のあり方や基本原理を定める基本法である。国の最高法規であり、憲法の規定に反する他の法源はその効力を有しない（憲法98条1項）。憲法と条約のどちらが優位するかについては学説が分かれるが、通説および判例ともに憲法が効力の点で条約に優越する立場（憲法優位説）をとる。

*1　慣習法
慣習に基づいて成立する法。公序良俗に反しない慣習のうち、法令によって慣習に従うことが認められたもの、または法令に規定されていない事項に関するものに限り、法律と同一の効力を有する（法の適用に関する通則法第3条）。

*2　判例法
裁判所の判決が後の同様な事件について拘束力をもつことによって、事実上、法源たる地位をもつもの。

*3　条理
物事の道理。民事裁判において適用すべき法がない場合は、条理が従うべき基準となる。

*4　憲法
第3章参照。

②条約

条約は、国家間、または国家と国際機関との間に締結される文書による合意である。

③法律

国民の代表機関である国会において成立した法である。法律は、命令・規則および条例に優位する。

④命令・規則

国の行政機関が制定する法形式である。具体的には、内閣が制定する政令、内閣総理大臣が制定する内閣府令、各省大臣が制定する省令、各省の外局の長や委員会が制定する規則などがある。

⑤条例・規則

地方公共団体が制定する法形式には、地方公共団体が議会の議決によって制定する条例と、地方公共団体の長や各種委員会が制定する規則がある。

(3)　公法と私法

公法とは、国家または地方公共団体と私人との法律関係を定める法のことであり、私法は、私人同士が対等の地位に立って営む私的生活に関する法のことをいう。たとえば、憲法や行政法は公法であり、民法や商法は私法に分類される。

なお、国家または地方公共団体が私人とかかわる場合でも、権力的な作用を伴わず、対等の地位に立つものとしてかかわる限りは私法が適用される。たとえば、私人が医療機関と結ぶ診療契約については、国公立病院と私立病院とを区別する合理的な理由が存在しないため、国公立病院と患者の関係には私法が適用されることが一般的である。

(4)　実体法と手続法

法の分類方法には、ほかにも実体法と手続法という分類がある。実体法は、法律関係、すなわち権利義務の実体を規定する法であり、手続法は、その権利義務の実質的な内容を実現する手続きを規定する法である[5]。

たとえば、AさんがBさんにお金を貸した場合、返済期限が来れば、AさんはBさんに対してその返済を求める権利（＝債権）をもつことになる。このように権利義務の実体を確定するのが実体法である。しかし、いくらAさんとBさんの間の権利義務が明確になったとしても、Bさんが返済する義務（＝債務）を履行しなければ、現実は何も変わらない。こうした場合、Aさんは裁判を起こしたり、調停を申し立てたりすることにより、Bさんに対す

*5
民法や刑法などが実体法、民事訴訟法や刑事訴訟法などが手続法にあたる。

る債権を確実に回収するための手立てを講じる必要がある。このように、実体法によって確定された法律関係を、具体的に実現するための手続きを定めているのが手続法である。すでに述べたように、法の大きな特徴は強制力を伴うところにあるが、手続法は、この強制力を担保するうえで重要な役割を担っている。

3．裁判および判決の種類

(1)　裁判の種類

　裁判（訴訟）には、①刑事訴訟、②民事訴訟、③行政訴訟の3種類がある。このうち、①刑事訴訟とは、検察官が起訴した事件について、被告人が有罪か無罪か、また有罪の場合にはどのような刑罰を科すべきかを判断するために行われる裁判である。なお、裁判員裁判の対象となるのは、この刑事裁判のみである。②民事訴訟とは、賃金の返還や不動産の明け渡し、損害賠償など、私人間の法的な紛争の解決を求める裁判である。③行政訴訟とは、生活保護に関する廃止決定や原子炉の設置許可の適法性を争うなど、行政上の法律関係をめぐる紛争の解決を求める裁判である。

(2)　判決の種類

　判決とは、上記の裁判において、裁判所が当該事件で示す判断のことをいう。このうち、①刑事訴訟における判決は、大きく無罪判決と有罪判決に分かれる。後者には、刑罰の執行を伴う実刑判決、刑罰の執行が猶予される執行猶予付き判決、刑が免除される刑の免除判決の3種類がある。また、②民事訴訟および③行政訴訟における判決も、原告の主張を認める請求認容判決と、原告の主張を退ける請求棄却判決に大別することができる。

(3)　判例

　本来、判決はその事件だけを拘束するものであるが、なかには同種の事件の「先例」となり、以後の判決に拘束力をもつものが出てくる。こうした判決のことを判例と呼ぶ。すでに述べたように、判例法は不文法の一つとされる。日本は、イギリスやアメリカのように判例法主義を明確な形で採用しているわけではないが、最高裁判所における法的判断は判例に拘束されるなど、実際上、判例の拘束力は大きい。

第2節　ソーシャルワーカーと法

1．ソーシャルワーカーが法を学ぶ意義

　わが国の社会福祉法制は、社会福祉法を中心に社会福祉の基礎構造[*6]が規定され、これを土台として公的扶助や老人福祉、障害者福祉、児童福祉などの分野ごとに具体的な福祉サービスの給付の内容を規定する社会福祉関係法が制定される、という構造になっている。たとえば、福祉サービスを規定する社会福祉関係法には生活保護法、児童福祉法、母子及び父子並びに寡婦福祉法、老人福祉法、身体障害者福祉法、知的障害者福祉法のいわゆる福祉六法があるが、各法が定める事務を実施する福祉事務所は社会福祉法に規定されている。ソーシャルワーカーがニーズを抱えるクライエントに適切な福祉サービスを提供するためには、これらの社会福祉法制に対する理解が不可欠となるのは言うまでもない。

　さらに、ソーシャルワーカーが社会的に弱い立場にある人びとの命や人権、生活を擁護する専門職である以上、社会福祉法制に加え、国民の生活全体に及ぶ広い範囲の権利を規定する他の法律への理解も深め、必要に応じて柔軟かつ適切に活用することが求められる。たとえば、家族や施設職員による虐待に対処するには虐待防止法制[*7]、詐欺による消費者被害には消費者保護法制など、既存の法律や制度を理解し、活用することが不可欠となる。さらに、権利侵害の発生を予防したり、既存の法律や制度が利用者の権利を保障するうえで不十分な場合、法整備などの社会的な変革を求めたりすることも重要となる。ソーシャルワーカーによるこれらの機能を「権利擁護」[*8]という。

　また、1970年代以降、福祉サービスの利用者の権利として、自己決定権の尊重が強調されるなか、その後の社会福祉基礎構造改革[*9]によって利用者自身が福祉サービスを選択し、利用を決定することができる契約制度が導入された。これに伴い、認知症高齢者など判断能力が不十分な人びとの意思決定を支援し、自己決定に基づく福祉サービスの利用を実現するため、成年後見制度[*10]や日常生活自立支援事業[*11]が創設された。ソーシャルワーカーは、弁護士[*12]や司法書士[*13]など法律の専門家との連携のもと、これらの制度を活用し、判断能力が不十分な人びとの自己決定を支援することが要請されている。

　このように相談援助の活動を展開するうえで、利用者に適切な福祉サービスを結びつけるためには社会福祉法制への理解が、また、利用者の権利擁護に携わるためには国民の権利を規定するさまざまな法律への理解がそれぞれ

*6　社会福祉の基礎構造
社会福祉を実施するための人材や資源、財源、サービスのあり方など、すべての社会福祉事業に共通する基本事項。

*7
虐待防止法制については、第6章第1節参照。

*8　権利擁護
福祉サービスの利用者の権利を代弁・擁護する活動。人権の原理を基盤として、社会福祉の領域で発展してきた。

*9　社会福祉基礎構造改革
社会福祉の基礎構造を抜本的に改めた制度改革。利用者本位の社会福祉制度の実現や、福祉サービスの質の向上、地域福祉の推進を基本的方向とした。

*10　成年後見制度
第8章参照。

*11　日常生活自立支援事業
第10章参照。

*12　弁護士
第11章p.228参照。

*13　司法書士
第11章p.230参照。

必要とされるのであり、ソーシャルワーカーが法を学ぶ意義もここにある。とりわけ、契約制度の導入に伴い、社会福祉の領域において、契約や成年後見制度を規定する民法*14やその関連法を学ぶ意義が以前にも増して高まっている、と考えられる。

＊14 民法
第4章参照。

2．相談援助活動において想定される法律問題

(1) 福祉サービスの利用と契約

すでにみた通り、わが国の福祉サービスは長年、措置制度によって運用されてきた。この措置制度のもとでは、行政機関が職権によって福祉サービスの利用の可否を一方的に決定するため、利用者の権利擁護が論じられることはほとんどなかった。

しかし、1990年代後半に実施された社会福祉基礎構造改革の結果、多くの福祉サービスは、利用者が自ら事業者を選択し、事業者と直接契約を結ぶ契約制度へと転換が図られた。また、この時期は福祉サービスへの民間事業者の参入が進んだ。現在、介護保険制度が導入された高齢者介護の分野を中心に、財団法人や農業協同組合、生活協同組合、株式会社、非営利法人、ボランティア団体など、多様な組織が福祉サービスを提供している。

これらの構造改革に伴い、福祉サービスの多くは利用者と民間事業者との間で締結される契約に基づいて提供されるようになったため、利用者の法的な権利を擁護する必要性が高まった。このため、2000（平成12）年に改称・改正された社会福祉法は、新たに「福祉サービスの適切な利用」（第8章）を規定し、このなかで事業者に対し、契約書の交付義務、および情報提供や申込み時の説明、サービスの自己評価、苦情解決の努力義務を課すなど、利用者本位の社会福祉制度の確立を図っている。ソーシャルワーカーは、これらの社会福祉法の規定を理解するとともに、契約の法的側面や施設における転倒・骨折など不法行為があった場合の損害賠償請求の方法に関する知識も必要となる。

また、認知症や知的障害、精神障害などにより判断能力が不十分な人にとって、福祉サービスの選択や契約を行うことは大変な困難を伴う場合があると考えられる。つまり、契約制度の導入は、判断能力が不十分な人びとが必要なサービスを利用できない事態に陥るなど、かえって不利益を生じさせるおそれがある。このため、ソーシャルワーカーは、判断能力が不十分な人びとの意思決定を支援し、自己決定に基づく福祉サービスの利用を実現することが求められる。すなわち、ソーシャルワーカーは、後述する成年後見制度や

日常生活自立支援事業への理解を深め、必要に応じて適切に活用する知識と技術を身につける必要がある。

(2)　消費者被害と消費者保護

わが国の民法は、契約自由の原則を基本としている。これは、「誰とどのような方式でどのような内容の契約を結ぼうと、また結ぶまいと自由である」という原則である。この原則の背景には、人はみな合理的な判断能力をもち、法的に対等な立場であるため、国家は人びとの経済的な活動に干渉すべきではない、という考え方がある。

しかし、消費者と事業者の関係をみると、消費者は商品知識や情報量、交渉力の面で事業者に劣るため、対等な関係にあるとは言いがたい。特に福祉サービスの場合、この傾向は顕著である。また、利用したいときにすぐに利用できるとは限らないことも、福祉サービスの特徴である。たとえば、高齢者が長期間待機したのち、ようやく特別養護老人ホームに入所したところ、職員から虐待を受けたり、サービス内容が事前の説明と異なったりする場合、自ら苦情を申立てることができるだろうか。このように福祉サービスの利用者の立場の弱さを示す例は、枚挙にいとまがない。

さらに、契約自由の原則を徹底すれば、福祉サービスの利用契約以外にも消費者被害が発生することになりかねない。事実、ホームヘルパーによる訪問販売や、認知症高齢者に対する「リフォーム詐欺」など、深刻な消費者被害がすでに報告されている。このように契約において弱い立場に置かれがちな消費者の権利や利益を法律や制度で保護するため、消費者保護法制が整備されてきた。

たとえば、契約がひとたび成立すると、原則としてその当事者はその契約に法的に拘束されるため、両者の合意や相手方に債務不履行があるなど、一定の要件を満たさなければ契約を解除することはできない。そこで、「消費者契約法」はその例外として、事業者が事実と異なることを告げたり、消費者を監禁したりするなど、事業者の不適切な行為が原因で契約が締結された場合、消費者はこれを取消すことができる旨を定めている。さらに、「特定商取引に関する法律」（特定商取引法）は、訪問販売や通信販売、電話勧誘販売など特定の商取引において商品を購入した消費者は、一定期間以内であれば無条件で契約を解除することができる「クーリングオフ」[*15]を認め、消費者を強力に保護している。

*15　クーリングオフ
特定商取引に関する法律や割賦販売法など、いくつかの法律に規定されている。

したがって、ソーシャルワーカーは、利用者を消費者として保護するため、消費者被害の発生を予防するとともに、発生した場合は適切な対処ができる

よう、消費者保護法制について理解を深めておく必要がある。

(3) 自己破産

　ある個人が消費者金融業者や違法業者（いわゆるヤミ金）に対し、自己の返済能力をはるかに超える膨大な額の借金を抱え、返済不能な状態に陥ってしまうことがある。その典型が、すでにある借金の返済に充てるために、他の業者からの借り入れを繰り返し、借金が雪だるま式に増え続ける多重債務者である。

　判断能力が不十分な認知症高齢者や精神障害者、知的障害者などがこのような状態に陥ることも少なくないが、この場合、もはや成年後見制度や消費者保護法制の活用だけでは対応することができない。すなわち、本人の経済的な更生を支援するため、法的な債務整理を行うことが必要となる。

　自己破産は、借金を抱える債務者本人が裁判所に破産を申立てる破産手続きのことである。自己破産を申立てると、裁判所より債務を免除してもらう免責の制度を利用することができるため、消費者の債務整理の際によく用いられる。

　もっとも、債務整理は高度な法的知識を要するため、福祉専門職が単独で取り組むべき職務ではない。このため、福祉専門職は、債務整理に関する基本的な知識を身につけ、これをもとに必要に応じて弁護士や司法書士に対応を依頼し、法律の専門家と連携しながら債務整理を図ることが求められる。これに対し、債務整理が完了した後の生活再建に向けた環境調整は、ソーシャルワーカーが自らの専門性を発揮して、主体的に取り組むべき課題である。

(4) 借家保証

　アパートやマンションの賃貸借契約を締結する場合、借主が貸主から保証人を立てるよう求められることがある。しかし、身寄りのない者や家族の協力が得られない者は保証人を立てることが難しく、自立生活に不可欠となる居住の場を確保することができない。このような場合、ソーシャルワーカーが困り果てた本人から相談を受けたり、保証人となるよう頼まれたりすることがある。

　保証人は、主たる債務者がその債務を履行しないとき、その債務を履行する責任を負う（民法446条）。アパートやマンションの賃貸借契約の場合、本人が滞納した家賃を本人に代わって支払うよう求められる。これに利息や違約金、損害賠償などが加わることもあり、保証人の責任は非常に重い。さらに、保証契約は、債権者（貸主）と保証人との間で結ばれるため、契約がひ

とたび成立すると、債権者との合意がなければ契約を解除することはできない。保証人が債務者に代わって債務を弁済した場合、保証人は債務者に対してその費用を求償することができるが、債務者に資力がない場合や自己破産をしている場合、債務者から支払いを受けることは困難である。

したがって、ソーシャルワーカーが保証人に関する相談を受けた場合、保証契約によって発生する法律関係を十分に考慮したうえ、保証人を引き受ける会社やNPOなどの利用も視野に入れ、慎重に対応することが望ましい。

(5)　行政行為と不服申立て

①行政行為

すでにみた契約自由の原則を持ち出すまでもなく、市民と市民は理論上、互いに対等な立場にあり、市民間の権利義務は自由な合意によって形成される。これに対し、行政と国民との関係では、行政庁の一方的な判断によって国民の権利義務が決定される場合が少なくない。たとえば、生活保護の申請に対する受給決定は、福祉事務所長と申請者双方の合意に基づいて行われるのではなく、福祉事務所長の行政的な判断によって行われる。

このように「行政庁が、行政目的を実現するために法律によって認められた権能に基づいて、一方的に国民の権利義務その他の法的地位を具体的に決定する行為」[1]を行政行為[*16]という。社会福祉に関する行政行為として、生活保護の決定のほか、精神科病院への入院措置や要介護認定、障害支援区分の認定、福祉関連手帳の交付などがある。

もっとも、行政の行う行為がすべて行政行為となるわけではない。たとえば、行政庁が道路を建設するために建設会社との間に工事の請負契約を結ぶ場合のように、両者の合意に基づく行為や、行政指導[*17]のように国民の権利義務関係に法的な効果が生じない行為は、行政行為には含まれない。

②不服申立て

すべての行政活動は、法律に違反してはならない（法律による行政の原理）[*18]。しかし、現実の行政においては、行政庁が法に違反し、誤って国民の自由や財産を侵害することも起こり得る。しかも、行政行為は、たとえ法に違反していても、権限ある機関がこれを取消さない限りは適法と推定され、関係する国民を拘束する効力をもつ（公定力）[*19]。

国民が行政行為の是正や取消しを請求し、その効力を消滅させるための手続きとしては、行政庁に対する行政不服申立て[*20]、および裁判所へ提起する取消訴訟の2つがある。ただし、前者は原則として処分を知った日の翌日から起算して3か月以内に申立てなければならず（行政不服審査法18条）、後

*16　行政行為
「行政行為」は学問上の用語であり、法令上は「行政処分」などと呼称される。
第5章p.107参照。

*17　行政指導
行政機関がその任務の範囲内において一定の行政目的を実現するため、特定の国民に一定の作為または不作為を求める指導、勧告、助言等をいう（行政手続法2条6号）。理論上、公権力の行使にあたる行政処分には該当せず、あくまで相手の自発的協力を要請するにとどまるため、相手が協力を拒否した場合、不利益な取扱いをしてはならない（同法32条）。
第5章p.106参照。

*18　法律による行政の原理
行政は国民代表議会（国会）の制定した法律に従って行われなければならない、とする原理。

*19　公定力
第5章p.108参照。

*20　行政不服申立て
行政庁の違法または不当な処分その他公権力の行使に当たる行為に関して不服のある国民が、行政機関に対して不服を申立て、当該行為の是正や取消しを請求する手続き。
第5章p.113参照。

者は同様に6か月以内に出訴しなければならない（行政事件訴訟法14条）。これらの期間が経過すると、行政庁が当該行為を自発的に取消さない限り、国民はもはや当該行政行為の公定力を除去することができない（不可争力）*21。

*21 不可争力
第5章p.108参照。

　このように違法な行政行為に対する救済手段は、当該行政行為の根拠法によって対応が異なるなど詳細に規定されており、利用者が適切な手段を選択し、講じることは容易ではない。このため、ソーシャルワーカーは、利用者が違法な行政行為によって不利益を受けた際、適切な措置を講じることによって利用者の権利擁護を図ることができるよう、事例に応じた救済手段への理解を深めておく必要がある。

●事後学習

①法律が他の社会規範と異なる点についてあげてみましょう。
②なぜソーシャルワーカーが国民の権利を規定するさまざまな法律を理解する必要があるのか、まとめてみましょう。
③「契約自由の原則」を福祉サービスの利用契約に適用した場合、どのような不都合が生じると考えられるか、まとめてみましょう。

【引用文献】

1）原田尚彦『行政法要論 全訂第6版』学陽書房　2005年　p.140

【参考文献】

・芦部信喜、高橋和文補訂『憲法 第三版』岩波書店　2002年
・内田貴『民法Ⅰ 第4版 総則・物件総論』東京大学出版会　2008年
・内田貴『民法Ⅲ 第3版 債権総論・担保物権』東京大学出版会　2005年
・村瀬信也・奥脇直也・古川照美・田中忠『現代国際法の指標』有斐閣　1994年
・栗城寿夫・戸波江二編『現代青林講義 憲法 補訂版』青林書院　1997年
・仲村優一・一番ヶ瀬康子・右田紀久惠監修、岡本民夫・田端光美・濱野一郎・古川孝順・宮田和明『エンサイクロペディア社会福祉学』中央法規出版　2007年
・早川和男・野口定久・武川正吾編『居住福祉学と人間』三五館　2002年
・福祉臨床シリーズ編集委員会編、志田民吉責任編集『臨床に必要な人権と権利擁護－人権・権利擁護論』（福祉臨床シリーズ7）弘文堂　2006年
・髙山直樹・川村隆彦・大石剛一郎編著『福祉キーワードシリーズ 権利擁護』中央法規出版　2002年
・西尾祐吾・清水隆則編著『社会福祉実践とアドボカシー－利用者の権利擁護のために－』中央法規出版　2000年
・原田尚彦『行政法要論 全訂第6版』学陽書房　2005年
・武川正吾『地域福祉の主流化－福祉国家と市民社会Ⅲ－』法律文化社　2006年

COLUMN

ウトロの住民と「居住の権利」

　「ウトロ」とは、京都府宇治市にある集落の名称である。この地区は戦時中、京都飛行場の建設工事に従事した韓国・朝鮮人労働者の仮住まいであった。その後、終戦で工事が中止され、全員が失業者となったが、一部の人びとは行き場を失い、そのまま住み続けた。現在も約200人の韓国・朝鮮人が住環境の整備が遅れる同地区に居住している。

　その間、土地の所有権は転々としたが、1989（平成元）年、新たに所有者となったＡ社が京都地裁に「建物収去土地明渡し請求」訴訟を提起した。10年以上の法廷闘争ののち、住民全員の退去判決が確定している。

　しかし、日本国政府が批准している「経済的、社会的及び文化的権利に関する国際規約」（Ａ規約ないし社会権規約）の11条は、「居住の権利」を保障している。そこで、2001（平成13）年、ウトロ地区の住民は、国連の社会権委員会に救済を訴えた。これを受け、同委員会が日本国政府に示した総括所見は、ウトロ地区の住民が置かれている状況に懸念を示したうえ、住民を「強制立ち退き」から救済するよう勧告した。もっとも、現在も、法的には住民による不法占有の状態が続いていることになる。

　以上がウトロ住民の置かれている状況である。この事例は、われわれに改めて「人権とは何か」「法が守るべきものは何か」という根本的な問いを投げかけているように感じられる。

　ところで、日本ソーシャルワーカー協会の「ソーシャルワーカーの倫理綱領」は、「ソーシャルワーカーは、人権と社会正義に関する課題を解決するため、全世界のソーシャルワーカーと連帯し、グローバル社会に働きかける」としている。確かにグローバル化の進展に伴い、今日、ウトロ住民の問題のように社会福祉の課題が国際的な社会問題となり、国際社会の高い関心が寄せられることがある。

　したがって、ソーシャルワーカーは、今後、国内の動向だけでなく、このような事例を通じて人権に関する国際社会の動向を敏感に察知し、人権感覚を磨くことにより、利用者の権利擁護に役立てる姿勢が求められるのである。

第3章 日本国憲法の理解

●事前学習

・クライエントの「基本的人権」保障と聞いて、どのようなケースでどのような人権保障が必要なのかを思い浮かべ、ノートにまとめてみましょう。

●本章のねらい

　私たちの人権は、日本国憲法により保障されている。それゆえに、利用者の人権尊重と権利擁護を職務目的とする社会福祉士にとって、憲法が規定する人権についての正しい理解と臨機応変な活用が求められる。そこで、本章では、基本的人権の種類・内容・法的性格・調整などについて体系的に学習する。また、日本国憲法は国民の人権（特に自由権）を護る手段として権力分立原理に基づく国家統治機構を規定している。そこで、国会、内閣、裁判所、地方公共団体の役割について学習する。

第1節　日本国憲法の全体構造

1．憲法の特質と分類

(1)　日本国憲法の特質と基本原理

　国家経営の基本法である日本国憲法の最も大切な役割は、国民の人権保障である。それゆえに国家の法秩序のなかで最上位に位置し、人権侵害の危険性がある法の制定を防ぎ（最高規範性）、憲法の下に規定されている法律・命令・規則・条例などの法に制定根拠を与えている（授権規範性）。また、国家による国民の人権侵害を防止するため国家権力の活動範囲を限定する働きをもつ（制限規範性）。

　日本国憲法は、基本的人権の尊重を目的原理とし、国民主権（国の政治の最終決定権は国民が有する原理）と平和主義を人権を護る手段原理として規定している。この3つの原理を日本国憲法の3大原理という。

⑵　憲法の分類

　憲法は、形式や制定者により分類されている。形式において、編・章・条・項・号などの法典形式をとるものを成文憲法といい、判例や慣習法*1などが憲法の役割を果たすものを不文憲法という。明治憲法や日本国憲法は、成文憲法に分類される。制定者による分類では、君主により制定された憲法を欽定憲法といい、明治憲法がこれにあたる。一方、国民の意思に基づいて制定された憲法を民定憲法といい、日本国憲法がこれにあたる。憲法改正手続きの厳格性においての分類では、法律の制定と同じ手続きであるものを軟性憲法といい、法律よりも厳格な手続きが求められるものを硬性憲法という。明治憲法も日本国憲法も硬性憲法である。

＊1　慣習法
第2章p.40参照。

2．人権総論

⑴　人権の種類と人権享有主体性

　日本国憲法は、個人の尊重（個人の尊厳）（13条）を実現するために自由権、社会権、法の下の平等（平等権）、参政権、受益権（国務請求権）を規定している（表3－1）。また、日本国憲法で明文規定はないが、人権保障が必要なものは新しい人権として判例を通して認められている。

　自由権とは、国家権力の介入や干渉を排除して個人の自由を確保する権利である。平等権とは、国民の条件が同じである限り、等しい取扱いを受けるとする権利をいう。社会権とは、個人の生存や生活の維持に必要なさまざまな要素を国に要求する権利である。参政権とは、国民が政治に参加する権利であり、受益権とは、国民が国家に対して、自己の人権を護ったり強化するために給付を求める権利をいう。

　自由権は、個人の尊重（個人の尊厳）を実現するうえで最も重要な人権である。近代市民革命を契機として形成されたので18世紀的基本権と呼ばれている。社会権は、19世紀後半の資本主義の矛盾から社会的弱者を救済するために誕生した。20世紀に憲法に規定された人権であるため、20世紀的基本権と呼ばれている。生存権（25条）は、社会権の中核規定であり、教育を受ける権利や労働基本権の解釈について指導的な役割を果たす。自由権は、国家からの自由に特色をもつが、生存権は国家の支援により人間に値する生活を実現するところが特色である。

　人権享有主体性とは、日本国憲法の人権保障を受ける地位をいう。日本国憲法は、日本人である自然人を日本国憲法の人権享有主体として予定してい

る。しかし、判例では、法人（八幡製鉄政治献金事件[*2]判決）や外国人（マクリーン事件[*3]判決）についても人権享有主体性を認めている。ただし、外国人には生存権の保障がなく、生活保護は、人道上の理由から日本人に準じて行われているが、権利としては認められず、不服申立てはできない。不法

*2　八幡製鉄政治献金事件
八幡製鉄の代表取締役が会社名義で政党に政治資金を寄付した事件（最判昭45・6・24）。なお、「最判昭45・6・24」は、最高裁判所判決、昭和45年6月24日言渡しを略して表記したものである。

*3　マクリーン事件
ベトナム反戦デモに参加した在留外国人が、政治活動を理由として在留期間の延長を拒否された事件（最判昭53・10・4）。

表3-1　日本国憲法が保障する人権一覧

自由権	精神的自由	思想・良心の自由(19条) 信教の自由(20条) 表現の自由(21条) 学問の自由(23条)
	経済的自由	居住・移転・職業選択の自由(22条) 財産権の保障(29条)
	人身の自由 (身体の自由)	奴隷的拘束・苦役からの自由(18条) 法定手続の保障(31条) 逮捕に対する保障(33条) 抑留・拘禁に対する保障(34条) 住居侵入・捜索・押収に対する保障(35条) 拷問・残虐な刑罰の禁止(36条) 刑事被告人の諸権利保障(37条) 不利益な供述の強要禁止の保障(38条) 遡及処罰の禁止・二重処罰の禁止(39条)
平等権	法の下の平等(14条) 両性の本質的平等(24条) 教育の機会均等(26条) 議員・選挙人資格の平等(44条)	
社会権	生存権(25条) 教育を受ける権利(26条) 勤労の権利(27条) 労働三権(団結権・団体交渉権・争議権)の保障(28条)	
参政権	選挙権・被選挙権(15・44・93条) 公務員の選定・罷免権(15条) 最高裁判所裁判官の国民審査権(79条) 地方特別法の住民投票権(95条) 憲法改正の国民投票権(96条)	
受益権 (国務請求権)	請願権(16条) 国および地方公共団体に対する賠償請求権(17条) 裁判を受ける権利(32条) 刑事補償請求権(40条)	

滞在の外国人には、生活保護は行われない。

　また、外国人の参政権については、保障されていない。ただし、判例（最判平7・2・28）は地方選挙については、法律で在留外国人に選挙権を付与することができるとしている。このほか、外国人には出国の自由は認められるが、入国の自由と再入国の自由は認められていない。

(2)　憲法の私人間適用と人権調整

　憲法は、国家権力の濫用から国民の人権を守ることを目的としているので、国家と国民の間には、憲法が直接適用される。しかし、私人間*⁴において直接適用すると、憲法は国家の最高法規という強い強制力をもつので、市民社会の私的自治が侵害される。

　一方、現代社会では巨大企業のような私的団体による一般国民への人権侵害が発生していることは無視できない。そこで判例は原則として、私人間においては、憲法の趣旨を公序良俗や権利濫用など私法の一般原則に置き換えて適用し、私人の人権保障と私的自治の尊重の調和を図っている（間接適用説）。判例（最判昭56・3・24）は、女性が男性よりも早期に退職する制度について、14条の趣旨を民法90条（公序良俗）に置き換えて、不合理な差別であるとしている。

　人間は、社会のなかで生活しているので自己の人権をすべて主張すると、他人の人権と抵触する。それゆえに、人権は一定の場合に制約を受ける。憲法は、「公共の福祉」を唯一の人権制約基準としているが、内容が曖昧である。そこで、比較衡量*⁵や二重の基準*⁶など、明確な基準により必要最小限度の人権制約が行われることがある。なお、内心の自由は他人の人権と抵触しないので、いかに反社会的な思想であっても絶対保障である。

第2節　自由権

1．精神的自由

(1)　思想・良心の自由

　精神的自由の中核は、思想・良心の自由（19条）であり、これを具体化したのが、信教の自由（20条）、表現の自由（21条）、学問の自由（23条）である。思想・良心の自由は、❶特定の思想を国家から強要されたり、❷特定の思想をもつことゆえに不利益を受けないこと、❸思想についての沈黙の自由

---

*4　私人間
市民社会における市民間の法律関係をいう。具体的には、自然人である市民と市民の法律関係や、市民と私的団体（法人）間の法律関係をいう。

*5　比較衡量
人権制約により得られる利益と失われる利益を比較し、得られる利益が多いときに人権制約を行うという基準。公共の利益を個人の利益よりも優先するという批判がある。

*6　二重の基準
精神的自由は侵害されると民主政の過程で回復できなくなるので、経済的自由よりも厳格な基準で人権制約を行うという基準。
福祉サービス利用者の表現行為（表現の自由）は自己実現に不可欠であるため、制約については、自由の制約が最も小さい手段を求めるという「厳格な基準」が適用される。一方、営業活動の規制など、経済的自由の場合には、合理的な理由があれば制約を合憲とする「合理性の基準」が用いられる。

を内容とする。ここから江戸時代の踏絵のような行為は認められない。謝罪
広告の新聞紙上への掲載命令について判例（最大判昭31・7・4）は、思想・
良心の自由を侵害するものではないとしている。

(2)　信教の自由と政教分離

　信教の自由は、❶信仰の自由、❷宗教活動の自由、❸宗教結社の自由を内
容としている。信仰の自由は内心にとどまる限りは、制約されないが、宗教
活動や宗教結社については、他人の人権と抵触するので必要最小限度の制約
がされる。通説によれば、信教の自由を保障するために制度（制度的保障）
として保障されているのが政教分離原則である。日本国憲法は、戦前に国家
神道が軍国主義と結びつき一部宗教を弾圧した歴史の反省から、政教分離を
明文として規定している。判例は、津地鎮祭事件*7判決（最判昭52・7・
13）以来、目的効果基準（世俗的目的、宗教行為による宗教の振興・抑圧、
行為の宗教との過度のかかわりの審査）を採用している。

*7　津地鎮祭事件
三重県津市が市の体育
館建設にあたり、神式
で地鎮祭を行い費用を
出費した事件。

　この基準によれば、地鎮祭について、地鎮祭は習俗的行事なので合憲であ
るが、玉串料の支出については宗教的活動であるとして違憲とした。

(3)　表現の自由

　表現の自由は、個人が外部に感情や意見などを表明する自由をいう。この
人権は、自己統治（民主政治に参加する社会的な価値）と自己実現（自己の
求める人格や生活を実現する価値）に不可欠な人権である。それゆえ、人権
制約については経済的自由よりも厳格な基準が用いられている。博多駅フィ
ルム提出事件*8の最高裁決定（最決昭44・11・26）によれば、「報道の自由」
は、表現の自由で保障されているが、「取材の自由」は、尊重に値するとし
ながらも直接、表現の自由で保障されるとはしていない。一般職の公務員の
政治活動について猿払事件*9判決（最大判昭49・11・6）は、職務の中立性
を守るため一定の範囲で制限されるとしている。また、公職選挙法による戸
別訪問禁止については、合憲としている。

*8　博多フィルム提
出事件
博多駅での学生と機動
隊の衝突を映したフィ
ルムの提出を、裁判所
がマスコミに命じるこ
とが表現の自由の侵害
になるかどうかが争わ
れた事件。

*9　猿払事件
北海道猿払村の現業職
の郵便局員が勤務時間
外に選挙のポスターを
公営掲示板に掲示した
行為が、国家公務員法
違反とされた事件。

　行政権が表現行為を審査し、不適当と認めるときは、その表現を禁止する
行為を「検閲」といい、憲法上絶対禁止とされている（21条2項）。税関検
査は、検閲類似行為であるが、判例（最判昭59・12・12）によれば、憲法の
禁止する検閲にはあたらない。また、教科書検定も検閲にはあたらない（最
判平5・3・16）。

(4) 知る権利

現代社会では、巨大マスメディアから国民に対して、恣意的に大量の情報が流されたり、国家が収集した大量の情報が国民に効率よく提供されていない現象が生じている。そこで、国民が必要としている情報を確保するため、国民の側から表現の自由を再構成し、マスメディアに対して多用な情報の提供を求めたり、国家に情報の公開を求める権利が必要となる。これを「知る権利」という。

知る権利を国家権力に対して具体化したものが、行政機関の保有する情報の公開に関する法律（情報公開法）[*10]であり、地方公共団体に対して具体化したものが情報公開条例である。なお、マスメディアに対する国民からの反論文掲載請求権をアクセス権というが、判例はサンケイ新聞事件[*11]判決でアクセス権を否定している。

*10 情報公開法
第5章p.120参照。

*11 サンケイ新聞事件
サンケイ新聞が掲載した自民党の意見広告に対して、共産党が無料で同じ分量の反論文掲載を求めた事件（最判昭62・4・24）。

2．経済的自由

(1) 職業選択の自由

職業選択の自由には、職業を決定する自由と営業の自由が含まれる。しかし、自由な職業選択は国民生活を脅かす危険性があるので、一定の制約を受ける場合がある。たとえば、公衆浴場設置の距離制限と薬局設置の距離制限が職業選択の自由に反するかが問題となった判決（最判平元・1・20）では、公衆浴場の距離制限は営業基盤の弱い公衆浴場を保護することになり、また、国民の保健福祉の維持に必要であり、規制は合理的であるので憲法に反しないとした。一方、薬局の距離制限は規制目的と手段の相当性を欠くので違憲とした（最判昭50・4・30）。また、居住・移転については、公共の福祉に反しない範囲で保障されるので、伝染病患者の隔離や入院においては一定の制約をともなっても居住・移転の自由に反しないとしている。

(2) 財産権の保障

財産権について、近代市民革命直後は、絶対保障であった。しかし、現代の福祉国家においては、財産権は「公共の福祉」により制約され（29条2項）、正当な補償の下に公共のために用いることができる（29条3項）。また、公共のために用いられた財産の経済的な損失について、金銭で補填することを損失補償という。

憲法が保障する「正当な補償」の内容については、農地改革の判例（昭

28・12・23）は当時の社会状況から時価を下回っても合憲とする「相当な補償」と判示したが、現在の土地収用については、時価を全額補償する「完全な補償」と判示している（最判昭48・10・18）。損失補償については、個別の法律に損失補償規定がなくても29条3項を直接の根拠として請求することができる。なお、認知症、知的障害、精神障害などで判断能力が不十分な人の財産権を守る制度として、成年後見制度*12がある。

＊12　成年後見制度
第 8 章参照。

3．人身の自由

　私たちの個人の尊厳保障は、自由な行動が確保されることにより実現できることから、人身の自由は、すべての人権の前提としての働きをもつ。奴隷的拘束・苦役からの自由（18条）は、私人間にも直接適用が予定されている。
　法定手続きの保障（31条）は、刑事手続きにおいて「あらかじめ明文でどのような行為が犯罪となるかについて定めておく」という罪刑法定主義を導く。31条の法定手続きの保障は刑事手続きのみならず行政手続きにもおよぶ。
　逮捕には、通常逮捕、緊急逮捕、現行犯逮捕があり、原則として、警察権力の濫用から国民の人身の自由を守るため裁判官の審査に基づく逮捕令状が求められる（33条）。ただし、現行犯の場合には、逮捕権の濫用の危険性がないので、逮捕令状は不要である。また、現行犯の場合には一般私人によっても逮捕することができる。なお、令状に基づかないで収集された証拠は裁判で用いることができない（35条）。
　刑事罰としての絞首刑による死刑は、判例によれば憲法が禁止する「残虐な刑罰」ではない。しかし、人間の尊厳を損なう手段による死刑執行は「残虐な刑罰」に該当する。刑事裁判が不当に長期にわたると証拠や証人の確保などが困難となり、被告人の防御上不利益を被るので、迅速な裁判が求められる（37条）。高田事件*13判決によれば、著しく迅速性を欠いた裁判は、審理が打ち切られるとしている。

＊13　高田事件
審理が15年以上にわたり中断し、被告の迅速な裁判を受ける権利が侵害されたことにより、審理の打ち切りが問題となった事件。

　被疑者や被告人は自己に不利益な供述を強要されないが（黙秘権の保障）、事故の報告義務や氏名は黙秘権の対象には含まれない。また、自白だけでは有罪にすることはできず、有罪になるためには補強証拠が必要である（38条3項）。

第3節　社会権

1．生存権

　生存権は、健康で文化的な最低限度の生活を実現するための方策を国家に請求する権利をいう。この人権は、1919年のドイツ・ワイマール憲法により世界で最初に保障された。日本においては、日本国憲法において初めて規定され、社会保障制度の根拠規定となっている。

　生存権の法的性格が初めて問題となったのが朝日訴訟判決（最判昭42・5・24）である。この訴訟は、生活保護の被保護者として医療扶助および生活扶助を受けていた原告に対して、親族からの仕送りを理由として福祉事務所長が生活扶助の打ち切りの決定をしたことに不服申立てをしたものである。判決は、❶生存権は具体的な権利ではなく国に対して政治的な努力目標や指針を示したにすぎないと解し（プログラム規定説）、具体的な権利は生存権を具体化した生活保護法により与えられる、❷健康で文化的な最低限度の生活の認定は、厚生大臣（当時）の合目的な裁量による、❸裁量権を濫用し、著しく低い基準を設けた場合には違法として司法審査の対象となる、とした。

<aside>
*14　法規範性
法として適用対象となる事実に対して拘束力をもつことをいう。
</aside>

　通説は、生存権に法規範性*14を認めたうえで、具体的な権利性は生存権が具体化された法律が制定されれば国民に権利が付与されるとしている（抽象的権利説）。なお、具体的権利説は、国が生存権を具体化する法律を制定しない場合に、国の不作為の違憲確認訴訟を提起できるとする考え方であり、具体的な給付を国に求める考え方ではない。

　堀木訴訟（最判昭57・7・7）は、障害福祉年金の受給者である原告が児童扶養手当を請求したところ、児童扶養手当法の年金との併給禁止規定にあたるとして支給を拒否された事案である。最高裁は、朝日訴訟を継承し、生存権の法的性格については、プログラム規定説を採用した。そのうえで、❶「健康で文化的な最低限度の生活」の具体的内容は、その時々の文化の発達、経済、社会、国民生活の状況などの相関関係により決定される、❷生存権実現のための立法については、立法府の広い裁量に委ねられ、それが明白な裁量権の逸脱・濫用がない限りは、裁判所は司法審査しない、とした。

　なお、生存権を生活保護の分野で具体化したものが現行の生活保護法である。日本国民は、この法律により具体的に「健康で文化的な最低限度の生活保障」を国に対して権利として請求でき、生活保護の受給に関して不服申立てもできる。

２．生存権を具体化する人権

　生存権を具体化する人権として、教育を受ける権利（26条）、勤労権（27条）、労働三権（団結権・団体交渉権・争議権：28条）がある。

　教育を受ける権利は、国民が人格の形成に必要な教育環境や制度を国に求める権利をいう。判例（最大判昭39・2・26）によれば、26条2項に規定されている「義務教育の無償」は、授業料の無償を意味するが、現在は法律により教科書は無償となっている。教育権の所在については、判例（最大判昭51・5・21）によれば、国、教師、親が共同でもつとしている。教育を受ける権利を具体化した法律としては、教育基本法や学校教育法がある。

　労働三権は、使用者に対して弱い立場にある労働者が、自己の生存と生活を守るために、使用者と対等の立場で交渉できるようにするために認められた権利であり、私人間への直接適用が予定されている。この人権を具体化した法律が労働三法（労働基準法・労働組合法・労働関係調整法）である。

　しかし、公務員については、全体の奉仕者としての立場から、職種に応じて制限される場合がある。具体的には、公安職の公務員（自衛隊・警察・消防・海上保安官など）は、団結権・団体交渉権・争議権のすべてが否定されるのに対して、現業職の公務員には、団結権と団体交渉権が認められている。また、非現業の一般職の公務員には団結権のみが認められている。

表3－2　自由権と社会権の対比

	自由権	社会権
国家の役割	不介入・不干渉	国家の介入・支援
形成された時期	18世紀 （18世紀的基本権）	20世紀 （20世紀的基本権）
形成された契機	近代市民革命 （アメリカ独立革命、フランス革命など）	19世紀後半からの資本主義の矛盾
親和性をもつ国家観	夜警国家・自由国家・消極国家・小さな政府	福祉国家・社会国家・積極国家・大きな政府
予定する人権享有主体	抽象的・一般的人間	生存の危機にかかわる経済的・社会的弱者

第4節　法の下の平等と新しい人権

1．法の下の平等

　法の下の平等（平等権）とは、人種、信条、性別、社会的身分または門地などを理由として国家から差別的な扱いを受けない権利をいう。これを具体化したのが、両性の本質的平等（24条）、教育の機会均等（26条）、選挙の平等（44条）である。法の下の平等はすべての人権の指導原理となる包括的人権の役割をもっている。

　平等権の解釈について、近代市民革命直後は、いかなる差別も認めないという形式的・絶対的平等を意味していた。しかし、国民一人ひとりの生存を守ることを目的とする現代の福祉国家においては、差別を絶対的に禁止するだけでは社会的弱者の救済が図れない。そこで、法の下の平等とは、形式的・絶対的平等を原則としつつ、社会的に弱い立場の人に対してはより厚い支援を行い、社会一般人と事実上の平等を実現する相対的・実質的平等の要素も含むと解釈されている。この結果、合理的な理由のある区別（区分）は認められる。

　具体的には、妊娠した女性に対して優遇的な取扱いを行うことや未成年に対して教育的配慮から軽い刑事罰を適用したり、障害者を優先的に公務員に任用することである。しかし、これを過度に行えば一般国民が不利に扱われる「逆差別」が発生する危険がある。なお、14条に規定されている禁止条項[15]は、歴史上で特に差別が著しかったものを例示しているのであって、これ以外の差別も禁止される。判例では、民法に規定されている女性の待婚期間の規定（733条1項）は、100日を超える部分は法の下の平等に反し、違憲とした（最大判平27・12・16）。

2．新しい人権と幸福追求権

　新しい人権とは、日本国憲法に規定はないが、社会の変化のなかで新しく人権保障が必要となった人権をいう。しかし、新しい人権をむやみに認めると人権が乱立し、自由権など個人の尊厳保障に不可欠な人権の保障を弱める危険性がある。そこで、最高裁判所は新しい人権を認めることについては、厳格に解釈している。新しい人権としては、プライバシー権や自己決定権などがある。

　プライバシー権[16]とは、「みだりに私生活を公開されない権利」をいう。

*15
憲法14条では「人種、信条、性別、社会的身分又は門地により、政治的、経済的又は社会的関係において、差別されない」としている。

*16
プライバシー権については、第7章p.149も参照のこと。

また、現代の情報化社会のなかで、「自己に関する情報をコントロールし、自己の情報についての閲読・訂正ないし抹消を求める権利」（自己情報コントロール権）の内容ももつようになっている。

　肖像権とは、写真・絵画・彫刻などにより自己の肖像をみだりに撮られたり利用されたりしない権利をいう。

　自己決定権とは、個人が私的事項について干渉されたり侵害されたりすることなく自ら決定する権利をいう。具体的には、髪型、出産から安楽死まで多岐にわたるが、通説は、自己の自立した生活に不可欠な権利に限定して、自己決定権を認めている。

　新しい人権のなかで自由権的な性格をもつ権利は、幸福追求権（13条）を根拠としている。この人権は、具体的な権利性を有し、憲法第3章で具体的に規定する国民の権利・自由では人権保障ができない場合に、これを補充する働きをしている（包括的基本権）。

第5節　受益権（国務請求権）と参政権

1．受益権

　受益権には、請願権、国家賠償請求権、裁判を受ける権利、刑事補償請求権が含まれる。請願権（16条）は、国民が国や地方公共団体に対して政治的な意見を表明する権利であり、参政権を補充する役割をもつ。ただし、請願を受けた国家機関は誠実に請願を処理する道徳的な義務を負うに過ぎず、審理をする法的義務は負わない。

　国家賠償請求権（17条）は、国家の不法行為により国民の権利利益が侵害されたときに、賠償を求める権利をいう。明治憲法下の国家無答責の原則の不合理性の反省から国家賠償請求権が規定された。これを具体化した法律が国家賠償法[*17]である。刑事補償請求権（40条）は、刑事手続で拘束された被告人が無罪となった場合、被った被害を補填する権利である。これを具体化した法律が刑事補償法である。

*17　国家賠償法
第5章p.118参照。

2．参政権

(1)　普通選挙の原則

　参政権は、国民が政治に参加する権利をいい、国民主権を実現する手段として重要な役割を担う。この人権には、国民投票権、被選挙権なども含まれ

るが、中心的な権利は選挙権である。通説は、選挙権は、権利であるとともに国会議員の選任という公務であると考えている。

　日本において選挙は、成年による普通選挙制が採用されている（15条3項）。普通選挙制とは、歴史的には財産の所有や納税額による差別のない選挙制度として理解されてきた。しかし、現在は、これらの差別のほか、性別、思想・信条、社会的地位・職業などによる差別のない選挙制度を意味している。日本では、1925（大正14）年に25歳以上の男子の普通選挙制度が施行されたが、女子に選挙権が認められたのは、戦後の1945（昭和20）年に衆議院議員選挙法が改正されてからである。この改正で、男女20歳以上の者が選挙権を行使できる普通選挙制が実現された。なお、成年の定義については、現行の民法4条により20歳以上とされているが、2022（令和4）年4月1日から18歳以上に改正される。

(2)　その他の選挙の原則

　その他の選挙の原則としては、平等選挙、秘密選挙、自由選挙の原則がある。平等選挙は、1人1票という投票機会の平等のみならず、投票価値の平等（1票の価値が同じ）も内容とする。現在、人口の移動により選挙区ごとに人口と議員の数の関係で格差が生じている。最高裁判所の裁判例においては、衆議院議員選挙は格差2.30で違憲状態であるとし（最大判平23・3・23）、参議院議員選挙では、格差5.0で違憲状態であるとしている（最大判平24・10・17）。しかし、最大格差2.43倍の是正がされないまま実施された2012（平成24）年12月6日の衆議院議員選挙において、広島高等裁判所は、選挙そのものを無効とする判決を下した（平25・3・25）。

　選挙は、誰に投票したのかを秘密としなければならない。これを秘密投票の原則という（15条4項）。国会議員選挙の投票方法について、憲法上の規定はない。しかし、国政の最終決定権は国民がもつとする国民主権原理からすれば、国民が直接国会議員を選挙する直接選挙が原則であると考えられる（直接選挙の原則）。

　なお、投票行動は自由であり、棄権しても制裁を受けることはない。これを自由選挙の原則という。

第6節　統治機構⑴：国会・内閣・裁判所

1．国会

　国会は衆議院と参議院から構成され、「国権の最高機関であり、唯一の立法機関」である。「国権の最高機関」とは、通説によれば、内閣と裁判所を優越的に統括する地位にあるという意味ではなく、国民を代表する政治上大切な民主的な機関であるという意味である（政治的美称）。

　国会は「法律」を制定する権限を有する。法案の提出は内閣による場合が多いが、高齢者虐待の防止、高齢者の養護者に対する支援等に関する法律（高齢者虐待防止法）や、障害者虐待の防止、障害者の養護者に対する支援等に関する法律（障害者虐待防止法）のように、国会議員からの提出による法律もある（議員立法）。

　「唯一の立法機関」とは、国会以外の国家機関による立法は原則として許されないこと（国会中心立法の原則）と国会による立法は、国会以外の機関の関与を必要としないで成立すること（国会単独立法の原則）を意味する。

　国会の権能には、法律案の議決権（59条）、条約の承認権（61条・73条）、弾劾裁判所の設置（64条）、内閣総理大臣の指名（67条）、憲法改正の発議権（96条）がある。弾劾裁判所は、両議院の議員により構成され、国会のなかに設置される。著しい職務義務の違反行為や裁判官としての威信失墜行為を行った裁判官の罷免を審査目的とする、憲法が例外として認めた特別裁判所である。

2．内閣

　内閣は、行政権の定義について、範囲が広範にわたることから通説は、「すべての国家作用から立法権と司法権を除いたもの」（控除説）としている。公正取引委員会や人事院などの行政委員会は職務の性格上、内閣から独立しているが、組織上は内閣の管轄下にあるので「行政権は内閣に属する」（65条）の規定に反しない。

　日本の内閣は行政権の行使について、国会に対して連帯して責任を負う（66条3項）、内閣総理大臣は、国会議員のなかから国会の議決で指名される（67条）、国務大臣の過半数は国会議員であること（68条）、衆議院の内閣に対する不信任決議権をもつ（69条）などから、議院内閣制であるといわれる。

3．裁判所

(1) 司法権と裁判所

　司法権とは、具体的な争いごとに、法を適用し、判断する手続きにより、紛争を裁定する国家作用をいう。この権限は、最高裁判所のみならず、下級裁判所（高等裁判所・地方裁判所・家庭裁判所・簡易裁判所）も有する。日本国憲法の司法権には、民事裁判、刑事裁判、行政裁判が含まれる。明治憲法の下で設置されていた行政裁判所や軍法会議のような特別裁判所は憲法が禁止している（76条2項）。また、行政機関は終審として裁判を行うことができない（76条2項）が、海難審判や行政不服審査法に基づく裁決などは、後に裁判所で裁判を行うことができるので認められる。

　裁判所は、憲法を根拠に国民の基本的人権を護る働きをもつので、司法権の独立が保障されている。このなかには、❶他の国家機関からの干渉を排除することと、❷上級裁判所からの拘束を認めない裁判官の職務の独立が含まれる。また、裁判官は、分限裁判[*18]、弾劾裁判[*19]、国民審査で罷免される以外は、罷免されることはなく、身分が保障されている。

(2) 違憲審査権と司法権の限界

　法律・命令・規則・処分などすべての国家行為が憲法に適合しているかを審査する権限を違憲審査権という。この権限は、最高裁判所のみならず、すべての下級裁判所が有する。ただし、違憲審査権は、具体的な事件が提起された場合に行使できるのであり、事件性を離れて抽象的に判断することはできないとするのが判例・通説である（付随的審査制）。

第7節　統治機構(2)：地方自治

1．地方自治の意義

　地方自治とは、その地域に住む住民自身が政治問題を処理し、福祉を増進する制度をいう。この制度は、❶国家権力を国と地方公共団体に分割することにより国家権力の濫用を防止できることと、❷住民主体の政治を身近で学び実践することができる「民主主義の学校」[*20]として意義がある。日本国憲法は、地方自治の組織および運営に関する事項は「地方自治の本旨（本来の趣旨）」に基づいて法律で定めるとしている（92条）。

＊18　分限裁判
裁判官の免官や懲戒について、裁判官分限法に基づいて行われる裁判をいう。

＊19　弾劾裁判
裁判官が職務上の義務に違反した場合、義務を怠った場合、あるいは裁判官としての威信を著しく失うべき非行があった場合に、罷免するための裁判をいう。

＊20　民主主義の学校
イギリスの政治家ジェームズ・ブライス（James Bryce：1838～1922）がその著『近代民主政治』で地方自治とは民主主義の学校であると述べた。

　「地方自治の本旨」には、「住民自治」と「団体自治」が含まれる。「住民
自治」とは、地域住民の政治が、住民の意思に基づいて自主的に処理される
ことをいい、民主主義と親和性を有する。一方、「団体自治」とは、国とは
別個の独立した地方公共団体が自らの責任で立法と行政を運営する原理をい
い、自由主義と親和性を有する。首長[*21]や地方議員を住民自らが選挙したり、
直接請求をする制度や地方特別法の住民投票は住民自治の具体化であり、地
方公共団体が行政事務を処理したり、地方議会が条例を制定するのは団体自
治の具体化である。

＊21　首長
行政機関の長をいう。
内閣においては、内閣
総理大臣であり、地方
公共団体においては、
都道府県知事・市町村
長・特別区の区長をい
う。

　地方公共団体の事務には、法定受託事務と自治事務がある。法定受託事務
とは、本来は国の仕事であるが、法令で国に代わって地方公共団体が行う事
務をいう。自治事務とは、地方公共団体がその責任において行う事務をいい、
地方公共団体の中心となる事務である。なお、1999(平成11)年の地方自治法
の改正により、地方公共団体の権限を制約していた機関委任事務は廃止され
た。

２．地方公共団体の組織と住民の権利

　地方公共団体は、普通地方公共団体と特別地方公共団体により構成される。
都道府県と市町村は普通地方公共団体であり、特別区、財産区、地方公共団
体の組合は特別地方公共団体である。憲法は、地方議会の設置と、首長や地
方議員の選挙にあたっては直接選挙を実施することを地方公共団体の要件と
している。

　地方公共団体の議会は、意思決定機関であり、首長は執行機関である。地
方議会は、法律の範囲内で条例を制定することができる。また、条例には、
２年以下の懲役・禁錮、100万円以下の罰金をつけることができる。

　憲法は、住民の権利として、地方公共団体の首長と議員の直接選挙権（93
条）と地方自治特別法の住民投票権（95条）を規定している。また、地方自

表３－３　地方自治法に規定されている直接請求制度

請求権	必要な署名数	請求先
条例の制定・改廃請求	有権者の50分の１以上	首長
事務の監査請求	有権者の50分の１以上	監査委員
議会の解散請求	有権者の３分の１以上	選挙管理委員会
議員・首長の解職請求	有権者の３分の１以上	選挙管理委員会
副知事・副市町村長等主要公務員の解職請求	有権者の３分の１以上	首長

治法は、条例の制定・改廃請求権、事務の監査請求権、議会の解散請求権、議員・首長の解職請求権、副知事・副市町村長あるいは公安委員会委員など主要公務員の解職請求権を規定している。

●事後学習

①ソーシャルワークのさまざまな場面を想定しながら、自由権と社会権（特に生存権）の役割と違いについてまとめてみましょう。また、生存権の法的性格について、生活保護に関連する判例（朝日訴訟）とともに考えてみましょう。

②新しい人権の種類と内容を整理し、併せてソーシャルワークの現場で適用する場合の注意点を考えてみましょう。

③国家の統治制度を国会、内閣、裁判所に分割した理由をそれぞれの役割や権限について整理しながら考えてみましょう。また、地方自治制度を設けた意義（本旨）を理解し、住民の権利についても考えてみましょう。

【参考文献】
・芦部信喜、高橋和之補訂『憲法 第7版』岩波書店　2019年
・浦部法穂『憲法学教室 全訂第3版』日本評論社　2016年
・大須賀明・栗城壽夫・樋口陽一・吉田善明編『憲法辞典』三省堂　2001年
・加藤晋介『加藤晋介の憲法入門』自由国民社　2011年
・後藤光男編『地方自治法と自治行政　補正版』成文堂　2009年
・山本克司『福祉に携わる人のための人権読本』法律文化社　2009年

COLUMN

人権よもやま話

　日本人は人権意識が希薄であるといわれる。その背景には、気候風土が大きく影響している。私たちの国土は温帯モンスーン地帯に位置し、長い歴史のなかで米づくりが行われてきた。米づくりは、集団で田植え、稲刈り、脱穀、水路の管理をする。村では団体行動が重視され、個性が強い者や団体行動に馴染まない者はいわゆる「村八分」にされる。「村八分」とは、火事と葬式以外は村人から無視される行為である。このような生活環境のなかでは、人権の中核である「個人主義」や「個人の尊重」という考え方は育ちにくい。それゆえ、明治憲法の時代に教育を受けた高齢者は今でも、基本的人権を主張することに戸惑いを感じることが少なくないという。

　明治維新以降、日本の法制度に「人権」思想が導入された。この背景には、不平等条約の改正という明治政府の悲願がある。不平等条約とは、日本国内での治外法権（外国人の犯罪を日本の司法が裁けない）が認められたり、日本に関税自主権がない条約をいう。これは、近代国家の誇りを著しく傷つける。欧米列国が不平等条約を結ばせた理由は、欧米列国にとって人権思想のない日本は、近代国家として付き合う相手ではなかったということである。

　そこで、欧米型の近代国家を目指す明治政府は早急に憲法の起草に着手した。その際、明治政府が描く天皇を頂点とする強力な中央集権国家思想に近いのが、プロイセン憲法であった。プロイセン（後のドイツ帝国）は、国家統一が遅れたので、ヨーロッパでは、イギリスやフランスの資本主義の発達の後塵を拝していた。そこで急速な近代化のために、皇帝（カイザー）が強大な権力を有する憲法が制定されたのである。明治憲法における臣民（国民）の人権は、天皇からの「恩恵」であり、法律による制限付きの弱い人権保障であったのは、このような理由からである。

　私たちが耳にする「基本的人権」という言葉は、1945（昭和20）年8月14日に受諾したポツダム宣言10項の「言論、宗教及思想の自由並に基本的人権の尊重は、確立せらるべし」に由来する。この条文が戦後GHQ（連合国軍総司令部）起草の日本国憲法草案に踏襲され、私たちの日本国憲法の「基本的人権」規定となっている。日本国憲法を起草したGHQは、近代市民革命の歴史を経験したアメリカが中心となり構成された。このことから、日本国憲法は、近代市民革命の成果である自由権や平等権を中心として多彩な人権プログラムが規定されている。おそらく憲法制定当時、初めてこの憲法の条文を見た日本人は、みな驚き、感動したに違いない。

　このように、私たちの人権は、歴史を除いては語れないのである。

第**4**章 民法の理解

●事前学習

・日常生活のなかで契約に基づいて行っていると思われる行為をあげてみましょう。

●本章のねらい

　民法は、全体が総則・物権・債権・親族・相続の5編からなるもので、1898（明治31）年から施行された。「家」制度を基礎とする親族・相続の両編については、第二次世界大戦後に、個人の尊厳と両性の本質的平等の理念を掲げる日本国憲法の施行にともない、1947（昭和22）年に全面的に改正され、翌年の1月から新たに施行されている。

　本章では、民法の物権・債権という財産権に関する領域について、当事者間に権利義務関係を生じさせる契約と、損害賠償責任の原因となる不法行為という法制度のあり方を中心に学んでいく。また、親族・相続の領域では、夫婦・親子等のかかわりや遺産相続等の法律関係を理解してほしい。

第1節　契約

　現代社会はさまざまな契約関係に基づいて日常生活が営まれていることから、契約社会ともいわれる。また一旦契約が結ばれると、当事者は約束通りにその内容を履行しない場合、損害賠償等の責任を負うことにもなりかねない。近年、契約に伴う消費者トラブルも増加傾向にあり、契約の種類や成立要件等の基本的な事項について学ぶことは、平穏な社会生活を送るうえでも大切なことである。

1. 権利の主体

⑴　人

①権利能力

　権利能力とは、私法上の権利義務の帰属主体となることができる資格をい

う。生身の人間を自然人といい、自然人は出生時から当然に権利能力の主体となる（3条）。また、法律により一定の目的のために権利能力を認められた団体を法人という（34条）。

②意思能力

意思能力とは、法律関係（権利義務関係）を発生させる意思を形成し、それを行為の形で外部に発表して結果を判断、予測できる知的能力をいう。一般には、幼児、重度の知的障害者、泥酔者などは意思能力がないとされる。意思能力のない者のした法律行為は無効であり、不法行為責任も生じない。

③法律行為・行為能力

法によって行為者が希望した通りの法律効果（権利義務関係の変動を生じさせること）が認められる行為を法律行為という。法律行為は、意思表示の結合の態様に応じて、単独行為*1、契約、合同行為*2に分けられる。

行為能力とは、法律行為を単独で行うことができる法律上の資格をいう。未成年者、成年被後見人*3、被保佐人*4、被補助人*5（家庭裁判所から特定の法律行為を行うには補助人の同意を要する旨の審判を受けた場合のみ）は、行為能力が制限される（「制限行為能力者」と呼ばれる）。

(2) 代理制度

①任意代理

代理*6とは、代理人が本人に代わって意思表示を行い、その法律効果が本人に直接帰属する制度であり、任意代理と法定代理の2種類がある。任意代理は、行為能力者であっても、本人自らが代理人を選んで、これに一定の法律行為を行う権限を与えるものである。

②法定代理

一方、制限行為能力者は、原則として法律行為を単独で行うことができないため、本人に代わって法律行為を行う者が必要となる。この場合、法律の規定によって代理権が与えられることから、法定代理人と呼ばれる。

(3) 近代法と契約の自由

①近代法の基本原則

近代市民社会における人びとの社会的関係は、自由かつ独立の経済主体である個人や企業による、商品の等価交換という客観的な経済法則にのっとって維持・展開される。近代法は、この商品の等価交換に関する公正なルールを用意するという機能を果たすために、「所有権の絶対性」*7「契約の自由」「過失責任の原則」*8をその基本原理とした。これらは、自由競争を本則とす

＊1　単独行為
一方的な意思表示によって成立する法律行為のことで、契約の解除などのように相手方があるものと、遺言などのように相手方のないものとがある。

＊2　合同行為
株式会社を設立する場合のように、同じ目的に向かって複数の人の意思表示が合致することによって成立する法律行為のことをいう。

＊3　成年被後見人
第8章p.161参照。

＊4　被保佐人
第8章p.164参照。

＊5　被補助人
第8章p.167参照。

＊6　代理と代行の違い
代理に対して代行は、本人の意思表示を他人が本人に代わって実行することである。日常生活自立支援事業において、生活支援員が利用者の依頼により、預貯金を預け入れすることなどがその例である。

＊7　所有権の絶対性
人は、その財産を全面的に支配し、国家といえどもこれを侵害してはならないとする原則をいう。

＊8　過失責任の原則
故意（わざと）または過失（誤って）損害を生じさせたのではない限り、人は自分の行為について責任を問われることがないという原則をいう。

る資本主義経済を支えている基本的な考え方である。

②契約自由の原則

　個人は、その自由な意思に基づいて、契約による法律（権利義務）関係を形成することができる。契約自由の原則とは、このように形成された個人間の法律関係に、国家は干渉すべきではないとの原則をいう。

　高度に複雑化した現代社会においては、労働や賃貸借契約などにおいて経済的に弱い立場にある者が保護され（労働基準法、借地借家法など）、また公共団体や企業などの大きな経済主体と比べて情報や交渉力が劣る消費者の権利が守られ（消費者契約法など）、あるいは正当な事由なく医師の診療拒否が認められないなど（医師法19条）、さまざまな法律によって契約の自由が制限されている。

2．権利の客体

　民法は、財産権として物権と債権を定めている。物権とは特定の物を直接支配することができる権利であり、物とは有体物をいう（85条）。物は動産と不動産に分けられる。不動産とは土地および定着物であり、不動産以外のものはすべて動産とする（86条）。土地の定着物の典型は建物である。

　これに対して債権とは、特定の人（債権者）が他の特定の人（債務者）に対して、代金の支払い・商品の引き渡しといった一定の行為を請求する権利であり、契約は債権を生み出す原因ということができる。

　権利の客体とは、権利の対象となるものであり、物権においては物、債権においては人の行為（給付）である。

3．契約の成立

(1)　契約成立の要件と効果

①契約成立の要件（522条）

　契約は、申込みと承諾という2つの意思表示の合致（合意）により成立する。法令に特別の定めがある場合を除いて一定の方式は不要である。

②契約の効果―強制履行（414条）

　契約が結ばれると、当事者の間には、契約の実現に向けて債権・債務関係[9]が生じる。債務者が任意に債務の履行をしないときは、債権者は裁判所に対し、強制履行を請求することができる。

③契約の効果―損害賠償（415〜418条）

　債務者がその本旨に従った履行をしない（約束通りに履行しない）とき、

＊9　債権・債務関係
債権に対応する義務を債務という。

債権者はこれにより生じた損害の賠償を請求することができる。債務者がその本旨に従った履行をしないことを債務不履行といい、履行遅滞、履行不能、および不完全履行の３類型がある。

損害賠償の範囲は、原則として債務不履行によって通常生ずべき損害である。別段の意思表示がないときは、金銭で行われる。なお、債務不履行に関して債権者に過失があったときは、これを考慮して損害賠償の責任が減免される（「過失相殺」という）。

④契約の解除（540条以下）

当事者の一方がその債務を履行しない場合において、相手方が相当の期間を定めてその履行を催告し、その期間内に履行がないときは、相手方は契約の解除をすることができる。また、履行の全部または一部が不能となったときは、債権者は、契約の解除をすることができる。解除により、各当事者は、未履行債務については履行する義務がなくなり、すでに履行した債務については原状回復の義務を負い、また、損害賠償の請求もできる。

なお、消費者取引を保護する法律においては、クーリングオフ制度が設けられており、特定の取引においては一切の損害賠償または違約金の請求を受けることなく、消費者は一方的に契約の解除ができるようになっている。

(2) 意思と表示の不一致

①心裡留保（93条）

意思を表示する者が、自分の真意と異なる意味で理解されることを知りながら行う意思表示を心裡留保という。原則として有効であるが、相手方が知っていたか、または知ることができたときは無効*10となる。

②虚偽表示（94条）

相手方と通じてした虚偽の意思表示は無効である。ただし、虚偽表示の無効は善意*11の第三者に主張することはできない。

③錯誤（95条）

一般に錯誤とは、人の認識したこととその認識の対象である客観的な事実とが一致しないことをいう。意思表示の重要な部分について錯誤があるときは（要素の錯誤）、その意思表示は無効となる。

(3) 瑕疵ある意思表示

①詐欺・強迫（96条）

詐欺とは、他人をだまして錯誤に陥れる行為をいい、強迫とは、他人に害悪を加えることを示して恐怖心を生じさせる行為である。詐欺または強迫に

*10 無効
無効とは、契約や意思表示が、何らかの理由により当初から法律上の効果を生じないことをいう。一方、取消しとは、取消権者の主張により、その効力を当初にさかのぼって失わせることをいう（119条以下）。

*11 善意
法律用語としては、ある事実を知らないことを善意という。反対に、ある事実を知っていることを悪意という。

よる意思表示は、取消すことができる。ただし、詐欺による取消しについて
は、善意の第三者に主張することはできない。

②誤認・困惑―消費者契約法

　消費者と事業者の間で締結される契約を消費者契約と呼ぶ。消費者契約に
おいては、民法に規定されている「詐欺」「強迫」には該当しなくとも、そ
れに近い行為が多発していることから、消費者保護を強化するために2001（平
成13）年に消費者契約法が施行された。消費者契約法は、「誤認」*12または「困
惑」*13の２類型を定め、それに該当する契約の申込みまたは承諾の意思表示を、
取消すことができることとしている。

4．契約の分類

(1)　典型契約と非典型契約

①典型契約

　典型契約とは、民法に規定されている以下の13種類の契約のことである。
一般に結ばれることが多い契約の典型という意味でこの名があるが、法律で
名称が与えられているという意味で有名契約ともいう。なお、民法が明治期
の後半に制定されたものであり、時代の推移とともに新たな法律の整備も
あって、現代ではあまり利用されない規定もある（雇用、終身定期金など）。

・贈与（549条以下）	・請負（632条以下）
・売買（555条以下）	・委任（643条以下）
・交換（586条）	・寄託（657条以下）
・消費貸借（587条以下）	・組合（667条以下）
・使用貸借（593条以下）	・終身定期金（689条以下）
・賃貸借（601条以下）	・和解（695条以下）
・雇用（623条以下）	

②非典型契約

　契約自由の原則により、典型契約に該当しない契約も強行法規や公序良俗
に反しない限り、自由に締結することができる。このように、典型契約に属
さない契約を非典型契約という。法律で名称が与えられていないことから無
名契約ともいう。

(2)　代表的な契約

①売買契約

　売買は、当事者の一方（売主）がある財産権を相手方（買主）に移転する

*12　誤認
「誤認」の類型（消費者契約法４条１項１・２号、４条２項）は次の通りである。❶重要事項（当該消費者契約の目的となるものの内容または取引条件であって、消費者の当該消費者契約を締結するか否かについての判断に通常影響を及ぼすべきもの）について、事実と異なることを告げること、❷当該消費者契約の目的となるものに関し、将来における変動が不確実な事項（将来におけるその価額、将来において当該消費者が受け取るべき金額など）につき断定的判断を提供すること、❸重要事項または重要事項に関連する事項について当該消費者の利益となる旨を告げ、かつ、当該重要事項について当該消費者の不利益となる事実を故意に告げないこと。

*13　困惑
「困惑」の類型（消費者契約法４条３項１・２号）は次の通りである。❶事業者に対し、消費者が、その住居またはその業務を行っている場所から退去すべき旨の意思を示したにもかかわらず、退去しないこと、❷事業者が勧誘をしている場所から消費者が退去する旨の意思を示したにもかかわらず、消費者を退去させないこと。

ことを約束し、相手方（買主）がこれに対して、その代金を支払うことを約束することによりその効力を生じる。売買は有償*14、双務*15、諾成*16の契約である。

②消費貸借契約

消費貸借は、当事者の一方（借主）が種類、品質、数量の同じ物を返還することを約束して、相手方（貸主）から金銭その他の物を受け取ることによって成立する。

消費貸借契約のうち、金銭を目的とするものが金銭消費貸借契約であり、銀行などから融資を受ける場合がこれに該当する。なお、利息制限法*17などで金利に上限が設定され、借主の保護が図られている。

③消費寄託契約

消費貸借に類似するものに消費寄託がある。寄託とは、当事者の一方（受寄者）が相手方（寄託者）のために保管することを約束して、ある物を受け取ることにより成立する契約である。そのうち、受寄者が受託物を消費することができ、これと種類、品質、数量の同じ物を返還すればよいとされるのが消費寄託であり、預貯金の出し入れなどがこれにあたる。

④賃貸借契約

賃貸借は、当事者の一方（賃貸人）が相手方（賃借人）にある物を使用・収益させ、これに対して賃借人が対価（借賃または賃料）の支払いを約束することにより、その効力を生じる。処分について行為能力の制限を受けた者（制限行為能力者）が賃貸借をする場合には、対象となる物に応じて賃貸借期間に一定の制限が設けられている（602条）。もし、対価の支払いがなく無償で利用する場合は、使用貸借となる（593条以下）。

賃借権は債権であり、人（賃貸人）に対する権利であって目的物を直接支配する権利ではないとされる。したがって、目的物が売却され所有者が変われば、土地・建物の賃借人は自己の賃借権を新しい所有者に主張できなくなり、その地位は不安定なものとなる。そのため、借地借家法によって賃借人の権利が強化されている。

⑤委任契約

委任は、当事者の一方が法律行為をすることを相手方に委託し、相手方がこれを承諾することによりその効力を生じる。委任には代理権の授与を伴うことが多い。財産管理の委託や病気診療の依頼など、法律行為以外の事務の委託を準委任という。準委任には、委任の規定がすべて準用される。

5．債権の担保 — 物権

(1)　物権法定主義

物権とは、その性質上、特定の物を直接、排他的に支配することができる権利である。それゆえに、物権は、民法やその他の法律に定めるもののほか、創設することができないとされる（175条）。これを物権法定主義といい、債権のもとになる契約が原則として自由に締結できることと対照をなしている。民法は10種類の物権[18]を定めている。

(2)　所有権と占有権

①所有権

所有権は、法令の制限内において目的物を全面的に支配する物権であり、所有者は自由に使用し、収益し、処分することができる（206条以下）。近代法は所有権の絶対性を基本原理としたが、現代においては、他の財産権とともに、公共の福祉の観点から多くの法令によって所有権の制限がなされている（憲法29条参照）。

②占有権

物が人の支配内にあるときこれを占有するものとし、ついで占有があればその占有が正当な権利に基づくものであるかどうかを問わず、一律に占有権が生じるものとしている。占有権は、社会秩序維持のため占有という事実状態を保護することを目的とするもので、適法な権利の推定や取得時効[19]等の要件となるなどの効力をもつ（180条以下）。

(3)　担保物権と用益物権

①担保物権

契約を締結すると債権・債務関係が発生する。債務不履行に備えて債権者に提供され、債務の弁済を確保する手段となるものを担保という。担保には、抵当権や質権などが設定される物的担保と、保証人による保証等の人的担保がある。物的担保[20]には、民法上の要件を満たすことで当然に認められる留置権[21]（295条以下）および先取特権[22]（303条以下）と、特に当事者の契約によって設定される質権[23]（342条以下）および抵当権[24]（369条以下）とがある。前者を法定担保物権、後者を約定担保物権といい、合わせて4種類の担保物権がある。

*18　物権
所有権、占有権、留置権、先取特権、質権、抵当権、地上権、永小作権、地役権、入会権。

*19　取得時効
他人の物または財産権を一定期間継続して占有する者に、その権利を与える制度のことをいう。長期と短期とに分かれている。

*20　物的担保
債務不履行の場合に目的物を競売し、その代金から優先的に弁済を受けるもの。

*21　留置権
他人の物の占有者が、その物に関連して生じた債権（パソコンや時計の修理代金等）の弁済を受けるまで、その物を留置すること。

*22　先取特権
民法等の法律が定める特殊な債権であり、労働者が一般債権者に先立ち使用者から給与等を受け取る賃金債権などがその例である。

*23　質権
目的物を引き渡して設定されるものであり、動産（不動産以外の物）のほか、不動産や株券等の財産権も対象となる。

*24　抵当権
対象となる目的物が土地・建物等の不動産であり、引渡しを受けずに設定される。銀行から住宅ローンを借りる場合などに利用される。

②用益物権

　他人の土地を一定の目的のために使用・収益することができる物権を用益物権という。家屋などの所有、耕作や牧畜、通行や引水、山林や原野での採取などの目的に応じて、地上権（265条以下）、永小作権（270条以下）、地役権（280条以下）、入会権（263、294条）の4種類がある。

(4)　物権変動

　物権変動とは、物権の発生、変更および消滅のことである。取得時効（162条以下）、遺失物の拾得（240条）、埋蔵物の発見（241条）などの場合もあるが（「原始的取得」という）、一般的には売買・消費貸借などによる所有権の移転や、担保物権・用益物権の設定や移転などの契約による場合が圧倒的に多い（「承継的取得」という）。

　物権は排他的権利＊25であることから、その変動には外部から認識できる表象を必要とする（「公示の原則」という）。不動産物権の変動については登記をすることにより（177条）、動産については物の引渡しにより（178条）、第三者に物権変動を主張することができる。

第2節　不法行為

1．一般的不法行為の成立要件

　不法行為とは、他人に損害を及ぼす不法な行為であって、被害者の被った損害を加害者が賠償すべき義務を負うものであり、被害者には加害者に対する損害賠償の請求権が認められる。民法は、「故意又は過失によって他人の権利又は法律上保護される利益を侵害した者は、これによって生じた損害を賠償する責任を負う」と規定している（709条）。

(1)　故意・過失

　不法行為が成立するためには、第1に、加害者に故意または過失が認められなければならない。不法行為における故意とは、自分の行為が他人に損害を及ぼすことを知ったうえで、あえてそれを行う心理状態のことである。また過失とは、一定の事実を認識することができたにもかかわらず（予見可能性）、不注意でそれを認識しないことである。過失の有無の判断においては、専門的な知識をもつ者や危険の高い行為を行う地位や職業にある者は、一般人より高い注意義務が要求されている。

故意・過失の立証は、ともに原則として被害者（原告）が行わなければならない。

(2)　責任能力

第2に、加害者には一定の責任能力があることを要する。未成年者については、責任能力を「自己の行為の責任を弁識するに足りる知能」（712条）と規定し、単に道徳的に悪いということを知るだけでなく、損害のような、多少法律的な問題となりそうなことを知る知能と解される。たとえば、12歳7か月の少年が空気銃で怪我をさせた場合は、責任能力がないと判断され、少年の監督義務者の責任が認められた（大判大10・2・3）[26]。また、精神上の障害等により、自己の行為の責任が判断できない状態にあるときになされた行為も同様に責任能力がないとされ、監督義務者の責任となる。

(3)　権利侵害・損害発生

第3の要件である権利侵害は、広く違法な行為と捉えることができるが、その違法性は、損害の発生など侵害された権利・利益と侵害行為の態様から判断される。侵害される権利・利益は、大きく財産権と人格権（人格的利益）に分けられる。

財産権のうち所有権その他の物権はすべての人に対する権利として最も強固なものであるから、その侵害は一般に違法なものとなる。ただし、物権は公共の福祉による制限に服するため、たとえば隣地からの振動や騒音などは、受忍限度の範囲内であれば違法性は認められず、したがって損害賠償の対象とはならないことになる。

人格権については、身体、自由、名誉の侵害について損害賠償の責任を負うものと規定されている（710条）。生命の侵害は本人に対する不法行為であるとともに、近親者に対する不法行為ともなる（711条）。

(4)　違法性の阻却[27]

侵害行為等から考え一応違法性があって損害賠償責任が生じる行為について、特別な事情のために違法性がなくなるとされる場合がある。このように違法性がなくなる理由のことを違法性阻却事由といい、正当防衛[28]、緊急避難[29]、正当行為[30]等がある。被害者が承諾する場合は、法令または公序良俗に反しない限り違法性は阻却される。また、スポーツや遊戯等による加害行為についても、公序良俗によって是認されるものとして違法性はないとされる。

*26　大判大10・2・3
大審院（戦前の最高裁判所に当たる裁判所）、判決、大正10年2月3日言渡し。以上を略して表記したものである。

*27　阻却
妨げること。妨害して退けること。

*28　正当防衛
民法上は、他人の不法行為に対し、自己または第三者の権利を防衛するために、やむを得ずにする加害行為のことをいう（720条1項）。

*29　緊急避難
民法上は、他人の物から生じた急迫の危難を避けるため、その物を損傷することをいう（720条2項）。

*30　正当行為
民法には規定がないが、労働組合が行うストライキ等の正当な権利の行使や、医療行為による患者の身体への侵襲等の正当な業務上の行為がこれにあたるとされる。

2．不法行為の効果

(1)　損害賠償の方法

　不法行為の効果は、加害者が被害者に対して損害を賠償する責任を負うことである。損害賠償は、原則として金銭に評価してなされる（722条）。被害者に過失があるときは、これを考慮して損害賠償の責任を免除したり、その金額を減額することができる（「過失相殺」という）。

(2)　賠償すべき損害

　損害には、財産的なものと精神的なものがあり、いずれも賠償の対象となる。後者が慰謝料と呼ばれるものである。たとえば母の遺品を傷つけられた場合のように、侵害された利益が財産権であっても精神的な損害が発生することもある。その反対に、名誉を著しく傷つけられたことが原因で仕事を続けられなくなるケースのように、人格権が侵害されても財産的な損害が発生することもみられる。

　生命の侵害は、逸失利益*31や慰謝料等の形で損害賠償の請求がなされる。身体の障害では治療費や慰謝料、さらには収入や労働能力の喪失等への賠償責任が生じる。また、自由や名誉・プライバシー等の侵害についても、その違法性に応じた賠償がなされなければならない。

＊31　逸失利益
債務不履行や不法行為がなければ本来得られたであろう利益のこと。たとえば医療事故で死亡した場合、生存していれば労働することで得ることができたであろうはずの利益をいう。

3．特殊な不法行為

(1)　責任無能力者の監督義務者責任

　責任能力のない者（責任無能力者）が行った行為については、親権者や後見人など、その行為者を監督すべき法定の義務のある者が責任を負う（714条1項本文）。また、幼稚園の園長や精神科病院の院長など、監督義務者に代わって責任無能力者を監督する者も同様に責任を負うものとしている（同条2項）。

　なお、これらの者は、自己の監督義務を怠らなかったこと（つまり監督上過失がないこと）を証明すれば責任を免れることができる（714条1項ただし書）。このように、監督義務者責任では、過失を立証する責任が一般の不法行為責任から転換されている。こうした場合の責任は、過失責任と無過失責任の中間という意味で中間責任といわれる。

(2)　使用者責任

　ある事業のために他人を使用する者は、その他人（被用者）が仕事のうえで（事業の執行について）第三者に与えた損害を賠償する責任を負う（715条 1 項）。使用者に代わって事業を監督する者も同様の責任を負うものとしている（同条 2 項）。

　「事業の執行」の範囲については、過去の判例[*32]では「広く被用者の行為の外形から、被用者の職務行為の範囲に属すると認められるもの」とされており、使用者責任を広く認める傾向にある。

(3)　工作物責任

　工作物とは、人の手によって土地に接着して設備された物であり、具体的には、建築物、道路、橋、堤防、電柱等がそれにあたる。これらの設置や保存に瑕疵があり、それによって他人に損害を生じたときに、その工作物の占有者または所有者が、被害者に対して負う責任を工作物責任という（717条本文）。

　借家人のような占有者は、損害の発生を防止するために必要な注意をしていたことが証明されれば責任を免れるが（中間責任）、所有者の責任については免責事由が認められない無過失責任とされる（717条 1 項ただし書）。

第 3 節　親族

1．親族関係

　第二次世界大戦後に根本的な改正が行われた親族編は、身分関係を夫婦・親子・親族の 3 つの型に分けて規定している。ここにいう身分とは、従来の家族的支配関係における身分とは違って、家族のなかの夫や親といった地位を表わすものである。この身分関係に基づいて発生する権利義務が身分権といわれるもので、財産権に対する用語である。夫婦・親子を除いた親族は、現実的な共同生活をするものではないが、観念的・精神的な結合体をなし、互いに助け合う関係にある。

(1)　親族の範囲

　親族とは、6 親等内の血族、配偶者、3 親等内の姻族をいう（725条）。
①血族
　血族には、同じ先祖をもつ血縁関係にある者（自然血族）と、法律上これ

＊32　判例
裁判の先例であるが、個々の判決をいう場合もある。ここでは、昭和39年 2 月 4 日の最高裁判所の判決を参照した。

と同視される者（法定血族）の2つがある。法定血族関係は、養子縁組によって発生し、離縁によって消滅する。

②配偶者

夫婦の一方からみた他方のことであり、夫から見た妻、妻からみた夫のことである。内縁の夫婦は互いに配偶者とはいえないが、社会保障関係の法律などでは、配偶者に準じた保護が与えられている。

③姻族

姻族は、婚姻によって生じる関係である。本人の配偶者の血族と、本人の血族との配偶者により構成される。姻族関係は、婚姻によって発生し、離婚によって終了する。夫婦の一方が死亡した場合は、生存配偶者が姻族関係終了の意思表示をして初めて終了する（728条）。

(2) 親等の計算

親等とは、親族関係の遠近度を測る単位であり、親族間の世代数を数えて定められる。傍系親族の親等を定めるには、その人またはその配偶者から同一の祖先にさかのぼり、その祖先から他の1人に下るまでの世代数による（726条）。具体的には、本人の父母は1親等、父母より1世代上の祖父母は2親等となる。また、1親等の父母から分かれる兄弟姉妹は2親等に、2親等の祖父母から分かれる父母の兄弟姉妹（おじ・おば）は3親等というように数えていく（図4－1）。

①直系・傍系

ある1人の祖先から子孫へと直通する親系を直系といい、祖父母、父母、子、孫などが直系血族となる。自己と同一の始祖をもつ直系から分かれた系統を傍系といい、兄弟姉妹、おい・めい、おじ・おば、いとこなどが傍系血族にあたる。

図4－1　親族図

注：（　）内の数字は本人からの親等を表す。

②尊属・卑属

　血族のうち、父母、祖父母など、自分より前の世代に属する者を尊属という。父母などは直系尊属、「おじ・おば」などは傍系尊属となる。反対に、子、孫、「おい・めい」など自分より後の世代に属する者を卑属という。子や孫などは直系卑属、「おい・めい」などは傍系卑属となる。

２．夫婦

(1)　婚姻の成立と要件

　夫婦とは婚姻関係にある１組の男女を指す。婚姻は、当事者間に婚姻意思の合致があることを前提として、以下の要件が充足されており、かつ婚姻の届出が受理されることによってその効果を生じる。なお、成年被後見人が婚姻をするには、その成年後見人の同意を要しないとされている（738条）。

①婚姻適齢（731条）[*33]

　男性は18歳に、女性は16歳にならなければ婚姻をすることができない。

②重婚の禁止（732条）

　配偶者のある者は、重ねて婚姻をすることができない。

③女性の再婚禁止期間（733条）[*34]

　女性は、前婚の解消または取消しの日から100日を経過した後でなければ、再婚をすることができない。ただし、女性が前婚の解消または取消しの前から懐胎していた場合には、その出産の日からこの規定は適用されなくなる。

④近親婚の禁止（734～736条）

　優生学上の理由から、自然血族の間では、直系血族または３親等内の傍系血族の間では、婚姻をすることができない。また、道義上の理由から、法定の直系血族（たとえば養親と養子）の間や、直系の姻族（たとえば嫁と舅）の間においても、婚姻をすることができない。

⑤未成年者の婚姻（737条）

　未成年の子が婚姻をするには、父母の同意を得なければならない。ただし、父母の一方が同意しないときは、他の一方の同意だけで足りる。

(2)　婚姻の効果

①夫婦同氏（750条）[*35]

　夫婦は、婚姻の際に定めるところに従い、夫または妻の氏を称する。第三の氏を名乗ることはできない。また、婚姻をする男女がたまたま同一の氏であった場合にも、婚姻の後の氏は、夫または妻のどちらの氏なのかを定める。

*33
2018（平成30）年の法改正で成年年齢が18歳に引き下げられるとともに、女性の婚姻年齢が18歳に引き上げられ、男女の婚姻開始年齢が統一されることとなった。いずれも2022（令和４）年４月から施行される。

*34
女性の再婚禁止期間は、子の父の推定が重複することを避けるためとする立法理由に照らし、100日を超える部分については法の下の平等（憲法14条）および両性の本質的平等（憲法24条）に反し違憲とする判決が最高裁大法廷で下された（最判平27・12・16）。判決を受け、2016（平成28）年の法改正によりそれまでの６か月から100日に短縮された。p.84の嫡出推定の規定(772条) も参照のこと。

*35
女性の６か月の再婚禁止期間を違憲とした同法廷において、夫婦同氏の規定についても審理の対象とされたが、こちらの方は合憲と判断された（p.94のコラム「民法改正要綱と夫婦別姓」も参照のこと）。

②同居、協力および扶助の義務（752条）

夫婦は同居し、互いに協力し扶助しなければならない。協力し扶助するとは、精神的・肉体的・経済的に協力して、円満な共同生活をすることと解される。

③守操の義務

夫婦は相互に貞操を守る義務を負う。明文の規定はないが、婚姻の本質から生まれる当然の義務とされる。不貞行為は夫婦ともに離婚原因となる。

④婚姻による成年擬制（753条）

未成年者が婚姻したときは、これによって成年に達したものとみなされる。その結果、行為能力者として扱われ、また、親権または後見に服することもなくなる。ただし、未成年者喫煙禁止法、公職選挙法、刑法など、民法以外の法律については未成年者として扱われる。

⑤夫婦間の契約の取消権（754条）

夫婦間でした契約は、婚姻中いつでも夫婦の一方からこれを取消すことができる。契約の履行前のみでなく、履行後においても同様である。ただし、第三者の権利を害することができない。

(3) 夫婦財産制

夫婦共同生活の費用負担や財産の帰属など、婚姻によって生ずる夫婦間の財産関係を定める法制度を夫婦財産制という。民法は、夫婦は契約で自由に財産関係を取り決めることができるものと定めており（夫婦財産契約）、契約がない場合には所定の制度（法定財産制）に従うべきものとしている。

①夫婦財産契約

夫婦財産契約は、婚姻の届出前に締結しなければ効力がない（755条）。また、婚姻の届出までに登記をしなければ、これを夫婦の承継人（相続人など）や第三者に対抗することができない（756条）。さらに、婚姻の届出後は契約内容の変更ができない（758条）。このような厳格さゆえに、夫婦財産契約はほとんど利用されていない。

②法定財産制

●婚姻費用の分担（760条）

夫婦は、その資産、収入その他一切の事情を考慮して、婚姻から生ずる費用を分担する。婚姻から生ずる費用とは、住居費・食費・養育費などである。本規定は、協力扶助義務（752条）の経済的側面であると解される。

●日常の家事に関する債務の連帯責任（761条）

夫婦の一方が、日常の家事に関して第三者と取引をしたときは、他の一方は、これによって生じた債務について、連帯して責任を負う。日用品の購入

や電気・水道・ガス料金などの支払債務などのほか、夫婦の共同生活に必要な範囲で借金をすることも含まれるものとされる。

● **夫婦別産制（762条）**

　夫婦の一方が、婚姻前から有する財産および婚姻中に自己の名で得た財産は、その特有財産（つまり、それぞれの個人的財産）とされる。また、共同生活から生じる家計にも、財産や収入が組み入れられてくるが、それらは特有財産としての性格を失い、夫婦の共有財産と推定される。

(4)　離婚制度

①協議離婚

　夫婦は、その協議で離婚をすることができる（763条）。わが国における離婚の約90％は協議離婚によるものである。離婚の自由が保障される半面、夫婦の一方が、勝手に離婚届を作成して提出する恐れがあるため、離婚届不受理申出の制度がある（戸籍法27条の2）。また、成年被後見人の離婚においても、婚姻の際と同様にその成年後見人の同意を要しない。

②調停離婚

　離婚の協議が整わない場合、まず家庭裁判所に調停の申立てをしなければならない（家事事件手続法257条）。調停前置主義といわれるものであり、調停委員会の斡旋により合意に至り、離婚が成立することを調停離婚という。

③審判離婚

　調停が不調に終わった後、家庭裁判所の調停にかわる審判によって成立する離婚が審判離婚である（家事事件手続法284条以下）。この審判に対して当事者からの異議申立てがあれば、審判はその効力を失い離婚は成立しない。

④裁判離婚

　離婚の訴えができるのは次の離婚原因が認められる場合である（770条）。

・配偶者に不貞の行為があったとき
・配偶者から悪意で遺棄されたとき
・配偶者の生死が3年以上明らかでないとき
・配偶者が強度の精神病にかかり、回復の見込みがないとき
・その他婚姻を継続し難い重大な事由があるとき

　当事者の一方で成年後見が開始され、その配偶者が成年後見人である場合には、訴訟には成年後見監督人の選任が必要となる（人事訴訟法14条）。

(5) 離婚の効果

①離婚復氏・婚氏続称（767条）

　婚姻によって氏を改めた当事者は、原則として婚姻前の氏に復する。ただし、離婚の日から3か月以内に届出ることで、離婚の際に称していた氏を継続して使用することができる。

②子どもにかかわる効果―親権と監護権

　親権とは、未成年の子を監護、教育し、その財産を管理するため、父母に与えられた身分上および財産上の権利義務のことをいう。婚姻中は父母が共同で行使していた親権は、離婚によりいずれか一方が単独で行使することになる（819条）。

　また、離婚に際し子どもの利益のため必要な場合は、親権から特に監護権だけを分離し、親権者とは別に監護者を定めることができる（766条）[36]。

③財産分与（768条）

　婚姻中に自己の名義で取得した財産は、夫婦いずれかの特有財産とされるが、その多くは夫婦が協力して蓄積したものであることから、一方は、相手方に対して財産の分与を請求することができる。協議が整わないとき、離婚時から2年以内であれば、家庭裁判所に処分を請求できる。

3．親子

(1) 実子

①親子関係

　親子には、自然の血縁に基づく実親子関係と、養子縁組に基づく養親子関係がある。

②嫡出子と非嫡出子

　実子は、父母が法律上の婚姻関係にあるかどうかで2つに分けられる。法律上の夫婦から生まれた子を嫡出子といい、そうでない父母の間に生まれた子を非嫡出子という。

●嫡出の推定（772条）

　妻が婚姻中に懐胎した子は、夫の子と推定する。婚姻の成立の日から200日を経過した後または婚姻の解消もしくは取消しの日から300日以内に生まれた子は、婚姻中に懐胎したものと推定する。

●非嫡出子の法定相続

　非嫡出子の相続分は、嫡出子の相続分の2分の1としていたが、2013（平

*36　民法766条の改正（平成23年）
子どもの福祉利益の観点から、協議離婚の際に定める「子の監護に関する事項」として、❶監護権のない父または母と子どもとの面会およびその他の交流（メール等）、❷子どもの監護に要する費用（養育費）の分担等に関する規定が追加された。

成25）年の法改正により、非嫡出子の相続分が嫡出子の相続分と同等になった。

③認知（779条以下）

嫡出でない子の親子関係は、認知によって発生する。認知には、任意認知と強制認知とがある。任意認知は、未成年者または成年被後見人であっても、法定後見人の同意なく行うことができる。成年の子を認知するには、その子の承諾がなければならない。また、胎児を認知するには、母親の承諾を必要とする。強制認知とは、父が任意認知をしない場合、「子、その直系卑属またはこれらの者の法定代理人」による認知の訴えにより、認知がなされるものである。

④準正（789条）

父が認知した子は、その父母の婚姻により、また、婚姻中父母が認知した子は、その認知のときから、嫡出子の身分を取得する。

⑤子の氏（790・791条）

嫡出子は、父母の氏を称し、子の出生前に父母が離婚したときは、離婚の際における父母の氏を称する。非嫡出子は、母の氏を称する。子が父または母と氏を異にする場合には、子は、家庭裁判所の許可を得て、その父または母の氏を称することができる。

(2)　養子縁組

①普通養子（792条以下）

成年に達した者は、養子（縁組）をすることができる。尊属または年長者を養子にすることはできない。後見人が被後見人を養子とするには、家庭裁判所の許可を得なければならない。また、自己または配偶者の直系卑属を除いて、未成年者を養子とする場合にも、家庭裁判所の許可を得なければならない。

養子は、縁組の日から養親の嫡出子の身分を取得する。また、従前の実親との関係もそのまま継続するため、養子は実親および養親双方の法定相続人（後述）となる。

②特別養子（817条の2〜817条の11）

特別養子とは、法律上、実の親との関係を消滅させ、養親との間に実の親子と同様な関係が形成されるものである。家庭裁判所は、子の利益のため特に必要があると認めるときに、実方の父母および血族との親族関係が終了する特別養子縁組を、養親となる者の請求により審判によって成立させる。原則として、25歳以上の夫婦が共同して養親となる。

養子となる者の年齢は、特別養子制度の利用促進を目的とする2019（令和

元）年の法改正により、原則 6 歳未満から原則15歳未満に引き上げられ、2020（同 2 ）年 4 月から施行された。

(3) 親権

　親権とは、子の利益のために未成年の子を監護教育し、その財産を管理するため、その父母に与えられた身分上および財産上の権利義務をいう。したがって、未成年の子は父母の親権に服することになる。子が養子であるときは、養親の親権に服する。父母は共同して親権を行使することが基本であるが、一方が何らかの事情で親権を行使できないときは、他の一方だけで行うものとしている（818条）。なお、未成年者に対して親権を行う者がない場合等には、家庭裁判所により未成年後見人[37]が選任され、後見が開始される（838条以下）。

　親権には、監護教育権（820条）および財産管理権（824条）のほか、以下のものがある。

①居所指定権（821条）

　子は、親権を行う者が指定した場所に住居を定めなければならない。

②懲戒権（822条）

　親権を行う者は、子の利益のために子の監護および教育をする権利を有し、義務を負う（820条）。懲戒権の行使は、子の利益のためになされる監護および教育に必要な範囲内に限られる。なお、懲戒方法については具体的に定められていない。

③職業許可権（823条）

　子は、親権を行う者の許可を得なければ職業を営むことができない。なお、未成年者の就労については、中学生以下の者を雇うことが原則として禁止される等、労働基準法によりさまざまな規制がある。

(4) 親権の喪失等

　父または母による虐待または悪意の遺棄（子育ての放棄等）があるときや、その他の理由により親権の行使が著しく困難または不適当であることにより、子の権利を著しく害するときは、家庭裁判所は、子自身のほか、子の親族または検察官等の請求によって、その親権の喪失を宣告することができる（834条）。親権喪失は重大な法的効果をもたらすため、2011（平成23）年の法改正により、父または母による親権の行使が困難または不適当であることにより子の利益を害するときは、家庭裁判所は 2 年以内の期間を定めて親権停止の審判をすることができることとなった（834条の 2 ）。なお、児童福祉法や

児童虐待の防止等に関する法律（児童虐待防止法）によっても子の保護が図られている。

4．扶養

(1)　扶養義務者

　直系血族および兄弟姉妹は、互いに扶養する義務がある。特別の事情があるときは、家庭裁判所は3親等内の親族間においても扶養の義務を負わせることができる（877条）。

　夫婦の間や親子（特に子を扶養する親とその子）の間の扶養は、自分の生活と同質で同程度の生活を相手方に確保させる義務であり、生活保持義務と呼ばれる。これに対して、それ以外の親族間の扶養は、自己の生活に余裕がある限度で相手方を扶助すべき義務あり、生活扶助義務と呼ばれる。

(2)　扶養の順位・程度・方法

　扶養をする義務のある者が数人ある場合に、扶養をすべき者の順序について当事者間の協議が調わないとき、または協議をすることができないときは、家庭裁判所がこれを定める。扶養の程度または方法について、当事者間の協議が調わないとき、または協議をすることができないときも同様である（878〜880条）。

　扶養の方法は、引き取り扶養と経済的扶養の2通りの方法が一般的である。

(3)　私的扶養優先の原則

　民法に定める扶養義務者の扶養（私的扶養）は、生活保護法による保護（公的扶養）に優先する（生活保護法4条）。扶養能力をもつ親族（扶養義務者）がいても現実に扶養がなされず、そのため国が生活保護を行った場合には、保護を実施した機関は扶養義務者から費用を徴収することができる（同77条）。

第4節　相続

1．法定相続人

　相続とは、人の死亡によってその財産上の権利義務が他の者に継承されることであり、財産が継承される者を被相続人、継承する者を相続人と呼ぶ。

　相続財産には、所有権や債権等の積極財産とともに、被相続人の負ってい

た借金等の債務である消極財産も含まれる。

　相続の形態としては、相続人およびその配分を法律で定める法定相続（共同相続）と、被相続人の自由意思に基づく遺言によるものとがある。

(1)　配偶者

　被相続人の配偶者は常に相続人となり、血族相続人と共同して相続する（890条）。血族相続人がいない場合は、配偶者が単独で相続する。

(2)　血族相続人

①子（887条1項）

　血族相続人には順位があり、子は第1順位となる。相続の権利において実子と養子の区別はなく、性別や婚姻の有無も関係なく同一である。

　胎児は、相続においてはすでに生まれたものとみなされる（886条）。

②直系尊属（889条1項1号）

　子がいない場合、第2順位の直系尊属（父母や祖父母など）が相続する。ただし、直系尊属は親等の近い方を優先するので、父母がいれば祖父母は相続人になれない。

③兄弟姉妹（889条1項2号）

　子も直系尊属もいない場合は、第3順位の兄弟姉妹が相続人となる。この第3順位までが血族相続人である。

(3)　代襲相続

*38　推定相続人
現時点で相続が開始されたと仮定した場合に、その時点で相続人となるはずの人のこと。

　代襲相続とは、推定相続人*38である子または兄弟姉妹が相続の開始以前に死亡したとき、または相続欠格もしくは廃除により相続権を失ったとき、その者の子がその者に代わって相続することである（887条2項・3項、889条2項）。

　被代襲者は、被相続人の子と兄弟姉妹に限られ、それ以外は認められていない。したがって、配偶者や直系尊属の相続権は代襲されることはない。

(4)　相続人の欠格事由と廃除

①欠格事由（891条）

　次に掲げる者は、相続人となることができない。

・被相続人などを殺害し、または殺害しようとして刑に処せられた者
・被相続人の殺害されたことを知って、これを告発せず、または告発しなかった者

・詐欺または強迫によって、被相続人が相続に関する遺言をし、撤回し、取消し、または変更することを妨げた者

・詐欺または強迫によって、被相続人に相続に関する遺言をさせ、撤回させ、取消させ、または変更させた者

・相続に関する被相続人の遺言書を偽造し、変造し、破棄し、または隠匿した者

②廃除（892条以下）

　被相続人は、次の行為を理由として、遺留分[*39]を有する推定相続人をその地位から除外する請求を家庭裁判所に行うことができる。

＊39　遺留分
p.93参照。

・被相続人を虐待したこと

・被相続人に重大な侮辱を加えたこと

・上記以外の著しい非行があったこと

2．相続分

(1)　法定相続分

　共同相続において、各共同相続人が被相続人の財産を承継する割合を相続分という。被相続人は遺言によって定めることができるが（指定相続分という）、遺言がない場合は法律の規定により、表4－1のように定められている（900条）。これを法定相続分という。

表4－1　法定相続分

順位	相続人の構成		法定相続分	備考
第1順位	配偶者と子	配偶者	1/2	配偶者がいない場合、子が10割
		子	1/2	複数の場合は人数で均等割り
第2順位	配偶者と直系尊属	配偶者	2/3	配偶者がいない場合、直系尊属が10割
		直系尊属	1/3	複数の場合は人数で均等割り
第3順位	配偶者と兄弟姉妹	配偶者	3/4	配偶者がいない場合、兄弟姉妹が10割
		兄弟姉妹	1/4	複数の場合は人数で均等割り
配偶者のみ			10割	配偶者が10割相続

出典　志水幸監修、薄井明編『必修事項と範例問題Ⅰ　人・社会・生活と福祉編2010』みらい　2010年　p.241を一部改変

(2)　特別受益者

　被相続人から遺贈を受けたり、婚姻、養子縁組または「生計の資本」として贈与を受けた者を、特別受益者という。共同相続人のなかに特別受益者が

いるときは、相続人間の不公平を調整するため、まず、相続開始時の財産に特別利益（贈与分）を加えて「みなし相続財産」とし、これに基づいて法定相続分の算出を行い、次に、そこから特別利益を差し引いた残額を特別受益者の相続分としている（903条）。

(3) 寄与分

被相続人の事業への貢献や、療養監護その他の方法で、被相続人の財産の維持または増加について特別に寄与（貢献）した相続人を、寄与者という。共同相続人のなかに寄与者がいるときは、その寄与分を上積みするため、まず、相続開始時の財産から寄与分を控除したものを「みなし相続財産」とし、これに基づいて法定相続分の算出を行い、次に、これに寄与分を加えた合計額を寄与者の相続分としている。

(4) 相続の承認と放棄

相続は、被相続人の権利義務を包括的に承継し債務の負担を伴う場合もあることから、相続する・しないの自由が保障される必要がある。そのため、相続の承認と放棄に関する制度が設けられている。

①単純承認（920条以下）

単純承認とは、相続人が、何らの留保もつけることなく相続を承認することをいう。なお、相続人が相続財産の全部または一部を処分したときや、原則として3か月以内に以下の限定承認も放棄もしなかったときには、単純承認をしたものとみなされる。

②限定承認（922条以下）

限定承認とは、相続人が、相続によって得た財産の限度においてのみ、被相続人の債務および遺贈について責任を負うこととして相続する制度のことをいう。第三者の利害に大きくかかわることから、限定承認をするためには、原則として3か月以内に相続財産の目録を作成して家庭裁判所に提出し、限定承認をする旨を申出なければならない。相続人が数人いるときは、共同相続人の全員が共同しなければ限定承認ができない。

③相続放棄（938条以下）

相続放棄とは、相続の開始後に相続人がする相続拒否の意思表示をいう。相続を放棄する場合には、原則として3か月以内にその旨を家庭裁判所に申出しなければならない。相続の放棄をした者は、初めから相続人にならなかったものとみなされる。

(5)　特別の寄与

　被相続人に対して、無償で療養看護その他の方法により被相続人の財産の維持または増加について、特別の寄与をした相続人以外の親族（特別寄与者）に遺産の分配を認める制度である。

　特別寄与者は、相続の開始後、相続人に対して寄与に応じた額の金銭（特別寄与料）の支払いを請求することができる（1050条）。

3．遺言

(1)　遺言能力

　遺言とは、一定の方式に従った、遺言者の死後の法律関係を定める最終意思の表示である。遺言は相続に関することなど法定事項に限って行えるものであり、それ以外のことについて証書に記載をしても法的な効力をもたない。なお、遺言には「制限行為能力者」に関する規定は適用されない。具体的には、満15歳に達すれば意思能力があると認められ、未成年者でも単独で遺言ができる（961条）。また、被保佐人や被補助人の遺言は、保佐人や補助人の同意なくされても、常に取消しえないものとされている（962条）。さらに、意思能力が一時回復した成年被後見人は、2人以上の医師の立会いを得て、単独で有効な遺言をすることができる（973条）。

(2)　遺言の方式

　遺言の方式には、普通方式と特別方式がある。普通方式には、❶自筆証書遺言、❷公正証書遺言、❸秘密証書遺言がある。公正証書遺言と秘密証書遺言には、それぞれ特則の規定も置かれている。特別方式には、❶死亡の危急に迫った者の遺言（976条）、❷伝染病隔離者の遺言（977条）、❸在船者の遺言（978条）、❹船舶遭難者の遺言（979条）の4種類がある。特別方式は、何らかの差し迫った状況のなかで、普通方式によることが不可能または困難な状況にある場合になされるものである。

①自筆証書遺言（968条）*40

　自筆証書遺言とは、遺言者が、遺言の全文、日付および氏名を自書し、これに印を押すという方式による遺言のことをいう。パソコンで作成したものやコピーなどは、自筆証書とは認められない。

②公正証書遺言（969条）

　公証人*41が権利義務に関する事実について作成した証書を公正証書という。

*40
2018（平成30）年の法改正により、多数の財産等を整理するために作成する財産目録については、遺言者本人がパソコン等で作成してもよいこととなった。また、本人以外の者が作成することもできるようになった。

*41　公証人
当事者その他の関係人の嘱託により、財産権などに関する事実について公正証書を作成し、私署証書および株式会社等の定款に認証を与える等の権限を有する者のこと。

公正証書による遺言をするには、以下の方式によらなければならない。

・証人2人以上の立会いがあること

・遺言者が遺言の趣旨を公証人に口頭で伝えること

・公証人は遺言者の口述を筆記し、遺言者と証人に読み聞かせること

・遺言者と証人は、筆記が正確なことを承認した後、各自これに署名、押印すること

・公証人は、証書が上記の方式による旨を付記し、署名、押印すること

③公正証書遺言の方式の特則（969条の2）

遺言者が口をきけない場合や、遺言者または証人の耳が聞こえない場合においても公正証書遺言ができるよう、以下の方式が定められている。

・口がきけない遺言者は、手話通訳などを介したり、自書（筆談）などによって、内容を公証人に伝えること

・耳の聞こえない遺言者または証人に対しては、公証人は筆記した内容を手話通訳などで伝えて確認させること

④秘密証書遺言（970条）

第3の方式である秘密証書遺言は、遺言の存在をはっきりさせながら、内容を秘密にできるという利点を備えるものである。秘密証書による遺言をするには、以下の方式によらなければならない。

・遺言者が、その証書に署名し、印を押すこと

・遺言者が、その証書を封じ、証書と同じ印章で封印すること

・遺言者は、証人2人以上の立会いのもとに封書を公証人に提出し、自己の遺言書である旨と氏名および住所を述べること

・公証人は、日付と遺言者が述べた事項を封書に記載し、遺言者および証人とともに署名し、印を押すこと

⑤秘密証書遺言の方式の特則（972条）

口がきけない遺言者は、自己の遺言書である旨と氏名および住所について、手話通訳などを介して伝えたり、または封書に自書することで、秘密証書遺言をすることができる。

(3) 遺言の撤回と取消し

遺言者は、いつでも、遺言の方式に従って、その遺言の全部または一部を撤回することができる（1022条）。また、複数の遺言証書があって、前の遺言と後の遺言の間に矛盾する記述があるときは、その部分については、後の遺言で前の遺言を撤回したものとみなし、後の遺言の記述を有効とする（1023条）。

(4)　遺贈

　遺贈とは、遺言によって遺言者の財産の全部または一部が無償で譲られることをいい、その対象となる者を受遺者と呼ぶ。遺贈の種類としては、遺産の全部または一部を一定の割合で示してする包括遺贈と、特定の財産についてする特定遺贈とがある（964条）。

　受遺者は、遺言者の死亡後、いつでも遺贈の放棄をすることができる（986条）。ただし、遺贈義務者などの利害関係者から遺贈の承認または放棄の催告*42を受け、一定の期間内にその意思表示をしないときは、遺贈を承認したものとみなされる（987条）。

　遺贈の承認または放棄は、撤回することができない（989条）。なお、包括遺贈の場合の受遺者は、相続人と同一の権利を有するとされる（990条）。

*42　催告
相手方に対して、一定の行為をするように請求することをいう。相手方がこれに応じないと一定の法律効果が生ずる。

(5)　遺留分

　遺留分とは、一定の相続人が受けることを保障するために、遺産のうち法律上必ず留保されなければならないとされる一定の割合をいう。遺留分の制度は、個人財産処分の自由（遺言の自由）と、遺族の生活保障との調整を図ることを目的とするものである。

　遺留分の保障を受ける者は、被相続人の配偶者と直系尊属および直系卑属（子およびその代襲相続人）に限られ、兄弟姉妹には認められていない。その割合は、直系尊属のみが相続人であるときは被相続人の財産の3分の1、その他の場合は2分の1である（1042条）。

　遺留分権利者およびその承継人は、受遺者または受贈者に対し、遺留分侵害額に相当する金銭の支払いを請求することができる（1046条）。

●事後学習

①契約に際して「意思と表示の不一致」や「瑕疵ある意思表示」がある場合に、契約の効力はどうなるのかを確認してみましょう。
②婚姻の効果として、「夫婦間に生じる権利義務や財産関係」について確認してみましょう。
③相続で「特別受益者」がいたり「寄与分」がある場合に、共同相続人の法定相続分はどのように調整されるのかを確認してみましょう。

【参考文献】
・我妻栄・有泉亨・川井健『民法1 総則・物権法 第3版』勁草書房　2008年
・我妻栄・有泉亨・川井健『民法2 債権法 第3版』勁草書房　2009年
・我妻栄・有泉亨・遠藤浩・川井健『民法3 親族法・相続法 第3版』勁草書房　2013年
・伊藤正巳・園部逸夫編集代表『現代法律百科大辞典』ぎょうせい　2000年
・大村敦志『生活民法入門－暮らしを支える法－』東京大学出版会　2003年
・消費者庁編『ハンドブック消費者2014』全国官報販売協同組合　2014年
・野崎和義『福祉のための法学 第3版』ミネルヴァ書房　2009年
・法令用語研究会編『法律用語辞典 第5版』有斐閣　2020年
・吉岡睦子「揺らぐ家族法」『法学セミナー』499号　日本評論社　1996年

COLUMN

民法改正要綱と夫婦別姓

　民法の親族・相続編（以下「家族法」）は、1947（昭和22）年に「個人の尊厳と両性の本質的平等」（憲法24条）に基づいた近代的な家族法に生まれ変わったが、時代の推移とともに結婚・離婚観が変化し、また、夫婦同氏の原則を改め夫婦別姓を求めるさまざまな動きもみられるようになった。そのような経緯をふまえ、法務省の法制審議会は5年の審議を経て、1996（平成8）年に「民法の一部を改正する法律案要綱」（以下「民法改正要綱」とする）を法務大臣に答申するに至っている。民法改正要綱の主な内容は次の通りである。

⑴婚姻最低年齢を男女ともに18歳とする。

⑵女性に対する再婚禁止期間を6か月から100日に短縮する。

⑶選択的夫婦別姓制を導入する。

　　子どもの姓は婚姻時に協議により定める。既婚夫婦は、法施行後1年以内に配偶者とともに届け出ることで別姓が可能となる。

⑷離婚後、監護者とならなかった親と子との面接交流を明記する。

⑸夫婦の財産分与について、分与割合を原則2分の1とすることを明記する。

⑹裁判離婚原因のうち、「配偶者が強度の精神病にかかり、回復の見込みがないとき」を削除する。また、「夫婦が5年以上継続して婚姻の本旨に反する別居をしているとき」を追加する。

⑺離婚原因が存在しても、離婚により夫婦の一方または子に、著しい生活の困窮または耐え難い苦痛をもたらすときや信義に反する事実のあるときは、離婚請求を棄却できる規定を新たに設ける。

⑻非嫡出子の法定相続分（嫡出子の2分の1）を嫡出子と同等にする。

　民法改正要綱は、個人の尊厳と両性の本質的平等の理念をさらに徹底することを目指したものであることから、保守的な人びとからは必ずしも快く受け入れられることなく、長

らく「たなざらし」の状態にあり、今日まで法案提出には至っていない。この間、離婚後の親子の面接交流については、2011（同23）年の法改正により明記されることになり、また非嫡出子の法定相続分の差別規定についても、2013（同25）年の最高裁判決後の法改正で嫡出子と同等になるなど、少しずつではあるが個別的に見直しの動きが進められてきた。

　2015（平成27）年の最高裁判決では、女性に対する再婚禁止期間については100日を超える期間が、婚姻の自由に対する合理性を欠いた過剰な制約だとして違憲とされ、翌年には法改正が行われた。また、2018（同30）年には、成年年齢を18歳に引き下げるとともに、女性の婚姻最低年齢を18歳に引き上げる法改正がなされ、2022（令和4）年から施行されることとなった。しかし、2015（平成27）年の選択的夫婦別姓に関する最高裁判決においては、夫婦や子どもが同じ姓を名のることには合理性があるとして合憲の判断が下された。もっとも15名の裁判官のうち5名が違憲としており、また判決は選択的夫婦別姓制度に合理性がないと断ずるものではなく、国会で議論し判断されるべきとの意見も付されている。

　夫婦同氏の原則は、現実にはほとんどの女性に改姓を迫るものであり、女性の社会進出にとってさまざまな不利益をもたらすものである一方、夫婦別姓は家族の一体感を損なう恐れがあるなどの反対理由についても十分な検討が必要である。改正要綱に示されたその他の事項についても、憲法の理念に即した家族のあり方を模索しつつ、今後も慎重かつ活発な議論が望まれる。

第5章 行政法の理解

●事前学習

・介護認定・障害支援区分認定・生活保護支給決定など、行政庁が一方的に
国民の権利や義務を決定するものを行政行為（処分）と呼びます。これら
３つの処分に不服があるとき、どうすればいいのでしょうか。その手続に
ついて調べて、ノートにまとめてみましょう。

●本章のねらい

　要介護認定、児童福祉施設の入所措置、精神科病院への措置入院など、社会福祉
に関係する事務は、市町村長、知事、大臣などの行政機関が行うものが多い。これ
らの「市民と行政機関」の関係を規律する法を「行政法」と呼ぶ。つまり「行政法」
という名前の法律は、実際には存在せず、介護保険法や児童福祉法、精神保健及び
精神障害者福祉に関する法律（精神保健福祉法）などのことを総称しているにすぎ
ないのである。したがって、社会福祉に携わる者は、行政庁の違法・不当な処分から、
利用者・要保護者の権利を護るために、これらの「行政法」に共通するルールを学
んでおかなければならないのである。

第１節　行政法の基礎

１．国は何をするのか？

　そもそも国家（国ともいう）は、いったい何をするのかを考えてみよう。
市民社会は、おおむね各人が各人の判断で自由に活動することで成り立って
いる。ある者は米や野菜をつくり、ある者は被服をつくり、ある者はサービ
スを提供し、各々が貨幣を通してそれらを交換することで成り立っている。
　しかし、この各人の活動だけでは「足りない役務」というものがある。国
防、治山治水、道路や橋梁等の公共施設の設置や管理、生活困窮者の保護な
どである。これらの役務を提供することが、国の役割なのである。
　この国家の役割観は不変のものではない。19世紀には、各人の活動の自由
を尊重することが重視され、国家の役割は秩序維持や国防等といった消極的

なものにとどまるべきだと考えられていた（自由国家、夜警国家）。しかし、20世紀初頭には、「すべての国民の健康で文化的な最低限度の生活」の維持が国家の重要な目標とされるようになったのである（社会国家、福祉国家）。そして、今日では、国家の役割は、従来の秩序維持等に加え、社会福祉・社会保険などの社会保障、さらには自然環境、生活環境の維持・整備にまで広がってきている。

2．国と地方公共団体

第1節「国は何をするのか？」において、自由主義国家では、「私（民間）」の活動で足りない部分を担うのが「国」の役割であるとした。しかし、日本国憲法92条は地方自治制度を設けることを規定しており、「国家権力（公権力）」は「国」と「地方公共団体」に分割される[*1]。つまり、第1節を正確に言い直すと、「私」の活動で足りない部分を「国」や都道府県、市町村等の「地方公共団体」[*2]が担うということになる。

*1
第3章第7節参照。

*2
本章コラム参照。

(1)　国と地方の役割分担

地方自治法1条の2では、「地方公共団体は、住民の福祉の増進を図ることを基本として、地域における行政を自主的かつ総合的に実施する役割を広く担う」と規定している。しかし、「自主的に」といっても、国が地方行政に全く関与してはならないというわけではない。もちろん反対に、すべてを国が決定し、地方がその下請機関になるというわけでもない。各々、役割分担がある。大雑把にいえば、国は国防や外交等の対外的なこと、全国的に統一して定めることが望ましいことを、地方は地域の住民に身近なことを担う。しかし、これも明確に線引きできるわけではない。

かつてのわが国は「中央集権」国家であり、ほとんどが国の事務とされ、地方はその下請けに等しく「3割自治」と揶揄されていたほどであった。しかし、今日では「地方分権」が進み、「地方の時代」と呼ぶにふさわしいほどになってきている。つまり、今日では、「住民に身近な行政はできる限り地方公共団体に、国は本来果たすべき役割を重点的に担う」とされている（地自法1条の2第2項）。これは1995（平成7）年の地方分権推進法、1999（同11）年の地方分権一括法、そして財政面では2002（同14）年からの三位一体改革等によって推し進められてきたのである。

(2)　地方公共団体の事務

　このように今日では地方公共団体が大きな役割を担うことになった。この地方公共団体の事務は、次の２つに大別できる。(a)地域における事務、(b)その他の事務（で法令により処理することとされるもの）である。市町村は基礎的な自治体として、この２つの事務を処理する。ただし、これら２つの事務のうち、❶広域にわたる事務、❷市町村に関する連絡調整に関する事務、❸規模・性質において一般の市町村が処理することが適当でないと認められる事務については、都道府県が処理する。

　(a)の地域における事務は「自治事務」と呼ばれ、まさしく地域の事務であって、地域の特性に応じてその事務が処理されるべきものである（図５−１）。他方、(b)のその他の事務とは「法定受託事務」と呼ばれ、これには以下の２

図５−１　自治事務と法定受託事務

自治事務	法定受託事務
○地方公共団体の処理する事務のうち、法定受託事務を除いたもの ・法律・政令により事務処理が義務付けられるもの 〈主な例〉介護保険サービス、国民健康保険の給付、児童福祉・老人福祉・障害者福祉サービス ・法律・政令に基づかずに任意で行うもの 〈主な例〉各種助成金等（乳幼児医療費補助等）の交付、公共施設（文化ホール、生涯学習センター、スポーツセンター等）の管理	○国（都道府県）が本来果たすべき役割に係る事務であって、国（都道府県）においてその適正な処理を特に確保する必要があるもの ○必ず法律・政令により事務処理が義務付けられる 〈主な例〉国政選挙、旅券の交付、国の指定統計、国道の管理、戸籍事務、生活保護
○原則として、国の関与は是正の要求まで	○是正の指示、代執行等、国の強い関与が認められている
┌関与の基本類型┐ ・助言・勧告（法§245-4） 　（是正の勧告（法§245-6）） ・資料の提出の要求 　（法§245-4） ・協議 ・是正の要求（法§245-5） ※その他個別法に基づく関与 ・協議、同意、許可・認可・承認、指示 　一定の場合に限定 ・代執行、その他の関与 　できる限り設けない	┌関与の基本類型┐ ・助言・勧告（法§245-4） ・資料の提出の要求 　（法§245-4） ・協議・同意、許可・認可・承認 ・指示 　（是正の指示（法§245-7）） ・代執行（法§245-8） ※その他個別法に基づく関与 ・協議 　一定の場合に限定 ・その他の関与 　できる限り設けない

出典：総務省ホームページ「自治事務と法定受託事務」
　　　https://www.soumu.go.jp/main_content/000451012.pdf（2020年９月30日閲覧）

つがある。たとえば、パスポート（旅券）の発給は国（外務省）の事務であるが、地方の国民が外務省のある霞が関まで申請に来なくてもよいよう都道府県に委託する場合のように、本来、国が果たすべき役割に係るものであるが、都道府県や市町村等に委託して処理してもらう事務（第1号）と、本来、都道府県が果たす役割に係るものであるが、市町村に委託して処理してもらう事務（第2号）である。

⑶　国の組織（行政機関）

　国の行政機関としては、内閣の統轄の下に府、省、庁、行政委員会などがある（図5－2）。各省の長は、それぞれ各省大臣という（国家行政組織法5条1項）。各省大臣は、「主任の大臣」として、それぞれ行政事務を分担管理する（同条項）。各省大臣は、国務大臣の中から内閣総理大臣が命じ、または、内閣総理大臣自らがあたることもできる（同条3項）。その他、委員会の長は委員長とし、庁の長は長官とする（同法6条）。

図5－2　国の行政機関（2019年8月現在）

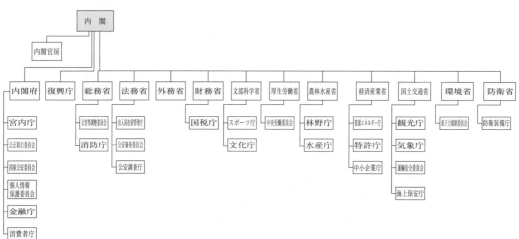

出典：内閣官房ホームページ「行政機構図」を一部改変
　　　https://www.cas.go.jp/jp/gaiyou/jimu/jinjikyoku/files/satei_01_05_3.pdf（2020年9月30日閲覧）

⑷　地方公共団体の組織

　普通地方公共団体や特別区も、国と同様に権力分立が図られている（図5－3）。立法権は民選の議会（都道府県議会・市区町村）が有し、執行権（行政権）は民選の長（知事・市区町村長）と教育委員会、農業委員会、選挙管理委員会、監査委員会、公平委員会等が有する。ただし、司法権は地方公共

図5－3　市町村の一般的な組織図

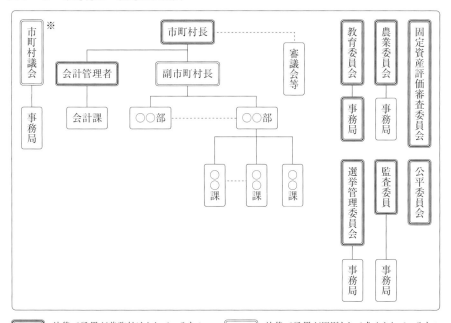

[　　　]：法律で設置が義務付けられているもの　　　（　　　）：法律で設置が原則として求められているもの

※町村は議会を置かず、町村総会の設置可

出典：総務省ホームページ「市町村の一般的な組織図」
　　　https://www.soumu.go.jp/main_content/000451029.pdf（2020年9月30日閲覧）

団体にはない。

　これらの「就任について公選または地方公共団体の議会の選挙、議決もしくは同意によることを必要とする職」を「特別職公務員」という。そして、これらの行政庁等をサポートする補助機関等が公務員採用試験等で採用された「一般職公務員」である。また、地方自治法では住民に「条例の制定改廃、事務の監査請求、議会の解散、議員、長、主要公務員の解職請求の直接請求権」を付与し、直接民主制的要素を含んでいる点も重要である。

(5)　行政機関

　行政は、国や地方公共団体などの公法人が「行政主体」となり、その名と責任において実施する。この行政主体は法人であるため、実際には自然人によって構成される機関が手足となって動かなければならない。その行政機関には以下の6つのものがある。

①行　政　庁：行政主体の意思を決定し、外部に表示する権限をもつ機関。上
　　　　　　　述の内閣、各省大臣、知事、市町村長などのことである。
②諮問機関：行政庁から諮問を受けて、審議、調査し、意見を具申する機関。

　　　　　社会保障審議会など、専門家等の意見を聞くためものである。

③参与機関：行政庁の意思を法的に拘束する議決を行う行政機関。電波監理
　　　　　審議会、労働保険審査会などがある。

④監査機関：行政機関の事務や会計の処理を検査し、その適否を監査する機
　　　　　関。会計検査院、監査委員などである。

⑤執行機関：行政目的を実現するために必要とされる実力行使を行う機関。
　　　　　徴税職員、消防吏員、警察官、自衛官などである。

⑥補助機関：行政庁その他の行政機関の職務を補助する機関。副知事や副市
　　　　　長村長等のほか、一般職公務員のほとんどがこれである。

３．「法律による行政」とは何か？

　国家の活動が、国民に益を提供する活動といえども、権力者の恣意によって行われる場合には、国民生活を圧迫するおそれがある。そこで、近代国家は、国民の権利・自由を護るために、国家権力を立法・行政・司法の３つの部門に分け、相互に牽制させている（図５−４）。ここにおいて、国家（行政府）の活動は、国民代表である国会（立法府）によって事前にコントロールされるという仕組みが成立した。すなわち、「行政活動、とりわけ国民の権利義務に影響を及ぼす具体的な行政活動は、あらかじめ国会によって定められた法律に従って行われなければならない」というルールが確立したのである。これが「法治主義」や「法律による行政」と呼ばれる考え方である。

　そもそも、この考え方の根底には２つの思想がある。１つは、「個人の権

図５−４　「権力分立」と「法律による行政」

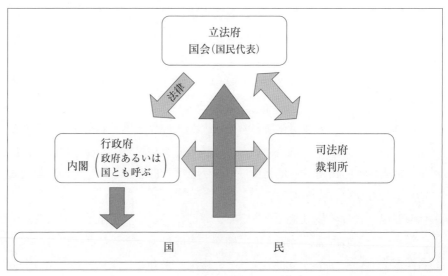

利を制限することは、その人自らの意思に基づくものでなければならない」
という近代法の思想である。つまり、国民の権利を制限する（あるいは義務
を課す）ためには、国民自らの意思に基づくものでなければならないことに
なる。しかし、実際に全国民が集まって決定することは困難である。そこで、
国民から選ばれた「国民代表」が定めるのであれば、究極的には「国民自身
の意思による」と擬制できると考えられたのである。

　もう1つは、民主主義思想である。国会という民主主義的な機関で議論し
決定することで、行政活動に対する民主主義的コントロールを確保すること
ができると考えられるのである。

4．「法律による行政」の現実的対応

　「法律による行政」の原理からいえば、行政は法律の根拠なくして活動し
てはならないように思われる。しかし、ありとあらゆることを予想して法律
をつくっておくことなど不可能であろう。「法律がない場合、一切行政活動
を行ってはならない」というのは非現実的である。行政の自律的な活動をあ
る程度、認めるほうが現実的といえる。そのように考えると、どのような範
囲の行政活動に法律の根拠を要し、どのような範囲の行政活動には法律の根
拠を要しないのかが問題となる。これを「法律の留保」の問題という。もち
ろん、どのような範囲の活動であれ、法律が定められているときは、行政は
法律に違反してはならない（「法律の優位」）。

図5－5　「法律の優位」と「法律の留保（侵害留保説）」

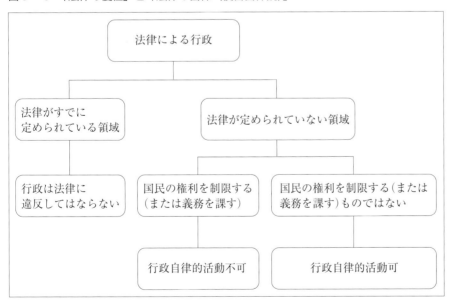

「法律の留保」の問題については諸説があるが、法律に留保される範囲を最も狭く解し、「国民の権利を制限し、国民に義務を課すような活動、つまり国民にマイナス作用を及ぼすような活動には、法律の根拠規定を要する」とする「侵害留保説」が通説であるといわれる。この侵害留保説によると、国民の権利・義務に直接影響しない営造物の設置（プラスでもマイナスでもない作用）や国民に権利・利益を付与する補助金の交付や義務の免除（プラス作用）などは、法律の根拠を必要としないことになる。

第2節　行政作用（行政活動）

　行政活動の方法はさまざまである。本節では、この行政活動を3つの段階に分けている（図5-6）。第1段階は、行政が具体的活動に入る前の予備的段階とも呼べる「行政計画」「行政立法」、第2段階は、行政が直接的に国民に働きかける実行段階として「行政契約」「行政指導」「行政行為」、第3段階は「行政行為」によって命じられた義務を履行しない者に対する、行政による実力行使である。

図5-6　行政作用（行政活動）全体のイメージ

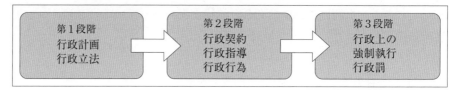

1．行政作用の第1段階

　「法律による行政」とは議会が制定した法律により行政活動を拘束しようとするものであるが、実際には、法律では、大枠を決めるだけという場合が多い。そのような場合、行政庁（先述した通り、各省大臣、都道府県知事、市町村長、教育委員会等、国や地方公共団体という行政主体の意思を決定し、これを外部に表示する機関のこと）が、行政活動の「目標や達成手段」並びに「細目」を定めておかなければならない。これらが、行政作用の第1段階に位置づけられる「行政計画」と「行政立法」である。

(1)　行政計画

　行政機関が行政活動を行うに際しては、それなりの指針が必要である。やみくもに活動しても目的は達成できないし、経費も無駄になる。そこで、行政庁が行政活動の目標とその達成手段を定めることが必要になる。この行政庁が定める目標と達成手段を「行政計画」という。たとえば、国土計画、防災計画、土地区画整理事業計画、障害者福祉計画、介護保険事業計画などがある。

　行政計画は、「青写真」にすぎず、まだ個人の具体的権利義務を決定するものではない（処分性を欠く）と考えられるため、一般的には、後述する行政争訟の対象とはならないことに注意が必要である。

(2)　行政立法

　行政立法とは、行政機関によって定められた規範（ルール）のことをいう。憲法41条が「国会を唯一の立法機関」としており、国会以外の機関が国民の権利義務に影響を与える規範を定立することは望ましいことではない。

　しかし、そもそも細目事項まで法律で定めるのは困難であること、専門技術的な判断を要する事項、事情の変化に即応して頻繁に改廃を要する事項、政治的に中立な立場で決定することが望ましい事項などについては、国会が法律で定めるよりも、適任の行政庁に定めさせた方が合理的であることから、一定の要件のもと、行政機関が規範を定立することが古くから認められている。

　国民の権利義務に影響を及ぼす効力をもつ「法規命令」については、法律によって命令制定権を具体的に委任された場合の「委任命令」と、法律の実施に必要な手続き等の細目事項を定める「執行命令」の2種類のみが許されている。この法規命令には、内閣が制定する政令、内閣総理大臣が制定する内閣府令、各省大臣が制定する省令、外局である委員会、各庁の長官が制定する規則がある。介護保険法の場合、特定疾病等については、政令で定めるように委任し（同法7条3項2号等：介護保険法施行令参照）、要支援や要介護の区分等については厚生労働省令で定めるように委任している（同条1項・2項等：介護保険法施行規則参照）。

　また、行政立法には、「行政規則」と呼ばれるものもある。上級行政機関が下級行政機関に対して発する訓令・通達等である。これは、行政組織内部における法律解釈の統一を図るために上級行政機関が発する行政組織内部のルールであり、行政組織の外部にいる国民に対して直接効果を及ぼすものではないと解されている。

2．行政作用の第2段階

　行政作用の第1段階において、目標を設定し、詳細を定めた行政は、次に、行政目的実現のための具体的な実行段階に入る。この具体的な実行方法は、「行政契約」や「行政指導」といった非権力的な方法から、権力的な「行政行為」までの3種類がある（表5-1）。

表5-1　行政契約・行政指導・行政行為

行政契約	• 非権力的手段 • 国民は合意するか否か自由である
行政指導	• 非権力的手段（実質的には権力的） • 国民は自発的協力を求められているのみで、拒否する自由がある
行政行為	• 権力的手段 • 国民は行政庁から一方的に法的地位を決定される

(1)　行政契約

　行政主体（国や地方公共団体など）と私人が対等の立場で交渉し、両者が合意することによってのみ行政目的を達成することができる方法である。道路や小学校の建設のための用地売買契約や工事請負契約、水道水の供給を受けるための給水契約など、さまざまなものが契約によっている。行政側は給水契約を正当な理由がなければ拒むことはできないなど、いくつかの特徴を除けば、民法上の契約原理がほぼ妥当する。

(2)　行政指導

　行政指導は、助言、勧告といった事実行為で、国民の自発的協力を促す行為である。行政機関からの「お願い」のようなものである。国民の側に何らの権利義務が生ずるわけではないので、行政指導に従わなくとも、強制執行や行政罰の対象になるわけではない。あくまでも、国民の任意の協力を求める非権力的な手段である。

　しかし、国民の側からすれば、行政機関から指導や勧告を受けると圧力を感じざるを得ない。形式的には非権力的作用であるが、実質的には権力的作用に近いといえる。また、任意とはいえないものもある。介護保険サービス事業者の不正請求等が頻発したために、その適性化を図るため、各地方公共団体は「介護保険サービス事業者等指導要綱」を定め、集団・実地指導を行っ

ているが、正当な理由なく実地指導を拒否した場合などには監査が行われることになる。もっとも、行政指導は、規制的なものばかりではなく、福祉事務所の福祉相談や税務署の税務相談のような助成的な指導もある。

(3)　行政行為

先述のように、道路等の公共施設をつくる場合に必要な土地は、通常、行政主体が土地所有者と売買契約を締結して取得する。しかし、どうしても折り合いがつかない場合、土地収用委員会は、その者の同意なしに土地所有権を失わせ、公共施設をつくる者に取得させることができる（土地収用法47条の2）。このように、「行政庁が国民の意思にかかわりなく、国民の権利・義務を一方的に決定する作用」のことを「行政行為」という（法律上は「処分、許可、禁止、決定、裁決や措置」等の文言が使われる）。土地収用裁決のほかにも、所得税の賦課、飲食店の営業許可、介護認定、生活保護の給付決定、児童福祉施設への入所決定などがある。

行政行為の特徴は、第1に公権力行使であること、第2に国民の具体的な権利・義務を形成することである。行政法の最も重要な部分であるので以下に詳述することとする。

①行政行為の分類

行政行為は、さまざまな観点からの分類が可能である。たとえば、国民に対して権利や法律上の利益を与える「授益的行為」と、国民から権利を剥奪したり、義務を課したりする「侵益的行為」に分類することが可能である。

また、行政行為は「羈束行為」と「裁量行為」に分けることもできる。「羈束行為」とは法令の規定が一義的・明確であり、行政庁がこれを機械的に執行するにすぎない場合をいい、法令が「処分をするか否か」「いかなる処分をするか」について、行政庁の政治的・専門的判断（裁量）に委ねている場合を「裁量行為」という。前者の場合、法令の規定と異なる行為は直ちに違法と判断し得るので、裁判所による事後的統制が及ぶ。しかし、後者の場合、委ねられた裁量の範囲内でなされた行為であれば、たとえ行政庁が裁量判断を誤っていたとしても、すべて適法の評価を受ける。そのため、原則として裁判所の審査は及ばない。「裁量権の逸脱や濫用」があった場合のみ、違法の評価を受け、裁判所の審査対象となるにすぎない。事後的チェックはほとんど機能していないといえる。このような裁量行為は、事前の手続的統制を整備して裁量判断の適正を担保する必要があると考えられ、のちに述べる「行政手続法」の制定へとつながる。

②行政行為の効力

　行政行為は、社会的危険の除去やその他公益の実現を図るための作用であり、行政行為を信頼して、私人の諸活動がなされることも多い。そこで、行政行為の信頼性の保護や法的安定性の維持のために、行政行為には私人の行為にはみられない特殊な力が法律上認められている。

●公定力

＊3　不服申立て
第2章p.47参照。

　行政行為は、たとえ違法であっても、権限ある機関（処分庁・その上級庁や、審査庁および裁判所）による取消しがあるまでは、一応有効なものとして取り扱われる。これを行政行為の公定力という。違法な行政行為によって権利利益を侵害された者は、まずこの公定力の除去を求めて不服申立て＊3、あるいは取消訴訟を提起しなければならない。取消しがあれば、その行為は処分時に遡って効力を失うことになる。

●不可争力

　行政行為に対する不服は、不服申立て期間（処分があったことを知った日の翌日から起算して3か月）内に不服申立てを、また、出訴期間（処分があったことを知った日から起算して6か月）内に取消訴訟を提起しなければならず、これらの期間を過ぎてしまった場合、もはや国民の側からは取消しを求めることができなくなる（行政不服審査法18条、行政事件訴訟法14条1項）。この力を不可争力という。

●不可変更力

　行政庁が一旦下した判断については、その判断を下した行政庁自身は、取消し・撤回、変更ができなくなる力のことをいい、自縛力ともいう。審査請求の「裁決」のように紛争裁断行為のみに認められる力である。

●自力執行力

　自力執行力とは、行政行為の内容を行政庁自らの手で実現し得る力のことをいう。貸金や代金の回収等、私法上の義務の履行を確保するには、債権者は裁判所に訴え給付判決を得て、それを債務名義として執行機関による強制執行を求めることになる。これに対して、義務者が行政行為によって命じられた義務を履行しない場合、裁判所に訴えることなく、行政行為自体を債務名義として、自力で履行の強制をすることができるのである。

3．行政作用の第3段階

　租税の賦課処分や違法建築物の除却命令など、行政行為が発動されれば、国民の義務が具体的に決定される。しかし、これらの処分を受けた者が、その義務を自ら履行しないことがある。そのような場合に、物理的強制力を

もって行政行為の内容を実現させるのが「行政上の強制執行」であり、義務
違反者に制裁を加えるのが「行政罰」である。

(1)　行政上の強制執行

　行政行為の効力（自力執行力）で述べたように、義務者が行政上の義務を履
行しない場合には、迅速な公益実現を図るために、裁判所の手を借りずに義務
者に実力行使して義務の履行を強制する特権が、行政庁には認められている。
　しかし、義務者の身体や財産に実力を加えて義務の内容を実現する「直接
強制」は、人権侵害のおそれが非常に高いため、基本的人権を尊重する日本国
憲法のもとでは、感染症の予防及び感染症の患者に対する医療に関する法律
（感染症予防法）や精神保健福祉法などで認められている以外、認められてい
ない（感染症予防法19条 3 項、精神保健福祉法29条）。現行憲法のもとでは、義
務者に代わって行政庁自身が義務内容を履行、または第三者に義務内容を履
行なさしめ、その代執行に要した費用を国税滞納処分と同様の方法で金銭債
権として徴収する「代執行」が基本となる（行政代執行法 6 条）（図 5 - 7 ）。

図 5 - 7 　代執行

(2)　行政罰

　行政罰とは行政上の義務違反に対し、制裁として科される罰である。義務
違反者に対して事後的に制裁を加えることで行政上の義務の実現を間接的に
確保することができる。速度違反運転や駐車禁止違反など、重要な義務違反
に対して科される「行政刑罰」（道路交通法118条）と、転入・転居・転出の
届出義務違反など、軽微な義務違反に対して科される「秩序罰」に分けられ
る（住民基本台帳法53条）。

4．行政作用の手続的統制

　違法な行政行為がなされた場合、国民は不服申立てや取消訴訟によって、
その行政行為の取消しを請求できる。また国家賠償請求訴訟によってその行

図5−8　行政手続法の適用対象

為によって生じた損害を回復することができる。しかし、これらの実体法的・事後的救済には限界がある。先述のように、法律が行政庁に裁量権を付与している場合には、裁判所の救済をあまり期待することができない。国民の権利利益の保護を十分なものとするためには、そもそも違法・不当な行政行為等がなされないように事前手続きを整備することが肝要である。

　そこで、1993（平成5）年に、「行政運営における公正の確保と透明性の向上」（1条）を目的とする「行政手続法」が定められた。ただし、同法は「処分、命令等、行政指導、届出、」の4種類についての手続きを定めるのみであり、行政計画の策定等の手続きについての定めがないことに注意が必要である（図5−8）。

(1)　処分（行政行為）

　行政手続法（以下「行手法」）は、処分を、飲食店の営業許可のような「申請に対する処分」と、飲食店の営業許可撤回のような「不利益処分」に分けている（表5−2）。

　申請に対する処分については、審査基準の設定義務と公表義務（行手法5条）や標準処理期間の設定努力義務と公表義務（同法6条）、拒否理由の提示義務（同法8条）、進捗状況の情報提供の努力義務（同法9条）等を定め、行政運営の適正化と透明化を図っている。

　また、不利益処分については、処分基準設定および公表の努力義務（行手法12条）等を定めるほかに、不利益処分の名宛人に対して、意見陳述のための機会を保障し、私人自身による権利擁護を促進している。この不利益処分の手続きは、2種類ある。許認可の取消処分や資格・地位剥奪処分等、不利益の程度が高い類型に該当するときに用いる「聴聞」と、不利益の程度が比較的軽い処分類型に該当するときに用いる「弁明の機会の付与」である（同法13条）。

表5－2　申請に対する処分と不利益処分の統制

	恣意的権限行使の抑制	迅速な処理の促進	恣意的権限行使の抑制と事後的救済のため
申請に対する処分	審査基準の設定義務と公表義務	標準処理期間の設定努力義務と公表義務	拒否理由の明示
不利益処分	処分基準の設定の努力義務と公表の努力義務	なし	処分理由の明示と意見陳述の機会

(2)　命令等

　命令等の行政立法は、従来、行政庁の独断で策定されてきた。しかも、事後に行政立法の違法性を争うことは、極めて困難であった。そこで、2005（平成17）年の行政手続法改正において、行政庁の独断を排して合理的な命令等を策定させるために、命令等の策定手続きが定められることになった。

　行政手続法が要求する手続きとは、第1に、30日以上の意見公募期間を定めて命令等の案をホームページなどで示すこと、第2に、広く国民から意見や情報を募集すること（行手法39条）、第3に、提出された意見を十分に考慮すること、そして第4に、最終的に命令等を公布する際に、提出意見とその意見を考慮した結果および理由を示すこと、である（同法42条、43条）。

(3)　行政指導

　行政庁が指導対象である国民に圧力をかけることのないように、行政指導が国民の任意の協力に基づくものであることを確認し（行手法32条）、口頭でなされた行政指導であっても、指導内容・責任者を記した文書の交付請求権を当該私人に認めるなど、行政指導の適正を確保するための手続きが定められており、2014（平成26）年の一部改正では、さらに次の2点が加えられている。

①行政指導の方式

　行政機関が事業者等に対して行政指導を行う際に、行政指導に従わなければ許可を取消す、申請が不許可になる、などと示す場合には、その許可の取消し等について、根拠となる法令の条項や理由等を併せて示さなければならないこととした（行手法35条2項）。

図5－9　行政指導の方式

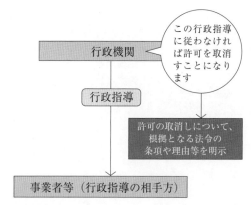

出典：総務省行政管理局「改正行政手続法リーフレット」2015年を一部改変

②行政指導の中止等の求め

　法令に違反する行為の是正を求める行政指導が行われた場合、従来はその行政指導が誤りであると思う場合にも、その行政指導自体を中止させる法的手段はなかった。そこで、法律の要件に適合しない行政指導を受けたと思う場合に、その指導の中止を当該行政機関に求めることができるようにした（行手法36条の2）。

図5－10　行政指導に対する是正の申出

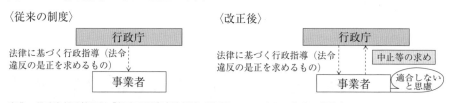

出典：総務省行政管理局「行政不服審査法関連三法案について」2014年を一部改変

⑷　法令違反是正のための処分等の求め

　上記の2点に加えて、2014（平成26年）の改正で、何人も法令違反の事実を発見すれば、行政庁等に対して是正のための処分または行政指導を求めることができるようになった。申出を受けた行政庁等は、必要があると認めるときは当該処分または行政指導を行わなければならない（行手法36条の3）。

図 5 −11　一定の処分を求める申出

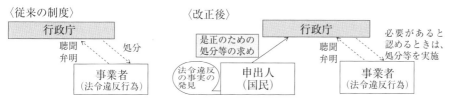

出典：総務省行政管理局「行政不服審査法関連三法案について」2014年を一部改変

(5)　届出

　従来、適法に提出された書類等については、行政機関の「受理」があって
初めて届出の効力が発生するものとされていた。しかし、それでは行政機関
が受理しない限り効力が発生しないことになる。そこで、行政手続法では、
行政機関の受理を必要とせず、当該届出の提出先とされている機関の事務所
に「到達」したときに届出の効力が発生することとした（行手法37条）。

第 3 節　行政救済法

　行政からの不当・違法な処分を受けた場合、まずは権限ある機関によって
当該処分の公定力を除去してもらわなければならない。その公定力を除去し
てもらうための手段の 1 つが「不服申立て」であり、もう 1 つは「取消訴訟
（行政訴訟）」である。この 2 つを合わせて「行政争訟法」ともいう。そして、
違法な処分によって生じた損害を国や地方公共団体に賠償してもらうための
制度が「損害賠償制度」である。これらの国民が救済を求めるための諸法を
総称して「行政救済法」という。

1 ．不服申立てと行政訴訟

　行政事件訴訟法 8 条によれば、「自由選択主義」が原則であるとされている。
つまり、先に審査請求（不服申立て）を求めて、その裁決に不服のときに、
次に取消訴訟を提起することもできるし、審査請求を経ずに、いきなり取消
訴訟を提起することも認められている。もちろん、取消訴訟の後に、不服申
立てをすることはできない（憲法76条 2 項）。

　しかし、❶年間1,000件以上の不服申立てがあるもの、❷不服申立手続に
一審代替性があり、取消訴訟では第一審が高等裁判所とされているもの、❸
第三者機関が高度に専門的な判断を行うものなどは、個別法で「不服申立（審
査請求）前置」がとられており、この場合には審査請求の裁決を経てからで

表5－3　不服申立てと行政訴訟（抗告訴訟）の相違点

	不服申立て	行政訴訟(抗告訴訟)
審査機関	行政庁(処分庁もしくは審査庁)	裁判所
目的	国民の権利利益救済＋行政の自己反省もしくは監督	国民の権利利益救済
審査範囲	適法か違法かのみならず、適法でも「不当でないか否か」まで審査	「適法か違法か」を審理
審査手続	簡易迅速な略式の争訟 原則書面主義・職権主義	慎重な正式の争訟 口頭弁論主義・対審構造

ないと取消訴訟を提起できない（行政事件訴訟法8条1項ただし書）。

　2014（平成26）年の行政不服審査法の改正に伴う見直しの結果、従来、不服申立前置がとられていた「児童扶養手当法」「子ども・子育て支援法」は自由選択主義とされたが、「国民年金法」や「厚生年金保険法」「健康保険法」「労働者災害補償保険法」「雇用保険法」「介護保険法」「障害者総合支援法」「生活保護法」などについては不服申立前置が残されている。

2．行政不服審査法

　「行政庁の違法又は不当な処分その他公権力の行使に当たる行為に関し、国民が簡易迅速かつ公正な手続の下で広く行政庁に対する不服申立てをすることができるための制度を定めることにより、国民の権利利益の救済を図るとともに、行政の適正な運営を確保することを目的」（1条）として定められたのが、行政不服審査法（以下「行審法」）である。

(1)　不服申立ての対象(一般概括主義)と不服申立てできる期間

　不服申立ての対象は、行政庁の、❶違法または不当な処分その他公権力の行使に当たる行為、❷不作為（法令に基づく申請に対して何らの処分をしないこと）である。

　行審法は広く国民の救済に資するため、不服申立事項について一般概括主義を採用している。すなわち、不服申立ての対象とならない例外的な処分および不作為のみを定め、これらの例外に当てはまらない処分（その他公権力の行使に当たる行為を含む）および不作為はすべて不服申立ての対象となる（同法7条）。しかしながら、行政契約等の非権力的行為や個人の具体的権利の侵害を伴わない行政計画や命令等は処分性を欠くため不服申立ての対象とならない。

　不服申立てができる期間については、従来、処分を知った日の翌日から起算して60日以内であったが、2014（平成26）年の改正で「60日」が「3か月」に延長されていることに注意が必要である（行審法18条1項）。

(2)　不服申立ての手続き

　これまで不服申立てには、「異議申立」「審査請求」「再審査請求」の3種類があったが、2014（平成26）年の改正において、処分庁に不服申立てを行う「異議申立」は公正性に問題があるため廃止し、不服申立てを「審査請求」に一元化した（当該処分庁等の最上級行政庁に不服申立てをする。しかし、上級庁がない場合には当該処分庁等に対して行う）（行審法2条、3条、4条）。

　ただし、不服申立てが大量に行われるもの（国税通則法による処分など）については、例外的に個別法で「再調査の請求」という手続きが新たに設けられている（行審法5条）。これは、「処分庁」に対し行うものであり、簡易な手続きで処分の見直しを行うことを目的としている。法律上「再調査の請求」ができる場合でも、これを経ずに審査請求をすることも可能である。

　また、社会保険、労働保険等の領域では個別の法律で例外的に「再審査請求」が定められており、審査請求の裁決に不服のあるものは、さらに第三者庁等に不服を申立てることができる（行審法6条）。なお、従来の二重前置が原則的に廃止されていることにも注意が必要である。たとえば、労働者災害補償保険法の労災認定の処分に不服がある場合、従来は審査請求、再審査請求という二段階の不服申立手続きを経なければ訴えを提起することができなかったが、再審査請求を経なくても訴えを提起することが可能になった。

図5－12　不服申立ての手続き

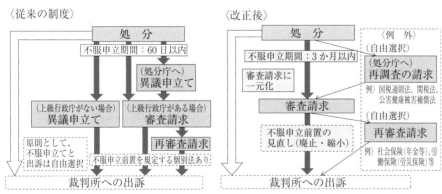

出典：総務省行政管理局「行政不服審査法関連三法案について」2014年を一部改変

⑶ 審査請求の公正性確保、審理の迅速性の確保

　審査請求の審理を行う者は、審査請求人と処分庁の主張を公正な立場から審理をして採決を行うべきで、審理を行う者が処分関係者であることは好ましくない。そのため、職員のうち処分に関与しない者が審理員として公正な審理を行うこととしている（行審法9条）。

　また、第三者の視点から審査庁の判断の妥当性をチェックするため「行政不服審査会」等への諮問手続を設けている（行審法43条）。ただし、審査請求人が希望しない場合（初めから審査請求には期待しておらず早く訴えを提起したい場合等）には、諮問を希望しない旨の申出をすることもできる。

　さらに、これまでは、審査請求人は処分庁から提出された証拠書類の閲覧請求権が認められているのみであったが、2014（平成26）年の改正により、証拠書類等の閲覧のみならず謄写も認められることになったうえ（行審法38条）、口頭意見陳述における処分庁への質問（同法31条5項）など、審査請求人の権利の拡充も図られている。

　加えて、生活保護法では法定の審理期間（50日間）の定めがあるなど、個別法には審理の迅速化の規定があったが、従来、行審法にはそのような規定がなかった。そこで、2014（平成26）年の改正により、行政手続法の標準処理期間の設定努力義務同様に、標準審理期間設定努力義務と公表義務を定め（行審法16条）、また審理員は争点・証拠の事前整理のために審理関係人を招集し、あらかじめ申立人に関する意見の聴取をすることができるものとして審理の迅速化を促すこととしたのである（同法37条）。

図5－13　公正性の向上

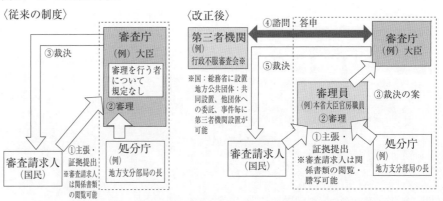

出典：総務省行政管理局「行政不服審査法関連三法案について」2014年を一部改変

(4)　執行不停止の原則

　行政処分は、原則として不服申立てを提起したからといって、その効力が停止するわけではない。たとえば、食中毒患者を出したとの理由で営業停止処分を科された飲食店経営者が、不服申立てをしたからといって、処分の違法性あるいは不当性が確定していないのに営業再開してよいとは思わないであろう（行審法25条、行政事件訴訟法25条）。

(5)　教示制度の採用

　不服申立ては一般国民にはあまり知られていない制度であるので、行政庁は、不服申立てができる処分を書面でする場合には、❶当該処分に不服があれば不服申立てできること、❷不服申立てすべき先の行政庁、❸不服申立てできる期間、を教示するように義務づけられている（行審法82条）。

3．行政事件訴訟法

　そもそも裁判は、民事訴訟、刑事訴訟、行政訴訟の3つに分けることができる。民事訴訟は、私人（原告）が私人（被告）を訴えるもの、刑事訴訟は、国家（検察官）が私人（被告人）を訴追するものとイメージできる。しかし、行政訴訟には、「抗告訴訟」「当事者訴訟」「民衆訴訟」「機関訴訟」という4つの型（行政事件訴訟法［以下「行訴法」］2条）があり（図5-14）、イメージがしにくい。そこで、本章では、最も重要な抗告訴訟（処分や裁決の取消訴訟など）のみを扱うこととする。行政不服審査が行政機関に不服申立てするのに対して、行政事件訴訟（抗告訴訟）は裁判所に対して不服申立てを行うものだと考えておこう。

図5-14　行政事件訴訟の種類

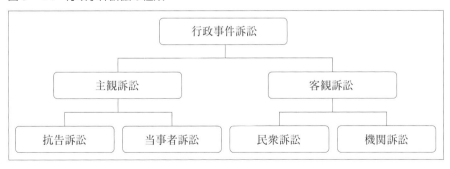

(1) 主観訴訟・客観訴訟

　行政事件訴訟は、個人の権利・利益の救済を目的とする「主観訴訟」と、個人の具体的な権利・利益の侵害とはかかわりなく、客観的な違法状態の是正を求める「客観訴訟」に分けられる。主観訴訟は、裁判所法3条の法律上の争訟に該当し、裁判所本来の役割であるが、客観訴訟は、もともとは裁判所の役割ではなく、特別に法律が裁判所による解決を認めたものである。

(2) 抗告訴訟

　抗告訴訟とは、行政庁の公権力行使（不行使）に関する不服の訴訟である（行訴法3条1項）。違法な公権力行使の排除（公定力の除去）、ないしは適法な公権力行使を求めて、権利主体たる「国民」が、「行政庁」という機関（国や地方公共団体という権利主体ではない）を訴えるものである。訴訟対象物も所有権や損害賠償請求権などの「権利」ではなく、行政庁の「処分」であるという特徴をもつ。この抗告訴訟には、「処分の取消訴訟」「裁決の取消訴訟」「無効等確認訴訟」「不作為の違法確認訴訟」「義務付け訴訟」「差止め訴訟」の6種類の法定抗告訴訟がある（同法3条2～7項）。しかし、この6種類に限定されているわけではなく、法定化されているもの以外の「無名抗告訴訟」もありうると解されている。

4．国家賠償法

　営業停止処分を受けた者が不服申立てや取消訴訟によって、処分の違法性が認められ処分を取消してもらい営業再開できたとしても、処分を受けていた期間の損害が残る。このような場合に、国や地方公共団体に賠償責任を負わせ、被害者の救済を図る制度が「国家賠償制度」である。

　明治憲法下においては、公権力の行使にあたる公務員の違法行為による被害については、国家は責任を負わないものとされていた（国家無答責）。つまり、違法な公権力行使をしたのは公務員であり、当該公務員に責任が生じることはあっても、国家に責任が生ずることはないと考えられていたのである。しかし、憲法17条は、このような場合、「国又は公共団体に、その賠償を求めることができる」と定めて、国家の賠償責任を認め、これを受けて、「国家賠償法」が制定されたのである。ちなみに、諸外国では国家無答責の考え方を採用している場合もありうることから、国家賠償法は「相互保証主義」を採用している（国家賠償法6条）。

(1)　国家賠償法 1 条

　国家賠償法 1 条 1 項は「国又は公共団体の公権力の行使に当る公務員が、その職務を行うについて、故意又は過失によつて違法に他人に損害を加えたときは、国又は公共団体が、これを賠償する責に任ずる」と規定している。先述のように、公権力行使にあたる公務員が不法行為を行った場合、国または地方公共団体が当該公務員に代わって賠償するのであって、当該公務員が賠償することはない（最判昭30・4・19）。ただし、公務員に故意または重大な過失あるときは、国または公共団体は当該公務員に対して求償することができる（同条 2 項）。

(2)　国家賠償法 2 条

　国家賠償法 2 条 1 項は「道路、河川その他の公の営造物の設置又は管理に瑕疵があつたために他人に損害を生じたときは、国又は公共団体は、これを賠償する責に任ずる」と規定している。公の営造物（行政主体により設置または管理され、公の用に供されている物）の設置または管理に瑕疵があるとは、「通常有すべき安全性を欠いていること」をいい、管理者に過失がない場合でも、そのような「物理的欠陥」があれば賠償責任が生ずるために「無過失責任」と呼ばれている。

(3)　国家賠償法（特別法）と民法（一般法）

　民法は、「故意又は過失によって他人の権利又は法律上保護される利益を侵害した者は、これによって生じた損害を賠償する責任を負う」（民法709条）と規定し、また「他人を使用する者は、被用者がその事業の執行について第三者に加えた損害を賠償する責任を負う」（民法715条）と規定している。したがって、公務員の場合もこれらの規定が適用される。ただし、公務員の行為が「公権力行使」にあたれば、国家賠償法 1 条の適用が、公権力行使にあたらないときには、一般法たる民法の適用が考えられることになる。また、土地の工作物の設置・管理の瑕疵による損害が問題となるときも、その工作物が「公の営造物」である場合、国家賠償法 2 条の適用が考えられるが、その工作物が公の営造物でない場合、一般法たる民法717条の適用が考えられることになる（特別法優先の原則）。

表5－4　国家賠償法と民法

国家賠償法と民法			
公務員の不法行為		建物等の設置・管理の瑕疵	
公権力行使の場合 国家賠償法1条	私経済活動 民法715条等	公の営造物 国家賠償法2条	普通財産 民法717条等

第4節　情報公開制度

　情報公開制度とは、国が保有している行政文書を国民の請求に基づき開示する制度である。そもそも、国民主権下において、国民が行政活動の実態を知ることは、選挙権を行使するための前提条件として必須である。したがって、政府は、主権者である国民に対して、その活動についての説明責任があるといえる。また、国民の監視の目があることによって、公正で民主的な行政の推進に資することにもなる。

(1)　開示請求権者

　開示請求権者は本来、主権者である国民に限定すべきものであろうが、日本国民のみに限定しても外国人が日本国民に依頼して情報を取得しうる。そこで、行政機関の保有する情報の公開に関する法律（以下「情報公開法」）は「何人（なんぴと）も」と規定し、外国人による請求も認めている点に注意が必要である（情報公開法3条）。

(2)　開示対象

　開示請求の対象文書は「行政機関の職員が職務上作成し、又は取得した文書、図画及び電磁的記録であって、当該行政機関の職員が組織的に用いるものとして、当該行政機関が保有しているもの」で、責任者の決裁済み文書であることを要しない（情報公開法2条2項）。

(3)　開示原則と不開示情報

　開示請求がなされたときは、開示するのが原則である。しかし、当該情報が開示されることによって、個人の権利利益や公共の利益が侵害されるおそれがある「不開示情報」に該当する場合には、不開示（あるいは部分開示）とすることができる（情報公開法5条、6条）。

(4)　開示決定等に対する不服申立制度

　開示決定等の処分に対して不服がある者は、不服申立てあるいは取消訴訟
によって争うことができる。不服申立ての場合、不服申立てを受けた行政機
関は情報公開・個人情報保護審査会に諮問し、答申を得たうえで決定しなけ
ればならない（情報公開法18条）。

第5節　個人情報保護法*4

　たとえば、あなたがある市の市民だとする。市役所には、住所・氏名など
多種多様な「あなたに関する情報（個人情報）」が蓄積されている。これら
の個人情報は、市が保有するものなので、市のものであろうか。もし、そう
であるならば、市はこれらの個人情報をどのように使おうと自由であるし、
誰かに譲渡しようと自由であるということになろう。
　しかし、市が保有しているといえども、個人情報は当該個人に関する情報
なので、当該個人のものであると考えるならばどうであろう。誰が保有して
いても、どこにあっても（行政のみならず民間企業にあっても）、個人に関
する情報は、当該個人が自己の情報をコントロールする権利を有すると考え
ることができる。2003（平成15）年5月に公布された「個人情報の保護に関
する法律」（以下「個人情報保護法」）は、係る「自己情報コントロール権」
の考え方を認める法律だということができる。

(1)　基本法（一般法）としての個人情報保護法

　個人情報保護法は、先述のように、個人情報がどこにあっても当該個人が
コントロール権を有するとの考え方を認めており、国や地方公共団体といっ
た「公的部門」のみならず、個人情報を保有する学校や会社、病院、福祉施
設（「個人情報取扱事業者」と呼ばれる）などの「民間部門」にも適用され
る（公的部門に関しては、1988［昭和63］年に「行政機関の保有する電子計
算機処理に係る個人情報の保護に関する法律」*5が定められている）。つまり、
個人情報保護法は、公法上の基本法としての側面と私法上の一般法としての
側面を有する法律なのである。

(2)　個人情報の定義とその保護理由

　個人情報保護法において、個人情報とは「生存する個人に関する情報であっ
て、当該情報に含まれる氏名、生年月日その他の記述等により特定の個人を

*4
個人情報保護について
は、第7章p.149も参照
のこと。

*5
「行政機関の保有する
電子計算機処理に係る
個人情報の保護に関す
る法律」は、2003（平
成15）年に改正され、
現在は「行政機関の保
有する個人情報の保護
に関する法律」となっ
ている。

識別することができるもの」と定義されている（個人情報保護法2条1項）。同法は、プライバシーにかかわる情報などの他人に知られたくない情報だけでなく、日常生活上さまざまな場面で本人が用いる氏名や住所なども、「特定の個人を識別できる情報」として保護しているのである。

そもそも、氏名や住所などの「個人情報」までも保護する必要があると考えられるようになったのは、近年のインターネットの普及に理由がある。インターネットの普及によって、個人情報の不適正な取扱い、大量漏洩、本来の目的からかけ離れた利用等によって、プライバシー等個人の権利利益が侵害される危険性が増大してきたからである。そこで、個人情報の不適正な取扱いによって個人の権利利益が侵害される危険を「未然に防止するため」に「特定の個人を識別する情報」を保護する必要があると考えられるようになったのである。

社会福祉等（介護・医療を含む）の事業者は、多数の利用者やその家族について、他人が容易には知り得ないような個人情報を詳細に知り得る立場にあるため、社会福祉等の分野はとりわけ個人情報の適正な取扱いが強く求められる分野である。そのため、厚生労働省は2004（平成16）年に「福祉関係事業者における個人情報の適正な取扱いのためのガイドライン」および「医療・介護関係事業者における個人情報の適切な取扱いのためのガイドライン」[*6]を定め、社会福祉等の関係者に対して個人情報保護の徹底を指導している。

＊6
2017（平成29）年5月30日より、「医療・介護関係事業者における個人情報の適切な取扱いのためのガイダンス」となっている。

(3) 適正取得・適正利用・安全管理と自己情報開示・訂正・利用停止権

たとえば、Xが、あなたに関する情報をあなた本人からではなく、Yから取得する（あるいは漏洩する）場合を考えてみる。あなたのあずかり知らないところで、あなたの個人情報が、YからXに譲渡されている（漏洩する）ことになるが、それでよいのであろうか。

あなたに関する情報は、あなた本人から取得するのが原則である。少なくとも、YはXに譲渡することをあなたに連絡し了解を得てから譲渡すべきである（個人情報保護法23条「第三者提供の原則禁止」）。漏洩に関しては、あなたはYに対して個人情報が漏洩しないようにしっかり管理してもらうことができる（同法20条「安全管理措置の義務」）。また、Yが自己の情報がどのように管理・利用されているのか保有個人データの開示を求めることができる（同法28条「開示請求権」）。また、Yが保有する個人情報が誤っていた場合には、訂正を求めることができる（同法29条「訂正請求権」）。

　そもそも、Ｘは、何のためにあなたに関する情報を取得しようとしているのであろうか。「利用目的」を明らかにし（個人情報保護法18条「利用目的の通知」）、あなたがその利用目的に納得できないときには、個人情報の利用停止を求めることができる（同法30条「利用停止請求権」）。このように、個人情報保護法は、個人情報の取得や利用等について、必要な範囲で、当該個人が関与できるようにして個人情報を保護しようとしているのである。

⑷　行政機関の保有する個人情報の保護に関する法律

　「行政機関の保有する個人情報の保護に関する法律」においても、おおむね、個人情報保護法と同様に、適正取得、適正利用の原則や自己情報開示請求権・訂正請求権・利用停止請求権などが定められている。

　さらに、同法では、個人情報の管理を徹底するため、行政機関の職員や受託業務者等が「個人情報を自己若しくは第三者の不正な利益を図る目的で提供し、又は盗用したときは、1年以下の懲役又は50万円以下の罰金に処する」（同法54条）などの罰則規定が設けられている。また、自己情報に関する開示決定の処分に関する不服申立てについても定められている（同法42条）。

●事後学習

①行政作用には、「権力的作用」と「非権力的作用」等があるが、各々整理してまとめてみましょう。

②一般的に、また法律の文言上も次の2つは「取消し」と呼ばれているが、❶行政行為の行為時に瑕疵があったために、その効力を行為時に遡って効力を失わせる行為（取消し）と、❷行為時には瑕疵がなく有効に成立していたものが、その後に問題が生じたためにそれ以降将来に向けて効力を失わせる行為（撤回）の特徴を整理してみましょう。

③行政行為に不服があるときは審査請求等の不服申立てができるが、次の場合の審査請求先はどこになるのか、各自で調べまとめてみましょう。❶生活保護法による保護の決定等に不服があるとき、❷要介護認定等に不服があるとき、❸年金の決定に不服があるとき、❹労災認定に不服があるとき。

COLUMN

いろいろな地方公共団体

　みなさんは、〇〇県（道、府）××市（町、村）か、東京都△△区、××市（町、村）のいずれかに居住しているはずである。つまり、すべての人は、「市町村」、もしくは「23区」のいずれかに居住しており、その市町村、および23区は、いずれかの「都道府県」に属しているのである（地方自治法5条2項）。

　都道府県と市町村は、地方自治法では、「普通地方公共団体」と呼ばれている（地方自治法1条の3第2項）。市町村は基礎的な地方公共団体として、住民に身近な事務を行い、都道府県は市町村を包括する広域な地方公共団体として、広域行政事務を処理することになっている。

　他方、23区は地方自治法では、「特別地方公共団体」と呼ばれ、市町村とは異なる団体として規定されている（地方自治法1条の3第3項）。しかし、区長、区議会議員とも公選であり、実質的には市町村と変わらない基礎的な公共団体といえる。

　だが、地方公共団体はこれだけではない。たとえば、介護保険制度の保険者のことを思い出してほしい。介護保険の保険者は「市町村（特別区を含む）」である。人口50万人以上の政令指定都市や、人口20万人以上の中核市などは、財政基盤も比較的しっかりしているので、保険者となり介護保険を運営していくことができよう。しかし、高齢化率が高い過疎の村は、単独で保険者となることは難しい。

　そこで、近隣の市町村が、共同で介護保険の事務を処理するための「組合」をつくることが認められている。この「組合」は市町村の事務の一部（介護保険事務）を処理するためのものなので、「一部事務組合」と呼ばれている。この「地方公共団体の組合」も「特別地方公共団体」なのである。

　また、近年、地方分権推進の流れから、国から地方への権限委譲が進んできた結果、多様化した広域行政を総合的かつ効率的に処理するために「広域連合」と呼ばれるものが数多く設置されている。これも「地方公共団体の組合」の1つで、「特別地方公共団体」なのである。たとえば、後期高齢者医療制度においては、広域連合が運営主体となっている。一度、地方自治法をみてみよう。

第6章　権利擁護を支える仕組み

●事前学習

・第8・9章で学ぶ成年後見制度のほかに権利擁護を支える仕組みとしてどのような法制度があるかを調べ、それによってどのような支援が可能であるかを考えてみましょう。

●本章のねらい

　権利を護る制度は成年後見制度だけではない。高齢者、障害者、児童など、対象者を限定し権利を護る制度もある。本章では、成年後見制度の関連領域である、権利擁護にかかわる福祉の法律、意思決定ガイドライン、福祉サービスの適切な利用と苦情解決の仕組みについて概観する。そして、虐待による権利侵害、判断能力が低下した人や人生の最終段階における意思決定支援、福祉サービス利用と苦情解決について学習する。

第1節　権利擁護にかかわる福祉の法律

　第8・9章で学ぶ「成年後見制度」のほかに、支援が必要な人びとの権利を護るため、以下のような法律が整備されている。社会福祉士としてそれらの法律を理解し、権利擁護のツールとして活用できるよう、法の目的や定義について解説していく。

1．高齢者虐待防止法

　「高齢者虐待の防止、高齢者の養護者に対する支援等に関する法律」（以下「高齢者虐待防止法」）は2005（平成17）年に成立し、翌年に施行された。介護保険法1条では「高齢者の尊厳の保持」が示されており、それを実現するためには高齢者虐待への対応が必要不可欠であることや、家族が虐待と認識をしないまま、日常的に権利侵害に該当するような介護を行っている実態をふまえて、この法律が制定されることとなった。

(1) 法の目的

　この法律は、高齢者虐待の防止等に関する国等の責務、高齢者虐待を受けた高齢者を保護するための措置、養護者の負担を軽減し高齢者虐待を防止する支援のための措置等を定め、高齢者の権利利益の擁護に資することを目的としている（1条）。

(2) 定義

　この法律において「高齢者」とは65歳以上の者であり、「養護者」とは高齢者を養護する者をいう。家族介護者だけでなく、介護施設で働く職員も含まれる。

　高齢者に対する虐待は「身体的虐待」[*1]「介護・世話の放棄・放任（ネグレクト）」「心理的虐待」「性的虐待」「経済的虐待」の5つの類型がある（2条）。

(3) 近年の傾向

　厚生労働省の調査によると、2018（平成30）年度、養介護施設従事者等[*2]による虐待案件として市町村が受けた相談・通報件数は2,187件（前年度は1,898件）、そのうち虐待であると判断したのは621件（前年度は510件）だった。一方、養護者[*3]によるものとして、市町村が受けた相談・通報件数は3万2,231件（前年度は3万40件）であり、虐待と判断したのは1万7,249件（前年度は1万7,078件）であった。

　2005（平成17）年に高齢者虐待防止法が制定され、相談機関が整備された

＊1
2018（平成30）年に厚生労働省老健局によって作成された「市町村・都道府県における高齢者虐待への対応と養護者支援について」では、「6 身体拘束に対する考え方」において、身体拘束は原則として高齢者虐待に該当する行為と考えられるとしている。

＊2　要介護施設従事者等
ここでは、介護老人福祉施設など養介護施設または居宅サービス事業など養介護事業の業務に従事する者をいう。

＊3　養護者
ここでは、高齢者の世話をしている家族、親族、同居人等をいう。

図6-1　養介護施設従事者等による高齢者虐待の相談・通報件数と虐待判断件数の推移

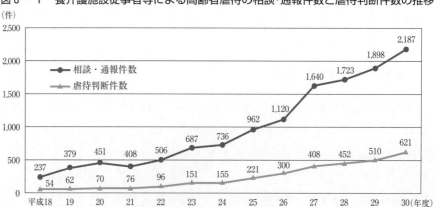

出典：厚生労働省「平成30年度『高齢者虐待の防止、高齢者の養護者に対する支援等に関する法律』に基づく対応状況等に関する調査結果」2019年　p. 2を一部改変

図6-2　養護者による高齢者虐待の相談・通報件数と虐待判断件数の推移

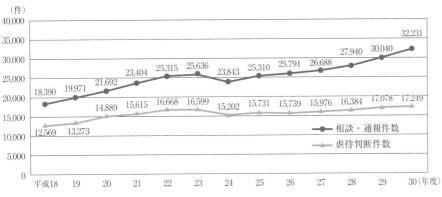

出典：図6-1と同じ

こともあり、相談・通報件数、虐待判断件数は増加傾向にある（図6-1・
2）。高齢者虐待の早期発見・早期対応を強化するだけでなく、高齢者虐待
の防止に向けた啓発活動や予防にも力を注いでいかなければならない。

(4)　相談機関

　高齢者虐待に関する通報・相談窓口として「地域包括支援センター」「市
町村高齢福祉担当課」があり、虐待の事実確認や高齢者の保護、養護者への
支援など、必要な対応を行っている。「地域包括支援センター」は虐待相談
以外にも、高齢者が住み慣れた地域で安心して暮らせるよう、介護や生活上
の困り事など、幅広い相談に応じている。

2．児童虐待防止法

　1990年代に子どもの虐待が社会問題として取り上げられ、児童虐待の防止
に関する活動が行われた。また、1994（平成6）年にわが国が「児童の権利
に関する条約」を批准したことから、児童虐待について焦点が当てられるよ
うになった。さらに、同時期に「児童相談所における児童虐待相談処理件数」
が増加傾向になり、子どもの虐待にかかわる人びとや研究者から児童虐待に
対応する法律制定に向けた声が高まり、2000（同12）年に「児童虐待の防止
等に関する法律」（児童虐待防止法）が成立・施行された。

(1)　法の目的

　児童虐待は児童の人権を侵害し、心身の成長および人格の形成に大きな影
響を与えるため、児童に対する虐待の禁止、児童虐待の予防・早期発見に関

する国および地方公共団体の責務、児童虐待を受けた児童の保護や自立支援のための措置等を定め、児童の権利利益の擁護に資することを目的としている（1条）。

　また、3条では「何人も、児童に対し、虐待をしてはならない」と規定している。

(2)　定義

＊4　保護者
ここでは、親権を行う者、未成年後見人その他の者で、児童を現に監護する者をいう。

　この法律において「児童虐待」とは、保護者＊4が、その監護する児童（18歳未満）に対して「身体的虐待」「性的虐待」「養育の放棄・放任（ネグレクト）」「心理的虐待」を行う行為をいう（2条）。

(3)　近年の傾向

　児童相談所における児童虐待相談対応件数をみると（図6－3）、2010（平成22）年に5万件を突破して以降、急激に増加している。その背景には、啓発活動による早期発見・早期対応について地域の理解を得られていることが考えられる。

　2019（令和元）年度の児童虐待相談対応件数（19万3,780件：速報値）の内訳は、心理的虐待（56.3％）、身体的虐待（25.4％）、ネグレクト（17.2％）、性的虐待（1.1％）となっている。児童虐待が起こらないよう子育て支援の充実、保育所や幼稚園の入園待機児童を減少させることを考えていかなけれ

図6－3　児童相談所における児童虐待相談対応の内容

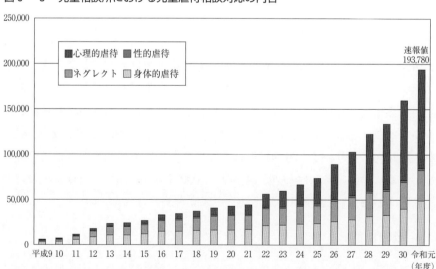

出典：厚生労働省「令和元年度児童相談所での児童虐待相談対応件数〈速報値〉」2020年　p.1をもとに作成

ばならない。また、虐待を受けた子どもたちのケアも考えていく必要もある。

⑷　相談機関

　児童虐待に関する通告や子育ての悩み等を相談する窓口として「児童相談所」がある。児童相談所は都道府県・政令指定都市が設置する行政の専門機関である。「児童虐待相談を含む養護相談」だけでなく、「保健相談」「発達障害相談を含む障害相談」「非行相談」「育成相談」「その他の相談」も行っている。

　2004（平成16）年に行われた児童福祉法の改正により、市区町村の業務として児童家庭相談に対応する役割が規定され、2005（同17）年より市区町村が身近な相談の場として位置づけられた。市区町村も虐待の通告先であり、また第一義的な相談窓口である。市区町村と児童相談所の二層で相談に対応する構造となっている。

　そのほかにも、全国の法務局・地方法務局において、電話相談窓口「子どもの人権110番」、小中学生を対象とした「子どもの人権SOSミニレター」、インターネット相談窓口「子どもの人権SOS-eメール」などが児童虐待事案等を発見するための手段として活用されている。また、2015（平成27）年より児童相談所虐待対応ダイヤル「189」が導入されている。

3．障害者虐待防止法

　障害者に対する虐待の禁止、虐待の発見者に通報義務を課すことなどを規定した「障害者虐待の防止、障害者の養護者に対する支援等に関する法律」（障害者虐待防止法）が2011（平成23）年に成立し、翌年に施行された。

⑴　法の目的

　障害者に対する虐待は、障害者の尊厳を侵害するものであり、障害者の自立および社会参加にとって障害者に対する虐待を防止することが重要であるため、障害者に対する虐待の禁止、虐待の予防および早期発見等に関する国等の責務、虐待を受けた障害者に対する保護および自立の支援のための措置、養護者に対する支援のための措置等を定めることにより、障害者虐待の防止、養護者に対する支援等に関する施策を促進し、障害者の権利利益の擁護に資することを目的としている（1条）。

　また、第3条では「何人も、障害者に対し、虐待をしてはならない」と規定している。

(2) 定義

この法律において「障害者」とは、身体障害、知的障害、精神障害（発達障害を含む）、その他の心身機能の障害がある者であって、障害および社会的障壁により継続的に日常生活・社会生活に相当な制限を受ける状態にある者をいう。また、「障害者虐待」とは、養護者による障害者虐待、障害者福祉施設従事者等による障害者虐待、使用者による障害者虐待をいう。障害者虐待の類型は、「身体的虐待」*5「性的虐待」「心理的虐待」「放棄・放任（ネグレクト）」「経済的虐待」の5つがある（2条）。

なお、第29〜31条では、就学する障害者や保育所等に通う障害者、医療機関を利用する障害者に対する虐待の防止等について規定している。

＊5
本法においては「身体拘束」が身体的虐待であることが条文に明記されている。

(3) 近年の傾向

2018（平成30）年度の障害者虐待事例への対応状況をみると、「養護者による障害者虐待」「障害者福祉施設従事者等による障害者虐待」において、市区町村等への相談・通報件数、市区町村等による虐待判断件数、被虐待者数のいずれも前年度よりも増加しているが、「使用者による障害者虐待」は減少している（表6-1）。

表6-1　2018（平成30）年度の障害者虐待事例への対応状況

	養護者による障害者虐待	障害者福祉施設従事者等による障害者虐待	使用者による障害者虐待		
				(参考)都道府県労働局の対応	
市区町村等への相談・通報件数	5,331件 (4,649件)	2,605件 (2,374件)	641件 (691件)	虐待判断件数	541件 (597件)
市区町村等による虐待判断件数	1,612件 (1,557件)	592件 (464件)			
被虐待者数	1,626件 (1,570件)	777人 (666人)		被虐待者数	908人 (1,308人)

注：カッコ内は前年度調査の数値。
出典：厚生労働省「平成30年度都道府県・市区町村における障害者虐待事例への対応状況等（調査結果）」2019年　p.1

(4) 相談機関

障害者虐待対応の窓口として「市町村障害者虐待防止センター」「都道府県障害者権利擁護センター」がある。

市町村障害者虐待防止センターは、障害者虐待に関する疑問や悩みなど、

さまざまな相談を受け付けている。また、障害者虐待を発見した人からの通報や障害者本人からの届け出を電話や窓口で対応している。都道府県障害者権利擁護センターは、市町村が行う障害者虐待対応についての連絡調整や情報提供、助言などを行っている。

4. 配偶者暴力防止法

配偶者からの暴力（DV）は、犯罪となりうる重大な人権侵害であるにもかかわらず、十分な被害者救済が行われてこなかった。また、配偶者からの暴力の被害者は男性よりも女性が多く、個人の尊厳を侵害するだけでなく、男女平等の実現の妨げとなっている。このような状況を改善し、被害者を保護するために「配偶者からの暴力の防止及び被害者の保護等に関する法律（配偶者暴力防止法）」が2001（平成13）年に成立・施行された。

⑴　法の目的

配偶者からの暴力に係る通報、相談、保護、自立支援等の体制を整備することにより、配偶者からの暴力の防止及び被害者の保護を図ることを目的としている（前文）。

⑵　定義

この法律において「配偶者の暴力」とは、配偶者からの身体に対する暴力、またはこれに準ずる心身に有害な影響を及ぼす言動をいう。叩く、蹴るなど身体や生命に危害を及ぼす不法な攻撃である身体的暴力、脅迫などの精神的暴力、性行為や中絶の強要などの性的暴力などが含まれる。また、「配偶者」とは、婚姻関係にある者だけでなく、内縁関係（事実婚）や同棲関係にある者も対象となる（1条）。

⑶　保護命令

身体的暴力や生命に対する脅迫を受けた被害者は、家庭裁判所に「保護命令」を申し立てることができる。申し立てを受けた裁判所は、重大な危害を受ける可能性があると判断した場合、「保護命令」を発令することができる。
保護命令には「被害者への接近禁止命令」「退去命令」「被害者の子または親族等への接近禁止命令」「電話等禁止命令」の4種類がある。

⑷　相談・一時保護できる施設

市町村が設置している配偶者暴力相談支援センターにおいて、相談・カウ

ンセリング・情報提供・相談機関の紹介などを行っている。また、都道府県の婦人相談所も配偶者暴力相談支援センターの機能を果たしている。そのほか、配偶者の検挙、指導、対応などについて警察へ相談することができる。一時保護は婦人相談所や基準を満たす民間のシェルターで行っている。

なお、2020（令和2）年10月より、DV被害相談と性暴力の被害相談について全国共通短縮ダイヤルが導入された*6。

＊6
DV被害相談については「＃8008」、性暴力の被害相談については「＃8891」となっている。

5．障害者差別解消法

国連の「障害者の権利に関する条約」（日本は2014［平成26］年に批准）と障害者基本法の考え方をふまえ、合理的配慮の概念を規定した「障害を理由とする差別の解消の推進に関する法律」（障害者差別解消法）が2013（同25）年に成立し、翌年から施行された。

(1) 法の目的

障害を理由とする差別の解消の推進に関する基本的事項、行政機関等および事業者における障害を理由とする差別を解消するための措置等を定めることにより、障害を理由とする差別の解消を推進し、すべての国民が障害の有無によって分け隔てられることなく、相互に人格と個性を尊重し合いながら共生する社会の実現に資することを目的としている（1条）。

(2) 定義

この法律において「障害者」とは、身体障害、知的障害、精神障害（発達障害を含む）、その他の心身の機能の障害がある者であって、障害および社会的障壁により継続的に日常生活または社会生活に相当な制限を受ける状態にある者をいう（2条）。なお、障害者手帳を持っていなくても同法の対象となる。

(3) 差別を解消するための措置

行政機関等および事業者に対し、不当な差別的取扱いを禁止し、合理的配慮の提供について定めている。

①不当な差別的取扱いの禁止

障害を理由にして制限や排除などの不当な差別的取扱いをすることにより、障害者の権利利益を侵害してはならない。たとえば次のようなケースがあげられる。

・見えないことや聞こえないこと、歩けないなどの機能障害を理由にサービ

スの利用を拒否すること。

・障害を理由として、学校の受験や入学を拒否すること。

②合理的配慮の提供

　合理的配慮とは、障害のある人とない人の機会平等を確保するために、障害の状態や性別、年齢などを考慮して行われる変更や調整のことをいう。たとえば次のようなケースがあげられる。

・知的障害がある人に対して、わかりやすい図や言葉で書いた資料で説明する。

・公共交通機関で通勤する障害者に対して、通勤ラッシュと重ならないように勤務時間を調整する。

・建物の段差を解消するために、スロープを設置し、車いす利用者や歩行障害のある人が移動しやすい環境を整える。

第2節　意思決定支援ガイドライン

1．障害福祉サービス等の提供に係る意思決定支援ガイドライン

(1)　趣旨

　「障害者の日常生活及び社会生活を総合的に支援するための法律」（障害者総合支援法）においては、障害者が「どこで誰と生活するかについての選択の機会が確保」される旨を規定し、指定相談支援事業者等に対して、障害者の意思決定支援に配慮するよう努める旨を規定するなど、「意思決定支援」を重要な取り組みとして位置づけている。

　そのうえで、意思決定支援の定義や意義、標準的なプロセスや留意点を取りまとめ、事業者や成年後見の担い手も含めた関係者間で共有することを通じて、障害者の意思を尊重した質の高いサービスの提供に資することを目的として、2017（平成29）年に「障害福祉サービス等の提供に係る意思決定支援ガイドライン」が示された。

(2)　意思決定支援の定義

　「意思決定支援」とは、自ら意思決定をすることに困難を抱える障害者が、日常生活や社会生活に関して自らの意思が反映された生活を送ることができるように、可能な限り本人が自ら意思決定できるよう支援し、本人の意思の確認や意思および選好を推定し、支援を尽くしても本人の意思および選好の

推定が困難な場合には、最後の手段として本人の最善の利益を検討するために事業者の職員が行う支援の行為および仕組みをいう。

(3) 意思決定を構成する要素

　障害者の意思決定を構成する要素として、「本人の判断能力」「意思決定支援が必要な場面」「人的・物理的環境による影響」の3つがあげられる。

①本人の判断能力

　本人の判断能力の程度は、意思決定に大きな影響を与える。ある程度の日常生活における意思決定はできても、住居の選択や重要な事柄などについての意思決定には支援が必要などといった事例が考えられる。意思決定を進めるうえで、本人の判断能力の程度について、慎重なアセスメントが必要になる。

②意思決定支援が必要な場面

・日常生活における場面

　食事・衣服の選択・整容・外出・入浴・排泄などの基本的生活習慣に関する場面や、余暇活動プログラムを選択し参加する場面などがあげられる。日常生活における場面で意思決定支援を継続的に行うことにより、意思が尊重された生活体験を積み重ねることができ、本人が自らの意思を他者に伝えようとする意欲を育てることにつながる。そのため、日常生活における支援場面のなかで、継続的に意思決定支援を行うことが重要である。

・社会生活における場面

　住まいの場を移す場面、就労の場を選ぶ場面などが考えられる。体験の機会の活用を含め、本人の意思確認を最大限の努力で行うことを前提に、事業者や家族、成年後見人など、必要に応じて関係者が集まり、判断の根拠を明確にしながら、より制限のない生活への移行を原則として、意思決定支援を進める必要がある。

③人的・物理的環境による影響

　意思決定支援は、本人にかかわる職員や関係者による影響、環境による影響、本人の経験の影響等を受ける。また、慣れない場所や信頼関係ができていない場合、普段通りの意思表示ができないことが考えられる。そのため、サービス利用の選択については、体験利用をして選択をするなどの工夫が大切である。

(4) 意思決定支援の基本的原則

　意思決定支援には3つの基本的原則がある。

①本人への支援は、自己決定の尊重に基づき行う

自己決定に必要な情報の説明は、本人が理解できるように工夫して行うことが重要である。選択肢を絞ったなかから本人が選べるようにしたり、カードや具体物を手がかりに選べるようにしたりするなど、本人が安心して自信をもち自由に意思表示できるよう支援することが必要である。

②不合理と思われる決定でも、他者の権利を侵害しないのであれば尊重する

職員等の価値観においては不合理と思われる決定でも、他者への権利を侵害しないのであれば、その選択を尊重するよう努める姿勢が求められる。一方で、意思決定した結果、本人に不利益が及ぶことも考えられるため、本人の意思決定を最大限尊重しつつ、想定されるリスクについて予測し、対応について検討する必要がある。

③本人の自己決定や意思確認が難しければ、関係者が集まり、意思を推定する

本人の自己決定や意思確認がどうしても困難な場合は、本人をよく知る関係者が集まり、本人の日常生活の場面などにおける表情や感情、行動に関する記録などの情報に加え、これまでの生活史、人間関係等の情報を把握し、根拠を明確にしながら意思を推定する。

２．人生の最終段階における医療・ケアの決定プロセスに関するガイドライン

(1)　趣旨

人生の最終段階における医療のあり方について、患者・医療従事者ともに広くコンセンサスが得られる基本的な点について確認し、それを示すことが、よりよき人生の最終段階における医療の実現に資するとして、「人生の最終段階における医療・ケアの決定プロセスに関するガイドライン」が2007（平成19）年に策定された[*7]。

(2)　人生の最終段階における医療・ケアのあり方

本ガイドラインでは、人生の最終段階における医療・ケアのあり方に関し、①医師等の医療従事者から適切な情報提供と説明がなされ、それに基づいて患者が医療従事者と話し合いを行ったうえで、患者本人による決定を基本とすること、②人生の最終段階における医療およびケアの方針を決定する際には、医師の独断ではなく、医療・ケアチームによって慎重に判断すること、などが示されている。

*7
2007（平成19）年当時は「終末期医療の決定プロセスに関するガイドライン」として策定された。

⑶ アドバンス・ケア・プランニング（ACP）

＊8　ACP(Advance Care Planning)
人生の最終段階における医療・ケアについて、本人が家族等や医療・ケアチームと事前に繰り返し話し合うプロセスのことをいう。

　本ガイドラインは2018（平成30）年に改訂されたが、その改訂では「ACP」＊8の概念が盛り込まれた。"最期までその人らしい最善の生" "良い死" を迎えるための核となる実践として、ACPは諸外国で普及しており、日本でも本人の意思を尊重するアプローチとして着目され、人生の最終段階の医療を中心にACPは展開されている。

　ACPを進めていくには、自分の意思が表明できることが重要である。しかし、終末期において意識の低下により、意思決定が困難になる場合がある。そのような本人の意思が確認できない場合は、家族等が本人の意思を推定し、本人が何を望むか、本人にとって何が最善かを、医療・ケアチームとの間で話し合う必要がある。

3．認知症の人の日常生活・社会生活における意思決定支援ガイドライン

⑴　趣旨

　2018（平成30）年に策定された「認知症の人の日常生活・社会生活における意思決定支援ガイドライン」は、認知症の人を支える人が行う意思決定支援の基本的考え方（理念）や姿勢、方法、配慮すべき事柄等を整理して示し、これにより、認知症の人が自らの意思に基づいた日常生活・社会生活を送れることを目指すものである。

⑵　意思決定支援の定義

　認知症の人への意思決定支援とは、判断能力が低下した状態であっても、その能力を最大限活かし、日常生活や社会生活に関して自らの意思に基づいた生活を送ることができるようにするために行う、意思決定支援者による支援である。その内容は、本人が意思を形成することの支援（意思形成支援）、本人が意思を表明することの支援（意思表明支援）、本人が意思の実現するための支援（意思実現支援）である。

⑶　意思決定支援の基本原則

①本人の意思の尊重

　本人の表明した意思を確認し、それを尊重することから始まる。しかし、認知症の人は、言語による意思表示が難しいことも想定されるため、本人の

身振り手振り、表情の変化も意思表示として読み取る努力を最大限に行うことが求められる。

②本人の意思決定能力の配慮

本人の意思決定能力は、説明の内容をどの程度理解しているか（理解する力）、またそれを自分のこととして認識しているか（認識する力）、論理的な判断ができるか（論理的に考える力）、その意思を表明できるか（選択を表明できる力）によって構成される。これらの意思決定能力の適切な評価判定とともに、認知症の症状にかかわらず、本人が意思と意思決定能力を有しているということを前提にして意思決定支援を行うことが必要となる。

③チームによる早期発見からの継続的支援

本人が自ら意思決定できる早期（軽度の認知症）の段階で、今後、予測される本人の生活について、先を見通した意思決定支援が繰り返し行われることが重要である。また、意思決定支援にあたっては、身近な信頼できる関係者等がチームになって必要な支援を行う体制が求められる。

4．身寄りがない人の入院及び医療に係る意思決定が困難な人への支援に関するガイドライン

(1)　趣旨

近年、単身世帯の増加や頼れる親族がいない人の増加といった状況が見られる。その人の判断能力や家族関係がどのような状態になっても、一人の個人としてその意思が尊重され、医療が必要なときは安心して医療を受けることができるようにしていくことが重要である。そこで、医療機関や医療関係者が身寄りのない患者にも必要な医療を提供することができるよう、2019(令和元)年に「身寄りがない人の入院及び医療に係る意思決定が困難な人への支援に関するガイドライン」が取りまとめられた。

なお、「身寄りがない人」とは、「身元保証人・身元引受人等」がいない状況にある人のことをいう。それに加えて、「家族や親類への連絡がつかない状況にある人」「家族の支援が得られない人」も本ガイドラインの対象となる。

(2)　成年後見人等に期待される具体的な役割

ガイドラインでは、医療に係る本人の意思決定が困難な場合において、成年後見人等が次の役割を果たすことで、円滑に必要な医療を受けられるようにしていくことが重要であるとしている。

具体的には、❶契約の締結等（必要な受診機会の確保・医療費の支払いな

ど）、❷身上保護（本人の医療情報の整理）、❸本人の意思尊重（本人が意思決定しやすい場の設定など）があげられている。

第3節　福祉サービスの適切な利用と苦情解決の仕組み

1．運営適正化委員会

　社会福祉法83条の規定に基づき、都道府県社会福祉協議会に、❶福祉サービス利用援助事業の適正な運営の確保、❷福祉サービスに関する利用者等からの苦情を適切に解決するため、「運営適正化委員会」が設置されている。

　苦情の申出に対し運営適正化委員会は、苦情にかかわる事情を調査し、必要な助言をするなどの対応を図る。そして利用者等と事業者の同意を得て、苦情解決へ向けたあっせんを行う。また、福祉サービスの質の向上を図る観点から、福祉施設・事業所等で苦情解決体制の整備促進、充実・強化に向けた広報・啓発や、苦情解決責任者、苦情受付担当者、第三者委員を対象とした研修会の実施等、運営適正化委員会による継続的な取り組みが求められている。

2．国民健康保険団体連合会

　介護保険法では、介護保険サービスに関する苦情については、各都道府県に設置されている国民健康保険団体連合会が対応することとされている。国民健康保険団体連合会は、市区町村において対応困難な場合や利用者が希望する場合は、公平中立な立場で指定居宅サービス事業者等に対して調査を行い、事業者が提供しているサービスに改善の必要があると思われるときは、苦情処理委員会の意見を聞いたうえで、指導・助言を行っている。

3．事業者による苦情解決

　社会福祉法82条では、「社会福祉事業の経営者は、常に、その提供する福祉サービスについて、利用者等からの苦情の適切な解決に努めなければならない」とされている。

　苦情解決にあたっては、苦情解決の責任主体を明らかにするため、施設長や理事長等を苦情解決責任者とし、サービス利用者が苦情を申し出しやすい環境を整えるほか、職員の中から苦情受付担当者を任命することになっている。また、苦情解決が密室化せず、社会性や客観性を確保し、利用者の立場や特性に配慮した対応を推進するために第三者委員を設置することになって

いる。

　苦情への適切な対応は、福祉サービス利用者の満足感を高めることや、早急な虐待防止対策が講じられることにもつながるため重要である。

4．自治体等による苦情解決

　たとえば、介護保険のサービスに関する苦情は、市区町村の介護保険担当課においても受け付けている。介護保険の実施主体は市区町村であり、住民にとって身近な窓口である。また、事業者に対し調査・指導および助言を行う役割をもっており、地域密着型サービスにおいては事業所指定や指定取り消しの権限も有している。

　一方、都道府県は、居宅サービス事業者、居宅介護支援事業者、介護老人福祉施設、介護老人保健施設および介護予防サービス事業所に対する事業者指定、報告聴取等の指導権限および必要に応じて指定取り消しなどの行政処分を行う権限がある。都道府県においては、市区町村や国民保険連合会等に寄せられた苦情や情報を共有し、事業所への適切な指導監督等が行われるように連携を図ることが求められる。

●事後学習

①権利擁護にかかわる福祉の法律の対象者、その内容についてまとめて、どのような場合に活用したらよいか考えてみましょう。
②本章で学んだ意思決定支援ガイドラインに基づき、意思決定支援において配慮しなければならないことをまとめてみましょう。
③福祉の現場では実際にどのような苦情が寄せられるのか、また、苦情を受け付けたあと、どのように解決へ向けて取り組んでいくべきかを考えてみましょう。

【参考文献】
・神奈川県「意思決定支援ってなに？」2018年
・厚生労働省「社会福祉事業経営者による福祉サービスに関する苦情解決の仕組みの指針について」2017年
・厚生労働省「障害福祉サービスの利用等にあたっての意思決定支援ガイドラインについて」2017年
・社会福祉法人全国社会福祉協議会「苦情受付・解決の状況－平成30年度都道府県運営適正化委員会事業－実績報告」2019年
・人生の最終段階における医療の普及・啓発の在り方に関する検討会「人生の最終段階における医療・ケアの決定プロセスに関するガイドライン解説編」2018年

・内閣府・国家公安委員会・法務省・厚生労働省「配偶者からの暴力の防止及び被害者の保護等のための施策に関する基本的な方針」2013年
・内閣府「配偶者からの暴力の防止及び被害者の保護等に関する法律の概要」
・西川満則・長江弘子・横江由理子編「本人の意思を尊重する意思決定支援－事例で学ぶアドバンス・ケア・プランニング－」南山堂　2016年
・日本障害フォーラム編「障害者差別解消法ってなに？」2013年
・認知症の人の意思決定支援のあり方に関する研究事業編『認知症の人の意思決定支援ガイドライン研修テキスト』2019年
・福祉小六法編集員会編『福祉小六法 2020年版』みらい　2020年
・村田彰・星野茂・池田惠利子編『わかりやすい成年後見・権利擁護 第2版』民事法研究会　2013年

【参考ホームページ】
・オレンジリボン運動
　https://www.orangeribbon.jp/（2020年9月30日閲覧）

COLUMN

地域包括支援センターにおける権利擁護の実際

　地域包括支援センター（以下「地域包括」）では、全体の業務を通して権利擁護にかかわります。特に高齢者虐待や認知症を疑われる独居の高齢者は、本人の命や生活に危機が生じる可能性も高く、市区町村とともに、高齢者虐待防止法に基づいた支援、成年後見制度や介護保険サービス等につなげる支援を行います。こういったケースは、緊急性にかかわらず早期介入が望ましいのですが、本人や家族から介入を拒否されることも多いのが現状です。

　介入拒否の理由はさまざまですが、どのケースでも介入の際に心がけることがあります。それは本人や家族の気持ち、背景に寄り添いながら徐々にかかわりをもつことです。拒否をされても、寄り添いながら根気強くかかわって行くことで信頼関係が構築され、介入のきっかけを見つけられることもあります。支援過程は簡単ではありませんが、かかわった方が明るい表情に変化し、地域で生き生きとした生活を取り戻していく過程に立ち会うと、この仕事に使命ややりがいを感じます。

　私がかかわった方に、独居で認知症を疑われる方がいました。多くの趣味をもっていましたが、認知機能の低下により、趣味活動へ参加することが難しくなっていました。そして本人の表情と自宅にあった大量のメモから、物忘れがあるなかで生活することへの不安が伝わってきました。それでも本人は「私はまだ大丈夫。認知症の検査は必要ない」と、支援を拒否します。友人、かかりつけ医、遠方に住む家族とも連携し、本人の生活や症状の変化を見守りました。その後物忘れの進行や意欲低下があり、生活までもが困難になってきました。本人はこの変化に、今までの自分ではなくなっていくことや認知症と診断されることに対して、大きな不安と恐怖を感じていたのです。そこで、認知症外来の受診に同行したり、本人や関係者から連絡があればその都度訪問し、話を聞いたり対応したりして、本人の不安な気持ちに寄り添いながら支援を行いました。この過程で信頼関係ができた結果、介護保険サービスも受け入れてくださり、利用につながりました。現在は周りの方の支えや介護保険サービスによって意欲を取り戻し、自宅での生活を実現させています。

　地域包括は、地域で暮らす方々の生活に寄り添っていく機関です。私たち専門職も、権利擁護に関する法律や制度も、住み慣れた地域でいつまでも自分らしく暮らしたいと願う方々の想いを実現させるための社会資源であり、方法です。また権利擁護に関する基本的な考え方や視点は、チームアプローチが基本である権利擁護業務において、関係者共通の指針にもなり、さらに権利擁護業務だけにとどまらず、地域包括全体の業務のなかで、支援の方向性を判断するための道標にもなります。それは福祉のどの支援業務にも共通するものだと思います。ぜひ権利擁護に関する知識を深め、実際の利用者とのかかわりのなかで活かしてください。

第7章　権利擁護活動における法的諸問題

●事前学習

・「社会福祉士及び介護福祉士法」「社会福祉士の倫理綱領」からインフォームド・コンセント、個人情報の取り扱い、守秘義務に関する規定を探し、目を通してみましょう。

●本章のねらい

　情報化する現代社会において、人権および尊厳の尊重の観点から、個人情報の取り扱いの重要性はますます増している。権利擁護活動において、クライエントの情報を取り扱う社会福祉士は、当然専門職として法令や倫理綱領を遵守する必要がある。本章では、社会福祉士の権利擁護活動におけるクライエントの情報を取り扱う際のルールについて、インフォームド・コンセント、個人情報保護、守秘義務の各観点から学習する。

第1節　インフォームド・コンセント

1．法的概念としてのインフォームド・コンセント

(1)　従来のインフォームド・コンセントの概念と法的根拠

　インフォームド・コンセント(informed consent)は、医療の領域における患者の「自己決定権・自律権の尊重」を前提として、「医師の民事責任を追及するためにアメリカで誕生した」[1]、民事法の法原則である[*1]。一般的には、「説明と同意」や「十分な説明を受けたうえでの同意」と訳され、その内容は、「医療を行うにあたっては、患者に対してこれから行う行為についてあらかじめ説明をし、相手からその実施について同意を得ること」[2]とされる。

　日本の医療の領域でも裁判所は、1970年代以降、医師の説明義務を法的義務として認め、説明義務違反については民事法上の責任を認めるようになった[*2]。また1997（平成9）年に改正施行された医療法1条の4第2項によっ

*1
同様の法原則にドイツにおける「医師の説明義務」がある。こちらは傷害罪として医師の刑事責任を問いうる厳格なものである。

*2
たとえば、乳腺症事件東京地裁判決(1971[昭和46]年)、僧帽弁置換手術京都地裁判決(1976[同51]年)、札幌ロボトミー事件札幌地裁判決(1978[同53]年)などの判例がある。

143

て、限定的ではあるものの、医療従事者による説明と医療を受ける者の理解を得ることが努力義務として規定され、インフォームド・コンセントの理念が成文法にも反映されている。

(2)　福祉専門職とインフォームド・コンセント

福祉の領域においても、インフォームド・コンセントの原則の重要性については、これまでも度々主張されてきた。その背景には、医療領域における専門職と患者の関係性の問題と同様に、ソーシャルワーカーとクライエントとの関係性の問題がある。つまり専門職としてソーシャルワーカーは、専門性やさまざまな権限をもつことから、クライエントとの関係が非対等・非対称的な関係になるという問題である。そのようなパターナリスティックな支援の関係ではなく、自己決定に基づく「クライエントの自己決定を促し尊重する実践」[3]こそが、人権を尊重し効果的な支援であるという認識の高まりから、その手段としてインフォームド・コンセントが福祉の領域においても重要視されてきたのである[*3]。

＊3
医療におけるインフォームド・コンセント原則は、「侵襲」性を前提とする医療行為を合法化するための手段として生成してきた側面がある。それに対して、社会福祉士の主たる業務内容は相談援助であり、医療のような「侵襲」性を前提とした立論には困難さを伴う。福祉におけるインフォームド・コンセントは独立の法理だが、自律・自己決定を基礎として、憲法13条に根拠づけることもできる。

たとえば副田あけみは、インフォームド・コンセントについて、「ワーカーの判断したクライエントの利益・福祉をもたらすと思われる介入方法・内容について十分な情報を提供してていねいに説明し、時間をかけてでも同意を得るように努力する。ただし、最終的にはクライエントの自己決定を尊重する」[4]ことと説明している。そしてインフォームド・コンセントは、実際の実践において成果は限定的であるとしながらも、パターナリズムとクライエントの自己決定の尊重との間のジレンマを調整する原理の一つであり、「ソーシャルワーカーの倫理の一つ」と見なされているとしている。

また久保美紀は、インフォームド・コンセントについて、「援助活動の場面で、専門職が利用者にアセスメントの内容、それに基づく援助方法および予測できる結果に関する説明を十分に行い、利用者がそれに理解し同意したうえで援助活動を展開すること」[5]と定義し、利用者の自己決定に基づく相談支援活動を行うためには「不可欠の原則」であるとしている。

さらに山口光治は、契約時代における援助のあり方として、「対等な関係性の確立」「自己決定・自己選択の尊重」「利用者支援の必要性」をあげ、「福祉サービス利用者が提供者と対等な関係で契約を締結するためには、利用者に対してサービスの情報を入手する権利」[6]を保障する必要があると主張する。そしてそのことは、利用者の福祉サービスに関して知る「権利」を尊重することにつながると述べ、インフォームド・コンセントの重要性について示唆している。

(3)　福祉領域におけるインフォームド・コンセントに関する規定

①社会福祉士の倫理綱領

「社会福祉士の倫理綱領」の「倫理基準Ⅰ　クライエントに対する倫理責任　4．（説明責任）」では、「社会福祉士は、クライエントに必要な情報を適切な方法・わかりやすい表現を用いて提供する」とされている。

社会福祉士会によれば[7]、社会福祉士は専門的な援助を行う際に、クライエントが「必要としている情報や、説明を理解し納得できるように伝えなければならないという義務」を有し、他方クライエントは「援助を利用しようとする場合、自らが理解し納得できるまで聞くことができるという権利」を有する。そして、社会福祉士はクライエントに「情報が十分に理解され、納得されているかを、明確に把握」しなければならず、これらのことは「インフォームド・コンセントの理念」につながるものと理解されている。

なお、説明責任を果たすためには3つの要件を満たした配慮をする必要があるという。それは、クライエントに説明を行う際には、「❶必要な情報」を「❷適切な方法」や「❸わかりやすい表現」で提供するということである。ここでいう「必要な情報」とは、「所属している機関や事務所、自分の役割」のことである。社会福祉士は、「利用者の側に立ったサービスを行う立場にあること」を伝え、「利用者の状況に即したコミュニケーション」を用いるように配慮すべきである。

②社会福祉士及び介護福祉士法施行規則

社会福祉士及び介護福祉士法にインフォームド・コンセントに直接に関する規定はない。他方、下位法である社会福祉士及び介護福祉士法施行規則26条の3第2項6号には説明と同意に関する規定がある。

同施行規則では、「対象者の希望、医師の指示及び心身の状況を踏まえて、医師又は看護職員との連携の下に、喀痰吸引等の実施内容その他の事項を記載した計画書を作成すること」（26条の3第1項3号）が喀痰吸引等業務の登録基準として設けられおり、その際に、「計画書の内容を対象者又はその家族等に説明し、その同意を得ること」（26条の3第2項6号）が、必要な措置として講じられなければならないと規定している。本規定の権利性については、次項において述べる。

③社会福祉法

社会福祉法75条1項は社会福祉事業経営者に対して利用者に対する情報提供の努力義務を、同条2項は国および地方公共団体に対して、同条1項に規定された情報の提供について、利用者が必要な情報を容易に得られるように

するための必要な措置を講ずる努力義務を規定している。同法76条も、社会福祉事業経営者に対して、「契約の内容及びその履行に関する事項」について説明する努力義務を規定している。

75条（情報の提供）
1　社会福祉事業の経営者は、福祉サービス（社会福祉事業において提供されるものに限る。）を利用しようとする者が、適切かつ円滑にこれを利用することができるように、その経営する社会福祉事業に関し情報の提供を行うよう努めなければならない。
2　国及び地方公共団体は、福祉サービスを利用しようとする者が必要な情報を容易に得られるように、必要な措置を講ずるよう努めなければならない。

76条（利用契約の申込み時の説明）
　社会福祉事業の経営者は、その提供する福祉サービスの利用を希望する者からの申込みがあつた場合には、その者に対し、当該福祉サービスを利用するための契約の内容及びその履行に関する事項について説明するよう努めなければならない。

---

④民法

　2017（平成29）年の民法改正において新設された第522条（「契約の成立と方式」）によって、契約の締結に際しては、「契約の内容を示す」ことと、「意思表示に対して相手方が承諾」をすることが契約の要件として明記された。これにより、社会福祉士がクライエントと法的な契約を締結するにあたっても、契約内容の「説明」と福祉サービスの利用者の「承諾」を得ることが法的に求められるようになった。同規定もいわゆるインフォームド・コンセントの原則を私法上の契約に反映させたものとしてみることができる。

522条（契約の成立と方式）
1　契約は、契約の内容を示してその締結を申し入れる意思表示に対して相手方が承諾をしたときに成立する。
2　契約の成立には、法令に特別の定めがある場合を除き、書面の作成その他の方式を具備することを要しない。

⑷　インフォームド・コンセントの成立要件と免除されるケース

　これまでの医療の領域における議論では、インフォームド・コンセントが成立するための要件として、❶同意能力があること、❷適切な説明がなされたこと、❸説明を受けた対象者が任意の意識的な意思決定により同意したこ

との3つが必要とされている。

　他方、インフォームド・コンセントが免除されるケースは、❶緊急事態、❷患者自身による免除、❸治療上の特権（情報の告知が患者に悪影響を及ぼすような場合）、❹強制措置の4つのケースが想定されている。

　権利擁護のための制度を利用するクライエントの場合、成立要件の同意能力と理解力が限定的であるケースが考えられるが、免除のケースのいずれにも該当しない。それゆえ、社会福祉士は代諾者から同意を得る必要がある。

2. インフォームド・コンセントに関する判例

(1) 福祉専門職の法的責任とインフォームド・コンセント

　福祉専門職が業務上負わなければならない法的責任は、民事責任、刑事責任、行政責任の3つである。仮に、インフォームド・コンセントの原則を履行しなかった場合、どの法的責任が問われるのだろうか。医療の先例からも見てとれるように、最も法的責任を問われる可能性が高いのは、民事責任である。インフォームド・コンセントの不履行が、債務不履行ないし不法行為とみなされた場合、民事（損害賠償）責任が発生しうる。

　次に刑事責任である。医療のケースでは、インフォームド・コンセントの不履行によって医療従事者に刑事責任が認められたケースはまだないものの、「傷害罪としての処罰も検討」[8]されている。医療のような身体への侵襲を含む業務内容が想定しにくい社会福祉士の場合、刑事責任が問われる可能性はより低いといえる。他方、行政責任は、インフォームド・コンセントの不履行が、社会福祉士及び介護福祉士法45条の「信用失墜行為」と見なされた場合、同法32条2項に基づき業務が停止される可能性がある。

(2) 2018(平成30)年長野地裁判決(長野地判平30・8・24)

　医療の領域におけるインフォームド・コンセントの法理が、エホバの証人輸血拒否事件（最高裁平12・2・29）にみられるように、判例によって構築されてきたのに対して、福祉専門職のインフォームド・コンセントに関する判例は、非常に限定的である*4。

　2018（平成30）年長野地裁判決は、社会福祉士の説明責任が問われたケースである。同事件では、生活相談員として短期入所生活介護事業所に勤務していた被告に対して、被告が勤務していた施設では気管内吸引を実施することができない体制であることを原告らに説明すべき義務があったにもかかわらず、これを怠った結果、痰貯留（たんちょりゅう）に起因する窒息によりクライエントを死亡

*4
裁判所は、インフォームド・コンセントの語よりも、「説明」や「同意」を使う傾向にある。

147

させたとして、不法行為（民法709条）による損害賠償請求がなされた。裁判所の判断は以下の通りである。

　ｆ（クライエントのこと）が本件施設を利用する時点で、本件施設の職員らにおいて、ｆについて、吸引カテーテルを気管内に挿入して痰を吸引する必要があることを認識していたとは認められず、また、これを認識し得たものということもできない。

　したがって、被告らにおいて、ｆについて、吸引カテーテルを気管内に挿入して痰を吸引する必要があることを認識し、ｆおよび原告らに対し、本件施設では気管内の痰吸引ができないことを説明すべき義務があったということはできない。

　本判決における裁判所の判断は、生活相談員である被告に、吸引カテーテルを気管内に挿入して痰を吸引する必要性について予見していたかどうか、予見することができたかどうかを、過失の判断基準の一つとしている。そして、❶被告の勤務する施設の「水準」と種別（医療施設ではなく一般的な水準の介護施設であったゆえに、「気管内吸引の必要性を認識し得たとは認められない」）、❷社会福祉士及び介護福祉士法施行規則26条の3第2項6号の規定の趣旨（介護施設が登録を受けるための要件として定められているものに過ぎず、同法令によって、介護施設が利用者に対して負担する私法上の義務が直接的に規定されているものとはいうことができない）、❸福祉専門職の業務内容（介護職員には、そもそも気管内に吸引カテーテルを挿入して行う痰吸引が許されていないこと）、❹当該施設の性質（医療サービスを提供する施設ではなく、日常生活上の世話や機能訓練などを提供する短期入所生活介護事業所であること）という観点から、被告である生活相談員には、「説明の義務」があったとはいえないとの結論を導いている。

　つまり裁判所のこの判断は、福祉専門職のインフォームド・コンセントについて、説明および同意の単純な有無から硬直的に判断するのではなく、施設の水準と種別・性質、法令の規定の目的、福祉専門職の業務内容等から総合的に柔軟な判断を行っている。

第2節　権利擁護活動における個人情報の取り扱い等

1．秘密

　秘密とは、一般的には他者に知られていない事実のことをいうが、当然あ

らゆる秘密が法的保護の対象となるわけではない。法学において秘密は、「特定の小範囲の者にしか知られていない事実であって、これを他人に知られないことが本人の利益と認められるもの」[9]と説明されてきた。この秘密については、これまで刑法の「秘密漏示罪」や、社会福祉士を含めた多くの専門職の身分法の「秘密保持義務」の規定により、法的保護の対象として見なされてきた。

　他方今日、個人情報保護法においても個人情報が保護の対象となっている。両者は共通する部分もあるが、その相違点をふまえつつ解説を行う。

2．プライバシーの権利

　プライバシーの権利は、19世紀末にアメリカで生まれた考え方である。当時の「大衆新聞によるゴシップ記事の氾濫」から私生活を守るために、「ひとりで放っておいてもらう権利（right to be let alone）」として成立したのが、「プライバシーの権利」である[10]。

　そして、日本においてこの権利が初めて認められた裁判が、「宴のあと」事件である（東京地判昭39・9・28）。実在の政治家の私生活を題材とした三島由紀夫の小説が問題となった本判決において、プライバシーの権利が、「私生活をみだりに公開されない法的保障ないし権利」と定義された。プライバシーが侵害され法的保護と対象となる要件については、❶私生活上の事実または私生活上の事実らしく受け取られるおそれのある事柄であること、❷一般人の感受性を基準にして当該私人の立場に立った場合、公開を欲しないであろうと認められる事柄であること、❸一般の人びとに未だ知られていない事柄であること、❹このような公開によって当該私人が実際に不快、不安の念を覚えたことの4要件が実質的にあげられている。

　なお、もともとはプライバシーの権利は、私法上の権利であった。その後、公的機関による権利侵害とそれに対する保護の必要性が認識され、警察官へのデモ行進の撮影が問題となった京都府学連事件（最大判昭44・12・24）では、憲法13条は「国民の私生活上の自由が、警察官等の国家権力の行使に対しても保障されるべきことを規定している」とし、憲法上の権利として承認されている。

3．個人情報保護[*5]

(1) 個人情報の保護に関する法律

　情報化社会の進展とともにプライバシーの権利は、当初の「私生活上の事

＊5
個人情報保護については、第5章p.121も参照のこと。

柄を無断で公開されない権利」から、自分の知らないところで自分の情報が収集・保有・利用されないという「自己の情報をコントロールする権利」として捉えられるようになった。この新たなプライバシーの権利を守る目的で、2003（平成15）年に施行されたのが個人情報の保護に関する法律（以下「個人情報保護法」）である。社会福祉士も権利擁護活動において、クライエントの情報を取り扱う以上、法令遵守が求められる。

⑵　個人情報保護法における定義

①個人情報（保護される対象）

　「個人情報」とは、「生存する個人に関する情報であって」「当該情報に含まれる氏名、生年月日その他の記述等により特定の個人を識別することができるもの」、または「個人識別符号が含まれるもの」をいう（2条1項1号、2号）。なお、「個人情報の保護に関する法律についてのガイドライン」によれば、「個人に関する情報」とは、下記のものをいう。

氏名、住所、性別、生年月日、顔画像等個人を識別する情報に限られず、個人の身体、財産、職種、肩書等の属性に関して、事実、判断、評価を表す全ての情報であり、評価情報、公刊物等によって公にされている情報や、映像、音声による情報も含まれ、暗号化等によって秘匿化されているかどうかを問わない。

---

②個人情報取扱事業者

　「個人情報取扱事業者」とは、❶国の機関、❷地方公共団体、❸独立行政法人等、❹地方独立行政法人を除く、「個人情報データベース等を事業の用に供している者」のことである（2条5項）。公的機関で働く場合を除いて、社会福祉士の所属先は、「個人情報取扱事業者」に該当する。それゆえ社会福祉士も「個人情報取扱事業者」に所属する者として、個人情報の取り扱いについて「利用目的を特定」するとともに、「あらかじめ本人の同意を得ないで、特定された利用目的の達成に必要な範囲を超えて」個人情報を取り扱ってはならない（15条、16条）。また「適正な取得」「取得に際しての利用目的の通知」「あらかじめ本人の同意を得ないで、個人データを第三者に提供してはならない」といった義務を負うことになる（17条、18条、23条）。

⑶　2015（平成27）年の改正

　個人情報保護法は、2015（平成27）年に大きく改正され、❶件数要件が撤廃となり、取り扱う個人情報の数が5,000件以下の事業者であっても法律適

用の対象となったこと、❷法的義務が詳細に規定されるようになったこと（18条）、❸個人情報取扱事業者は、法令に基づく場合等を除くほか、あらかじめ本人の同意を得ないで、「要配慮個人情報（人種、信条、社会的身分、病歴、犯罪の経歴、犯罪により害を被った事実等が含まれる個人情報）」を取得してはならないこと（17条）が、新たに規定された。

4．情報共有

　社会福祉士の業務は、社会福祉士の業務内で完結することはむしろまれである。特にチームアプローチが重要視される今日では、当然クライエントのために、時として自らの属さない他の機関や事業者の専門職と情報共有をしなければならないケースも想定される。個人情報保護法は、そのような場合に、23条〜26条に第三者との情報共有に関して規定を置いている。たとえば、個人情報取扱事業者は、法令に基づく場合などを除くほか、あらかじめ本人の同意を得ないで、個人データを第三者に提供してはならない（23条）。また第三者から情報提供を受ける際にも、「当該第三者の氏名又は名称及び住所並びに法人にあっては、その代表者の氏名」「当該個人データの取得の経緯」について確認を行わなければならない。

　なお、「社会福祉士の行動規範」では社会福祉士の情報の共有について、次のように規定している。

10－1.　社会福祉士は、利用者の情報を電子媒体等により取り扱う場合、厳重な管理体制と最新のセキュリティに配慮しなければならない。

10－2.　社会福祉士は、利用者の個人情報の乱用・紛失その他あらゆる危険に対し、安全保護に関する措置を講じなければならない。

10－3.　社会福祉士は、電子情報通信等に関する原則やリスクなどの最新情報について学ばなければならない。

第3節　権利擁護活動と社会の安全

1．守秘義務

(1)　従来の守秘義務論

　従来、秘密を法的な保護の対象としたのは、刑法134条の「秘密漏示罪」の規定である。社会福祉士がその対象となったのは、1987（昭和62）年の社

会福祉士及び介護福祉法の制定からである。

　秘密は、「人の」秘密である。この場合の「人」は、現存する自然人と法人の双方と解される。死者の秘密については、漏らしたとしても、秘密保持義務違反とはならないのが通説的見解であるが、死後も秘密が「漏らされないこと」が期待されるとする指摘もあり、また死者の秘密の内容が生存している人にかかわる場合（遺伝性の病歴等）には、保護の対象とみなすのが相当である[*6]。

　「漏らす」とは、まだ知らない他者に知らせることとであり、すでに知っている場合にはこれに含まれない。たとえ噂程度に知られている事柄であっても、確定的に知らせることは「漏らす」に該当する。また「書面」「口頭」であるとを問わず、不作為による場合、他言を禁じて告知する場合も「漏らす」にあたる。

　なお、クライエントの個人情報に接する「相談援助」を主たる業務とする社会福祉士にとって、守秘（秘密保持）義務は専門職としての中核的義務であり、これまでにも多くの研究においてその重要性が指摘されてきた。

　たとえば、バイステック（Biestek, F. P.）は守秘義務をケースワークの原則の一つとしてあげ、「人は誰でも自分の秘密を保持することに関して、生まれながらに与えられた権利」[11]を有し、他の専門職と比べて「多くの点で人間の生活に緊密なかたちで接触する」[12]というソーシャルワークの性質上、極めて重要な原則であることを指摘している。

＊6
「個人情報の保護に関する法律についてのガイドライン（通則編）」は、「死者に関する情報が、同時に、遺族等の生存する個人に関する情報でもある場合には、当該生存する個人に関する情報に該当する」としている。

(2)　根拠規定

　社会福祉士の倫理綱領は、「倫理基準Ⅰ　クライエントに対する倫理責任8.（プライバシーの尊重と秘密の保持）」において、「社会福祉士は、クライエントのプライバシーを尊重し秘密を保持する」と規定している。また、社会福祉士及び介護福祉士法46条が、社会福祉士の守秘義務について規定している。

46条（秘密保持義務）
社会福祉士又は介護福祉士は、正当な理由がなく、その業務に関して知り得た人の秘密を漏らしてはならない。社会福祉士又は介護福祉士でなくなつた後においても、同様とする。

---

(3)　法的責任

　社会福祉士及び介護福祉士法46条に違反した場合にも法的責任が問われる

ことになる。民事責任として、不法行為または債務不履行に基づき、損害賠償の請求がなされる。また刑事責任として、同法50条で「1年以下の懲役又は30万円以下の罰金」が科されることが規定されている。さらに行政責任として、同法32条2項で「登録を取り消し、又は期間を定めて社会福祉士の名称の使用の停止」が規定されている。なお、公務員である場合には、公務員法の適用も受ける*7。

＊7
国家公務員法100条、
地方公務員法34条。

2．通報、警告義務(守秘義務の解除事由)

　守秘義務が専門職の業務上で問題となるのは、どのような場合であれば「正当な理由」となり、義務が解除されるのかということである。医療の領域における守秘義務論によれば、❶本人の同意のある場合、❷チーム内における共有、❸法律に規定のある場合、❹秘匿特権*8、❺他者に重大な危害の生じるおそれのある場合には、「正当な理由」があると解される余地があるとされる[14]。

　以下において、通報義務が課せられる場合と、警告義務が生じうる場合についてみていくことにする。

(1)　通報義務

　日本において法律の規定により、守秘義務が解除され通報義務が課せられるのは、以下の4法の場合である。社会福祉士にとってはクライエントを虐待・暴力の被害から護るための規定である。いずれの場合も、守秘義務を果たすことによって護られる利益よりも、虐待・暴力の被害から護ることの利益が上回ると考えられるケースである。

①児童虐待の防止等に関する法律

> **6条（児童虐待に係る通告）**
> 1　児童虐待を受けたと思われる児童を発見した者は、速やかに、これを市町村、都道府県の設置する福祉事務所若しくは児童相談所又は児童委員を介して市町村、都道府県の設置する福祉事務所若しくは児童相談所に通告しなければならない。
> 3　刑法の秘密漏示罪の規定その他の守秘義務に関する法律の規定は、第1項の規定による通告をする義務の遵守を妨げるものと解釈してはならない。

②障害者虐待の防止、障害者の養護者に対する支援等に関する法律

> **7条（養護者による障害者虐待に係る通報等）**
> 1　養護者による障害者虐待を受けたと思われる障害者を発見した者は、速やかに、これを市町村に通報しなければならない。

＊8
秘匿特権とは、「一定の情報を裁判所で求められてもその開示を拒否することのできる特権で、特にその情報が当初専門職業上信頼関係に基づいて得られたものである場合に用いられる」[13]特権のことである。日本では、刑事訴訟法149条、民事訴訟法197条等に規定されている。たとえば刑事訴訟法149条は「医師、歯科医師、助産師、看護師、弁護士（外国法事務弁護士を含む。）、弁理士、公証人、宗教の職に在る者又はこれらの職に在つた者」（民事訴訟法197条では「薬剤師、医薬品販売業者」が追加され「看護師」が省かれている）は、業務上知り得た事実について証言を求められた場合、拒否することができる。法文上、社会福祉士は含まれないため、この特権は認められていない。しかし、社会福祉士も、法廷においてクライエントの権利を護らなければならない深刻なケースでは、倫理上のジレンマが生じる可能性がある。

2　刑法の秘密漏示罪の規定その他の守秘義務に関する法律の規定は、前項の規定
による通報をすることを妨げるものと解釈してはならない。

16条（障害者福祉施設従事者等による障害者虐待に係る通報等）

1　障害者福祉施設従事者等による障害者虐待を受けたと思われる障害者を発見した者は、速やかに、これを市町村に通報しなければならない。

3　刑法の秘密漏示罪の規定その他の守秘義務に関する法律の規定は、第1項の規定による通報をすることを妨げるものと解釈してはならない。

22条（使用者による障害者虐待に係る通報等）

1　使用者による障害者虐待を受けたと思われる障害者を発見した者は、速やかに、これを市町村又は都道府県に通報しなければならない。

3　刑法の秘密漏示罪の規定その他の守秘義務に関する法律の規定は、第1項の規定による通報をすることを妨げるものと解釈してはならない。

③高齢者虐待の防止、高齢者の養護者に対する支援等に関する法律

7条（養護者による高齢者虐待に係る通報等）

1　養護者による高齢者虐待を受けたと思われる高齢者を発見した者は、当該高齢者の生命又は身体に重大な危険が生じている場合は、速やかに、これを市町村に通報しなければならない。

3　刑法の秘密漏示罪の規定その他の守秘義務に関する法律の規定は、前二項の規定による通報をすることを妨げるものと解釈してはならない。

21条（養介護施設従事者等による高齢者虐待に係る通報等）

1　養介護施設従事者等は、当該養介護施設従事者等がその業務に従事している養介護施設又は養介護事業において業務に従事する養介護施設従事者等による高齢者虐待を受けたと思われる高齢者を発見した場合は、速やかに、これを市町村に通報しなければならない。

6　刑法の秘密漏示罪の規定その他の守秘義務に関する法律の規定は、第1項から第3項までの規定による通報をすることを妨げるものと解釈してはならない。

④配偶者からの暴力の防止及び被害者の保護等に関する法律

6条（配偶者からの暴力の発見者による通報等）

1　配偶者からの暴力を受けている者を発見した者は、その旨を配偶者暴力相談支援センター又は警察官に通報するよう努めなければならない。

3　刑法の秘密漏示罪の規定その他の守秘義務に関する法律の規定は、前2項の規定により通報することを妨げるものと解釈してはならない。

(2)　警告義務

　警告義務とは、クライエントによって「自身あるいは他者の生命に関する明確かつ切迫した危険が存在する状況」において、「犠牲者となりうる人に警告するよう専門家が果たすべき義務」のことである。この義務は、1976年アメリカカリフォルニア州最高裁判所のタラソフ判決[*9]において導き出された。その後、警告にとどまらず、被害者となりうる人物を積極的に保護する必要性から保護義務と呼ばれるようになっている。

　なお金沢吉展は、この保護義務が発生する状況として、❶当事者間に特別の信頼に裏付けられた関係が存在する状況において、❷犠牲者となり得る人が特定できること、かつ、❸明確で切迫した危険が存在する、また、その危険が予測できる場合の3点を、アメリカ法のその後の動向から紹介している。

　もちろん日本の専門職の法的義務の根拠としてアメリカ法の先例を採ることはできないが、その判断基準は日本の対人援助の専門職にとっても示唆に富むものである。自らのクライエントが、他者ないし自己を害するおそれのある場合、どのような基準に基づいて、警告義務および保護義務が生じるのか、社会福祉士は専門職として法制度、判例を注視していく必要がある。

●事後学習

①本章で学んだ2018（平成30）年長野地裁判決において、裁判所が福祉専門職のインフォームド・コンセントの要否を認定するうえで、判断の要素とした内容は何かまとめてみましょう。

②社会福祉士のクライエントが「自己の情報をコントロールする権利」とは、具体的にはどのような内容をコントロールする権利か考えてみましょう。

③守秘義務を遵守するうえで生じるジレンマにはどのようなものがあるか考えてみましょう。

[*9]
1969年にカリフォルニア大学バークレー校で、加害者のポダーが精神療法の際に、治療者に対して、知り合いのタラソフを殺害する意図を打ち明け、その後実際に殺害に及んだという事例である。カリフォルニア州最高裁判所は、「ある患者が第三者に対して暴力をふるう重大な危険があると、治療者が実際に認識するか、あるいは専門家としての基準からみてそのように判断すべきであったとすれば、治療者には、その危険を予見しうる被害者を保護するために合理的な注意をなすべき義務が課せられる」[15]とした。

【引用文献】

1）町野朔「医の倫理の基礎知識2018年度版【医師と患者】B－2．インフォームド・コンセントの誕生と成長」
　　https://www.med.or.jp/doctor/rinri/i_rinri/b02.html（2020年11月20日閲覧）
2）加藤尚武編『応用倫理学事典』丸善出版　2008年　p.32
3）F・P・バイステック、尾崎新・福田俊子・原田和幸訳『ケースワークの原則－援助関係を形成する技法－新訳改訂版』誠信書房　2006年　p.159
4）副田あけみ「社会福祉援助実践における価値と倫理」『人文学報』252号　東京都立大学　1994年　p.33
5）日本社会福祉士養成校協会監修『社会福祉上のための基礎知識1』中央法規出版

2003年　p.198
6）日本社会福祉士会編『新社会福祉援助の共通基盤 上』中央法規出版　2004年
　　pp.47-50
7）日本社会福祉士会編『改訂 社会福祉士の倫理－倫理綱領実践ガイドブック－』中央
　　法規出版　2009年　p.62、64
8）町野朔「医の倫理の基礎知識2018年度版【医師と患者】Ｂ－２．インフォームド・
　　コンセントの誕生と成長」
　　https://www.med.or.jp/doctor/rinri/i_rinri/b02.html（2020年11月20日閲覧）
9）大塚仁『刑法各論上巻 改訂版』青林書院　1984年　p.288、289
10）横藤田誠・中坂恵美子『人権入門－憲法／人権／マイノリティ－第3版』法律文化
　　社　2017年　p.69
11）Ｆ・Ｐ・バイステック、尾崎新・福田俊子・原田和幸訳『ケースワークの原則－援助
　　関係を形成する技法－新訳改訂版』誠信書房　2006年　p.193
12）同上書11）p.189
13）小山貞夫編『英米法律語辞典』研究社　2011年　p.874
14）甲斐克則編『レクチャー生命倫理と法』法律文化社　2010年　p.200
15）横藤田誠『法廷のなかの精神疾患－アメリカの経験－』日本評論社　2002年　p.247

【参考文献】
・相澤讓治監修『ソーシャルワークの理論と方法Ⅰ』みらい　2010年
・相澤讓治監修『ソーシャルワークの理論と方法Ⅱ』みらい　2010年
・一般社団法人日本ソーシャルワーク教育学校連盟編『最新 社会福祉士養成講座 精神保
　健福祉士養成講座9 権利擁護を支える法制度』中央法規出版　2021年
・大谷実『医療行為と法 新版』弘文堂　1990年
・大塚仁『刑法各論上巻 改訂版』青林書院　1984年
・荻野太司・高橋学「ソーシャルワーカーの守秘義務と秘匿特権に関する研究序説(1)」『学
　苑』892号　2015年
・甲斐克則編『レクチャー生命倫理と法』法律文化社　2010年
・金沢吉展『臨床心理学の倫理をまなぶ』東京大学出版会　2006年
・川村隆彦『価値と倫理を根底に置いたソーシャルワーク演習』中央法規出版　2002年
・ジェラルド・コウリー、マリアンネ・シュナイダー・コウリー、パトリック・キャラ
　ナン、村本詔司監訳『援助専門家のための倫理問題ワークブック』創元社　2004年
・社会福祉士養成講座編集委員会編『新・社会福祉士養成講座6 相談援助の基盤と専門
　職 第3版』中央法規出版　2015年
・社会福祉士養成講座編集委員会編『新・社会福祉士養成講座7 相談援助の理論と方法
　Ⅰ 第3版』中央法規出版　2015年
・社会福祉士養成講座編集委員会編『新・社会福祉士養成講座8 相談援助の理論と方法
　Ⅱ　第3版』中央法規出版　2015年
・社会福祉法令研究会編『社会福祉法の解説』中央法規出版　2001年
・日本社会福祉士会編『新社会福祉援助の共通基盤 上』中央法規出版　2004年
・日本社会福祉士養成校協会監修『社会福祉士のための基礎知識Ⅲ』中央法規出版
　2003年
・日本心理研修センター監修『公認心理師現任者講習会テキスト 改訂版』金剛出版
　2019年
・日本福祉大学権利擁護研究センター監修『権利擁護がわかる意思決定支援　－法と福
　祉の協働－』ミネルヴァ書房　2018年

・仲村優一監修『ソーシャルワーク倫理ハンドブック』中央法規出版　1999年
・フレデリック・G・リーマー、秋山智久監訳『ソーシャルワークの価値と倫理』中央
　法規出版　2001年
・松下正明総編集『臨床精神医学講座12 精神医学・医療における倫理とインフォームド・
　コンセント』中山書店　2000年

COLUMN

医療分野での権利擁護の実際

　本コラムでは、身寄りのないターミナルケアの患者（余命わずかな患者）の事例を用い
て、医療分野でのソーシャルワーカーによる権利擁護の実際をみていきます。

〈本人のプロフィール〉
○Ａさん（66歳）男性
○独居（きょうだい・親族なし）
○厚生年金：月12万円

〈生活歴〉
　ＡさんはＸ県生まれ。大学卒業後、機械メーカーに就職。若い頃に結婚しましたが、短
期間で離婚。退職後にＹ県へ転入しアパートを借りました。朝は馴染みの喫茶店でモーニ
ング、昼は海辺で絵を描き、夜間は大好きなワインや日本酒を楽しみながら、インターネ
ットでの買い物を楽しむ暮らしを続けていました。

〈入院経過〉
　自宅アパートで倒れているところを隣人に発見されて救急搬送。アルコール性肝硬変の
ため、余命３か月〜半年と診断されました。それまでにもアルコール性肝障害で通院と中
断を繰り返していました。入院中にADLが低下し、手すりなしではふらついて歩けず、ポー
タブルトイレも使用していました。

〈ソーシャルワーカーによる支援：①本人の意思と関係者の考えの把握〉
　身寄りがないこと、短期保険証が期限切れになっていること、介護が必要なことから主
治医がソーシャルワーカーへ介入依頼。まずは、Ａさんがこれからの生活をどのように考
えているのかを把握するために訪室。ソーシャルワーカーに対して、Ａさんは「もうそれ
ほど長く生きられないことはわかっています。気ままに暮らすことが本望です。病院にい
てもよくならないので退院させてください。車の処分もしたいしパソコンの中も整理した
い。同じベッドの上で過ごすにしてもインタ　ネットのあるアパートのほうが楽しい。気

の合う隣人も訪ねてきてくれます。どうか帰してください」と懇願しました。しかし、アパートの家主さんは、「身寄りがないのに部屋で死なれては困る。病院で看取りをしてほしい。そのほうが安心」と反対。また院内スタッフ（理学療法士）は、リハビリが終わってから退院することを勧めました。

〈ソーシャルワーカーによる支援：②支援の方向性とケアマネジメント〉
　ソーシャルワーカーは、Ａさんの意思尊重を第一に考えて、その実現に向けて関係者・関係機関へ以下の働きかけを行いました。
○Ａさんのインフォーマルな支えとして、市くらしサポートセンターへ支援を依頼。本人の手持ち金で医療保険証を更新したり、地域の民生委員さんと訪問したりしてもらえることになりました。
○Ａさんの介護や終末期の不安解消のために介護保険事業所や身元保証サービスを提供しているNPO法人へ支援を依頼し、介護保険申請代行、訪問調査や介護サービスを調整しました。また死亡時は、そのNPO法人に火葬や納骨の手配をしてもらえることになりました。
○Ａさんを医療面で支えるために在宅かかりつけ医を依頼し、訪問診療や急変時の駆けつけをしてもらえることになりました。
○「家主さんに拒否されているし、帰ることで迷惑をかけるのかな」と気弱になるＡさんに対しては、「家賃を払っている部屋なのだから、住む権利があります。迷惑のかからない方法を一緒に考えていきましょう」とエンパワメントしました。
○院内スタッフに対しては、Ａさんの人生における優先順位を考えて「医療側の視点で考えれば十分ではないけれど、限られた時間のなかでＡさんの望む『自宅に戻りたい』という願いを最優先しませんか」と、本人の代弁者となり退院への協力を求めました。

　以上のような経過をたどったうえで、最終的には協力体制が整い、複数の支援者がかかわることで家主の了解も得られ、秋晴れのなかＡさんは退院となりました。その半年後に看取りになりましたが、息を引き取るとき、傍らにいたアパートの隣人に「ここで暮らせてよかった」と話してくれたということです。Ａさんの意思を尊重し支持したことで終末期を自分らしく暮らすことができたのではないかと思います。

第8章　成年後見制度の理解①

●事前学習

> ・認知症の方や知的障害・精神障害をもっている方が、日常生活を営むうえ
> 　で困難になることは何か、それに対して何か手助けができないか、考えて
> 　みましょう。

●本章のねらい

> 　成年後見制度は、民法等の法律に基づく制度である。法律は、一定の要件によっ
> て一定の効果が認められると規定される。そのため、ソーシャルワーカーにとって、
> その「要件」と「効果」の理解が不可欠である。本章においては「要件」、つまり、
> いかなる場合に利用できるのか、そのために必要な手続き・書類は何か等を理解し
> てほしい。それによって、本人の最もふさわしい支援を実現できる。さらに「効果」、
> つまり、どのような支援を受けられるのか、逆にどのような不利益があるのかの理
> 解もしてほしい。これを示すことによって、本人が自分にふさわしい制度を選べる
> よう支援できるのである。

第1節　成年後見制度の概要

1．権利擁護の必要性と仕組み

　日常生活において、私たちの権利の多くは、契約を結ぶことで実現されて
いる。社会福祉の分野においても、契約方式が広く取り入れられた。これは、
自立支援という福祉サービスの基本理念に基づき、障害者等の「自己決定」
を尊重するという大きな流れによるものである。福祉サービスの提供が、措
置方式から大幅に転換されたのである。しかし、契約の締結は、本来、判断
能力を有する対等な当事者間で行われることを予定している。このため、十
分な判断能力を有しない認知症の方や知的障害者、精神障害者等にとって、
契約によって自己の権利を実現することが難しいものとなる。そこで、生存
権（憲法25条）、幸福追求権（憲法13条）といった人権の保障を図るため、

権利擁護のための制度が必要となる。

　権利の擁護は、消費者法（クーリングオフ制度等）、倒産法（自己破産等）や行政法（国家賠償、不服申立等）等でも図られる。これらについては、別の章に譲り[*1]、本章では、民法の定める法定後見制度、特別法に基づく任意後見制度について学んでいく。

*1
第2章・第5章参照。

２．成年後見制度の概説

⑴　成年後見制度の意義

　成年後見制度とは、精神上の障害により判断能力が十分でないために法律行為の意思決定が困難な者につき、その意思・自己決定を尊重しつつ、成年後見人等がその判断能力を補い、その者の権利を擁護する法律上の制度をいう。

　現在の成年後見制度にあたる制度は、1999（平成11）年の民法改正以前においても、禁治産制度・準禁治産制度として存在していた。しかし、本人の意思の尊重が十分にはできず、またレッテルづけされるといったことから、あまり利用されてこなかった。そのなかで、日本も超高齢化社会を迎え、また知的障害者・精神障害者の福祉を図る必要性も生じた。そこで、自己決定の尊重、残存能力の活用、ノーマライゼーションの理念のもと本人の財産と権利を護るために、成年後見制度という柔軟で利用しやすい制度に改正されたのである（2000［同12］年4月施行）。

　2017（平成29）年の民法改正により、新たに明文規定が設けられ、意思能力を有しない状態でなされた法律行為は、無効とされることとなった（3条の2）。ただ、これによった場合も、意思能力のなかったことの立証が必要であり、成年後見制度の重要性は未だ失われていない。

⑵　成年後見制度の種類

　成年後見制度は、法定後見制度と任意後見制度に分けられる（図8−1）。

　法定後見制度とは、成年後見制度のうち、家庭裁判所に対する本人・家族等（申立権者）の申立てによって、家庭裁判所が法定後見開始の審判をし、成年後見人等を選任するものをいう。この制度には、「後見」「保佐」「補助」の3類型があり、本人の判断能力の程度により分けられている。

　任意後見制度とは、成年後見制度のうち、公正証書で作成される任意後見契約（任意後見契約に関する法律［以下「任後法」］2条1号）により、本人自ら任意後見人を決めておくものをいう。本人を保護する者を自ら選べる

図8－1　成年後見制度の種類

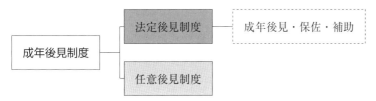

点にその特徴がある。

　なお、最高裁判所事務総局家庭局「成年後見関係事件の概況－平成31年1月から令和元年12月まで－」（以下「概況」）によると、成年後見関係事件（後見開始、保佐開始、補助開始および任意後見監督人事件）における申立件数の大部分が、法定後見制度の一つである後見開始の審判の申立てとなっている（2万6,476件）[*2]。

＊2
第9章p.179参照。

第2節　法定後見制度の概要

1．成年後見

⑴　成年後見の対象となる本人（成年被後見人）

　成年後見の対象となる者は、精神上の障害により事理を弁識する能力（判断能力）を欠く常況にある者である（民法7条）。「常況にある」とは、一時的に回復することはあっても、通常は欠いている状態をいう。具体的には、日常の買い物も自分でできない者や、ごく日常の事柄（家族の名前、自分の居場所等）もわからなくなっている者、完全な植物状態（遷延性意識障害の状態）にある者等である。

⑵　後見開始の審判の申立て

　後見を開始するには、その審判の申立てが必要である。後述するように、成年後見の制度は、本人の行為能力を制限する面も有するからである。このため、この申立てができる者（申立権者）は、本人、配偶者、4親等内の親族、未成年後見人、未成年後見監督人、保佐人、保佐監督人、補助人、補助監督人、検察官、任意後見受任者、任意後見人、任意後見監督人（民法7条、任後法10条2項）に限られる。さらに市町村長も申立てができるとされた（老人福祉法［以下「老福法」］32条、知的障害者福祉法［以下「知障法」］28条、精神保健及び精神障害者福祉に関する法律［以下「精福法」］51条の11の2）。

これは、家族等の申立てが期待できない場合があるためである。

　この申立てに理由があると認められると、当該家庭裁判所は、「後見開始の審判」（民法7条）をなし、本人に成年後見人を付す（同法8条）。成年後見人が選任されるのは、家庭裁判所の後見開始の審判によって、本人の行為能力が制限されるので、その制限を補うためである。

　なお、本人の判断能力の判定には、原則として医師等の専門家による「鑑定」を必要とする。ただし、明らかにその必要がないと認めるときは、この限りでない（家事事件手続法［以下「家手法」］119条1項）

⑶　成年後見人の権限

①代理権と財産管理権

　成年後見人は、保護されるべき本人が判断能力を欠く常況にあるため、本人の財産に関する法律行為全般について代表する権限（包括的な代理権）と本人の財産を管理する権限（包括的な財産管理権）という広範な権限を有する（民法859条1項）。

　ただし、この広い代理権にも制限がある。たとえば、❶本人の居住用不動産処分には、家庭裁判所の許可を要する（民法859条の3）。これは、本人の住み慣れた居住環境等を維持するためである。また、❷本人と利益が相反する場合は、本人の利益を護るため、特別代理人の選任を要する（同法860条、826条）。「利益相反」か否かは、行為の外形からのみ判断される。❸成年被後見人の死体の火葬または埋葬に関する契約の締結についても、家庭裁判所の許可を得なければならない（同法873条の2第3号）。

　なお、成年被後見人に対する手術等の同意については、成年後見人の権限外である。

②取消権

　本人自ら法律行為を行った場合、成年後見人は、原則としてその行為を取消すことができる（民法9条本文、120条1項）。取消しは、本人からも行使できる。取消権の行使は、相手方が確定していれば、相手方に対する意思表示によってなされる（同法123条）。ただし、日用品の購入やその他日常生活に関する行為は取消すことはできない（同法9条ただし書）。これは、法律行為の相手方の利益・取引の安全にも、配慮する必要があるからである。

　もっとも、法律行為の維持が、本人にとって有利な場合もある。この場合、成年後見人は、事後的に追認して法律行為を確定的に有効とすることもできる（追認権：民法122条、124条）。

　取消権は、追認をすることができるときから5年間行使しないとき、また、

表8－1　成年後見制度（法定後見制度）

	成年後見	保　佐	補　助
判断能力	欠く常況	著しく不十分	不十分
開始の審判	鑑定が必要 （家手法119）	鑑定が必要 （家手法133、119）	鑑定は不要 （家手法138） ・本人の同意（民15②） ・同意権または代理権付与の審判と同時（同③）
代理権	民859①	申立て：代理権付与の審判 （民876の4①） ・被保佐人の同意（同②） ・民13①各号に限らない	申立て：代理権付与の審判 （民876の9①） ・被補助人の同意（同②） ・民13①各号に限らない
同意権	×	民13① 民13①所定の行為 （拡張可［同②］） ・例外：日用品等 （民13①ただし、9ただし）	申立て：同意権付与の審判 （民17①） ・被補助人の同意（同②） ・「特定の法律行為」（民13①所定の行為の一部に限る［同①ただし］） ・例外：日用品等
取消権	民9 ・例外：日用品等（同ただし）	民13④、120① ・例外：日用品等	申立て：同意権付与の審判 （民17①・④、120①） ・例外：日用品等
追認権	民122、124	民122、124	申立て：同意権付与の審判 （民17①、122、124）

注：表中の「民」、算用数字、丸数字および「ただし」は、それぞれ民法、条数、項数、ただし書を表す。

行為のときから20年を経過したときは、時効によって消滅する（民法126条）。

　なお、保佐人・補助人との権限の主な違いについては、表8－1を参照のこと。

⑷　成年後見人の事務

　成年後見人は、その事務として「財産管理事務」と「身上監護事務」を行う（民法858条）。

　財産管理とは、本人の有する財産を適正に管理・処分することであり、一

切の法律上・事実上の行為をいう。財産等の調査、管理計画の作成、適切な管理、家庭裁判所への定期的な報告等を行う。

身上監護とは、本人の生活・治療・療養・介護等に関する法律行為を行い、本人を支援することである。ただし、ここにいう身上監護は、介護や看護といった事実行為まで含むものではない。

⑸ 成年後見人の義務

成年後見人は、委任契約の受任者の規定が準用され、善良なる管理者の注意義務という重い義務を負う（民法869条、644条）。さらに、成年後見人は、その事務を行うにあたっては、成年被後見人の意思を尊重し、かつ、その心身の状態および生活の状況に配慮しなければならない（同法858条）。本人を擁護する者として、本人の意思尊重義務・身上配慮義務も負っているのである。

2．保佐

⑴ 保佐の対象となる本人（被保佐人）

保佐の対象となる者は、精神上の障害により事理を弁識する能力（判断能力）が著しく不十分な者である（民法11条）。具体的には、日常の買い物程度は自分でできるが、重要な財産行為は自分では適切にできず、他人の援助を要する者等である。

⑵ 保佐開始の審判の申立て

申立権者は、本人、配偶者、4親等内の親族、後見人、後見監督人、補助人、補助監督人、検察官、任意後見受任者、任意後見人、任意後見監督人（民法11条、任後法10条2項）、さらに市町村長（老福法32条、知障法28条、精福法51条の11の2）である。「後見人」「後見監督人」には、未成年後見人、未成年後見監督人を含む。また、保佐人は申立権者にあたらない。

これらの者のなした申立てに理由があると認められると、家庭裁判所は、「保佐開始の審判」（民法11条）をなし、本人に保佐人を付する（同法12条）。なお、成年後見の規定が準用され、本人の判断能力の判定に際して、原則として医師等の専門家による「鑑定」が必要とされる（家手法133条、119条1項）。

(3)　保佐人の権限

①同意権・取消権

　被保佐人が、重要な行為（民法13条1項各号に掲げられている行為［表8 -
2］）をするには、その保佐人の同意を得なければならない（同意権：同法
13条1項本文）。したがって、被保佐人が当該行為を保佐人の同意を得ない
で行った場合は、保佐人は、原則として、この行為を取消すことができる（取
消権：同法13条4項、120条1項）。ただし、日用品の購入やその他日常生活
に関する行為は取消すことはできない（同法13条1項ただし書、9条ただし
書）。取消しは被保佐人からも可能である。取消権の行使方法、消滅時効等

表8 - 2　民法13条1項各号に掲げられている行為

	民法13条1項各号	概　説
1	元本を領収し、又は利用すること	元本とは、法定果実（利息等）を生じる財産をいう。したがって、利息を領収する行為等は含まない。
2	借財又は保証をすること	保証は、他人の債務に対し責任を負うものであり、特に配慮が必要である。
3	不動産その他重要な財産に関する権利の得喪を目的とする行為をすること	不動産とは、土地とその定着物（建物等）をいう（同法86条1項）。
4	訴訟行為をすること	同意を得ない訴訟行為は、無効となる（取消しができるのではない）。
5	贈与、和解又は仲裁合意をすること	贈与は本人が第三者にする場合を意味する。本人が受ける場合は含まれない。
6	相続の承認若しくは放棄又は遺産の分割をすること	相続は、一切の権利・義務を承継するからである（同法896条）。
7	贈与の申込みを拒絶し、遺贈を放棄し、負担付贈与の申込みを承諾し、又は負担付遺贈を承認すること	負担付贈与は、負担の方が大きい場合もあるからである。
8	新築、改築、増築又は大修繕をすること	新築・改築・増築・大修繕の請負契約等を結ぶことである。
9	同法602条に定める期間を超える賃貸借をすること	同法602条に定める期間とは、土地（山林以外）が5年、建物が3年である。
10	前各号に掲げる行為を制限行為能力者（未成年者、成年被後見人、被保佐人及び同法17条1項の審判を受けた被補助人）の法定代理人としてすること	制限行為能力者が代理人としてした行為は、行為能力の制限によっては取消すことができない。ただし、制限行為能力者が他の制限行為能力者の法定代理人としてした行為については、この限りでない（同法102条）。

については、成年後見人と同様である（同法123条、126条）。

　また、民法13条1項各号の行為以外であっても、本人の判断能力の状態によっては、同意権の対象とすることが必要な場合もある。この場合、保佐開始の審判の申立権者、保佐人等が、家庭裁判所に対し、特に保佐人の同意を要する旨の審判を申請することができる（同法13条2項本文）。ただし、日用品の購入やその他日常生活に関する行為は対象とできない（民法13条2項ただし書、9条ただし書）。

　もっとも、本人にとって有利なものであれば、保佐人は、事後的に追認をすることもできる（追認権：同法122条、124条）。

②代理権・財産管理権

　保佐人は、保佐開始の審判により当然に代理権を有するわけではない。しかし、本人の判断能力によっては、保佐人が代わって法律行為を行う必要が生じる。このような場合、保佐人等は、家庭裁判所に対する「代理権付与の審判の申立て」によって、被保佐人のために特定の法律行為（民法13条1項各号の行為に限らない）について、保佐人に代理権を付与する審判を求めることができる（同法876条の4第1項）。ただし、家庭裁判所が代理権付与の審判をなすには、被保佐人の同意を要する（同法876条の4第2項）。この個別の審判により付与された代理権の範囲に応じて、保佐人は財産管理権を有する。

　なお、保佐人と本人との利益が相反する場合は、臨時保佐人の選任を要する（民法876の2第3項）。

⑷　保佐人の事務

　保佐人は、成年後見人と同様、財産管理と身上監護の事務を行う。ただし、その範囲は同意権の対象となる行為（民法13条1項、2項）、および審判によって代理権が付与された特定の法律行為（同法876条の4第1項）に限られる。

⑸　保佐人の義務

　保佐人は、その事務を行うに当たり、善良なる管理者の注意義務（民法876条の5第2項、644条）を負う。それとともに、本人の意思尊重義務・身上配慮義務（同法876条の5第1項）も負う。

3．補助

⑴　補助の対象となる本人（被補助人）

　補助の対象となる者は、精神上の障害により事理を弁識する能力（判断能力）が不十分な者である（民法15条）。具体的には、重要な財産行為は自分でできるかもしれないが、適切にできるか不安のある者等である。

⑵　補助開始の審判の申立て

　申立権者は、本人、配偶者、4親等内の親族、後見人、後見監督人、保佐人、保佐監督人、検察官、任意後見受任者、任意後見人、任意後見監督人（民法15条、任後法10条2項）、さらに市町村長（老福法32条、知障法28条、精福法51条の11の2）である。また、補助人は申立権者にあたらない。

　これらの者のなした申立てに理由があると認められると、当該家庭裁判所は、「補助開始の審判」（民法15条）をなし、本人に補助人を付する（同法16条）。

　ただし、補助開始の審判をなすには、被補助人の同意を要する（民法15条2項）。これは、被補助人は不十分ではあるが判断能力を有するからである。また、本人の判断能力の判定に関しては、家庭裁判所は、医師その他適当な者の意見を聴くことで足り（家手法138条）、医師等の専門家による「鑑定」を必要としない。これらは、成年後見や保佐と異なる点である（表8－1参照）。

　なお、補助開始の審判は、少なくとも、次に述べる同意権付与の審判または代理権付与の審判とともに行わなければならない（民法15条3項）。

⑶　補助人の権限

①同意権・取消権

　補助人が同意権・取消権を有するには、「同意権付与の審判」が必要である。すなわち、補助人等は、家庭裁判所に対し「同意権付与の審判の申立て」により、被補助人が特定の法律行為をするには、その補助人の同意を得なければならない旨の審判を求めることができる（民法17条1項）。ただし、同意権付与の対象となる行為は、同法13条1項に掲げられている行為の一部に限られる（同法17条1項ただし書）。また、同意権付与の審判には、被補助人の同意がなければならない（同条2項）。

　この同意権付与の対象となる行為を、被補助人が補助人の同意を得ずに

行った場合、補助人は、その行為を取消すことができる（取消権：民法17条
4項、120条1項）。取消しは被補助人からも可能である。また補助人は、事
後的に追認をすることもできる（追認権：同法122条、124条）。

　取消権の行使方法、消滅時効等については、成年後見人等と同様である（民
法123条、126条）。

②代理権・財産管理権

　保佐と同じく、補助人等は、家庭裁判所に対し「代理権付与の審判の申立
て」により、被補助人のために特定の法律行為（民法13条1項各号の行為に
限らない）について、補助人に代理権を付与する旨の審判を求めることがで
きる（同法876条の9第1項）。ただし、被補助人の同意がなければならない
（同法876条の9第2項、876条の4第2項）。この個別の審判により付与され
た代理権の範囲に応じて、補助人は財産管理権も付与される。

　なお、補助人と本人との利益が相反する場合は、臨時補助人の選任を要す
る（民法876の7第3項）。

(4)　補助人の事務

　補助人も、成年後見人・保佐人と同様に財産管理と身上監護の事務を行う。
ただし、その範囲は、審判によって同意権・代理権が付与される特定の法律
行為（民法17条1項、876条の9第1項）に限られる。

(5)　補助人の義務

　補助人は、その事務を行うにあたり、善良なる管理者の注意義務（民法
876条の10第1項、644条）を負うとともに、本人の意思尊重義務・身上配慮
義務（同法876条の10第1項、876条の5第1項）も負う。

4．本人の行為と相手方の取引の安全

　成年後見等の制度を利用しているかは、外からは容易にわからない。その
ため、成年被後見人等の行為の取消しは、相手方に不測の損害を生じさせる
おそれがある。そこで、取引安全のための配慮が必要となる。

　たとえば、❶登記ファイル*3と登記事項証明書*4（家手法116条）、❷日用
品の購入その他日常生活に関する行為の取消権の対象からの除外（民法9条
ただし書等）、❸相手方の催告権*5（同法20条）、❹詐術*6の場合の取消権制
限（同法21条）がある。

＊3　登記ファイル
一定の事項を社会に公示するため、法務局のコンピューター内に記録された登記簿のことをいう。成年被後見人等であることも記録される。

＊4　登記事項証明書
登記簿に記載されている事項の全部または一部を証明する書面をいう。成年後見人等であることも、これにより証明できる。

＊5　催告権
成年被後見人等の取引の相手方に認められた権利であり、これにより成年被後見人等の取消権の行使を促すことができる。

＊6　詐術
行為能力が制限されていないと相手方を誤認させることをいう。このような行為がなされると、取消権を行使できなくなる場合がある。

5．成年後見人等の資格と欠格事由

　成年後見人等になるための特別な資格はない。いわゆる「市民後見人」[*7]の活躍も期待されている。また、法人もなることができる[*8]（民法843条4項、876条の2第2項、876条の7第2項、任後法7条4項）。ただし、欠格事由（未成年者、家庭裁判所で免ぜられた法定代理人等）にあたれば、成年後見人等になることはできない（民法847条各号、876条の2第2項、876条の7第2項）。

　なお、成年後見人等は複数選任することも可能である。役割の分担や専門性を加えることによって、より充実した支援が可能となるからである。追加的に選任することも可能である（民法843条3項、876条の2第2項、876条の7第2項）。ただし、複数の成年後見人等の間での対立や混乱を避けるために、家庭裁判所は各後見人の権限に関する定め等を職権で設定できる（同法859条の2第1項・2項、876条の5第2項、876条の8第2項）。また、相手方の意思表示についても、複数の後見人のなかの誰か1人に対して行えば足るとされる（同法859条の2第3項、876条の5第2項、876条の8第2項）。

* 7　市民後見人
第9章p.184参照。

* 8　法人後見人
第9章p.185参照。

6．成年被後見人、被保佐人、被補助人の行為能力および資格制限

⑴　成年被後見人、被保佐人、被補助人の行為能力

　成年後見制度は、後見人等を付して本人を支援する面もあるが、本人の行為能力を制限する面も有する。その制限の程度は、本人の判断能力の程度によって異なる。具体的には、以下の通りである。

①成年被後見人

　原則として単独では有効になしえない。ただし、身分行為の一部や民法9条ただし書の行為は、その例外である。

②被保佐人

　民法13条1項各号に掲げられている行為および家庭裁判所の審判によって同意権が保佐人に付与された法律行為は、原則として単独では有効になしえない。これらの行為には、保佐人の同意を要する。

③被補助人

　家庭裁判所の審判によって同意権が補助人に付与された法律行為は、原則として単独では有効になしえない。この行為には、補助人の同意を要する。

⑵　成年被後見人、被保佐人、被補助人の身分行為

　後見等開始の審判により行為能力が制限されることとなるが、身分行為ができなくなるわけではない。たとえば、婚姻、離婚、認知、養子縁組をなすには、成年後見人の同意等を要せず（民法738条、764条、780条、799条）、本人の意思が尊重される。

⑶　成年被後見人、被保佐人、被補助人の資格制限

　2019（令和元）年、「成年後見制度の利用の促進に関する法律」に基づく措置として、成年被後見人等に係る欠格条項その他の権利の制限に係る措置の適正化等を図るための措置が講じられることとなった。

①成年被後見人

　選挙権・被選挙権については、かつて制限されていたが、現在は自由に行使できるようになった（公職選挙法11条1項1号削除）。

　また、印鑑登録の制限規定も、「成年被後見人」から「意思能力を有しない者」に改正され（印鑑登録証明事務処理要領）、本人が法定代理人を伴って、来庁・申請すればよいこととなった。意思表示の受領能力は原則として認められないが、認められる例外規定が設けられた（民法98条の2）。

②被保佐人

　公務員等については、かつて資格制限があったが、欠格条項が削除された（国家公務員法38条等参照）。成年被後見人等であることを理由に不当に差別されないようにするためである。

　また、社会福祉士、介護福祉士、医師、薬剤師、歯科医師、弁護士、司法書士、行政書士、弁理士、税理士、公認会計士、建築士、さらに会社の取締役・監査役・執行役、医療法人の役員、社会福祉法人の役員等についても、欠格条項が削除され、個別審査規定が整備されることとなった（社会福祉士及び介護福祉士法3条等参照）。

③被補助人

　従来から、特に資格の制限は設けられていない。

7．申立手続き

　法定後見申立手続きの流れは、およそ次のようなものである。

(1)　申立てに至るまでの手順

①本人への面接調査

　第三者が申立ての援助を行う場合は、本人の状況、必要な身上監護の内容等を確かめる。場合によっては、関係者からの事情聴取も必要となる。

②家庭裁判所における手続きの準備

　本人の住所地を管轄する家庭裁判所に提出すべき必要書類・添付書類を準備する。成年後見人等の候補者も決める必要がある。書類としては、後見等開始申立書、本人の財産目録、後見人等候補者事情説明書や、診断書、本人情報シート等が必要となる。

　申立てに必要な費用は、次の通りである。収入印紙（申立手数料800円、登記手数料2,600円）、郵便切手（送達・送付費用3,000～4,500円）、鑑定費用（5万～10万円程度）等が必要となる。なお、本人の所得が低く申立てが難しい場合は、「日本司法支援センター（法テラス）」による民事法律扶助（費用の立替え）を利用することも考えられる。

(2)　申立て後の手続き

①審理

　後見開始等の審判をなすときは、家庭裁判所は、職権で成年後見人等を選任する。この選任には、家庭裁判所は、成年後見人等の心身の状態、生活および財産状況、成年後見人等の候補者の職業および経歴ならびに成年被後見人等との利害関係の有無、成年被後見人等の意見その他一切の事情を考慮する必要がある（民法843条、876条の2、876条の7）。

　この審理は、❶申立人の面接、❷親族への意向照会、❸本人の判断能力の鑑定、❹本人調査、❺成年後見人等候補者調査等によってなされる。前述の「概況」によると、審理の期間としては、2か月以内に終局しているケースが75％以上を占めている。

　なお、家庭裁判所は、成年後見人等を監督するために必要があるときは、本人、その親族、成年後見人等の請求により、または職権で成年後見監督人等を選任することができる（民法849条、876条の3、876条の8）。

②告知・通知

　後見開始等の審判は、本人、成年後見人等に対し告知がなされる（家手法74条1項、122条、131条、140条）。ただし、後見開始の審判の場合、本人に対しては通知がなされる（同法122条1項）。

③審判の確定と効力の発生時期

法定後見の開始の審判は、審判を受ける者に告知することによってその効力を生ずる（家手法74条2項本文）。ただし、告知の日から即時抗告期間（2週間：同法86条1項）を経過するまで確定せず、その期間は効力を生じない（同法74条2項ただし書、4項）。

④嘱託による登記

家庭裁判所書記官は、法定後見の開始の審判の効力が生じた場合、遅滞なく、東京法務局*9に対して、その旨の登記を嘱託しなければならない（家手法116条）。

⑤成年後見監督人等の職務

前述の通り、成年後見監督人等は、家庭裁判所により必要があると認められたときに選任される。その職務は、以下の通りである（民法849条、851条、876条の3、876条の8）。

❶後見人等の事務を監督すること、❷後見人等が欠けた場合に、遅滞なくその選任を家庭裁判所に請求すること、❸急迫の事情がある場合に、必要な処分をすること、❹後見人等またはその代表する者と被後見人との利益が相反する行為について被後見人等を代表することである。

(3) 審判前の保全処分

後見等開始の審判の申立てをしたとしても、実際に審判がなされその効力が生じるまで、相当の期間を要する。このため、この間に財産が失われる恐れがあり、その保存管理等をする必要がある。そこで、家庭裁判所による財産管理人の選任等の審判前の保全処分が設けられている（家手法126条1項、134条1項、143条1項、126条2項、134条2項、143条2項等）。

第3節　任意後見制度の概要

1．任意後見制度の意義と現状

任意後見制度とは、本人が、精神上の障害（認知症、知的障害、精神障害等）により判断能力が不十分な状況になるときに備え、あらかじめ任意後見人に対して一定の範囲で代理権を付与する旨の「任意後見契約」を結び、家庭裁判所が選任した任意後見監督人の関与のもとで、任意後見人による権利擁護を受ける制度をいう（任後法2条参照）。この制度は、民法858条と同様、自己決定権の尊重とノーマライゼーションの理念に基づいている。

2．任意後見契約

(1)　任意後見契約の意義

　任意後見契約とは、委任者が、受任者（任意後見人になろうとする人）に対し、精神上の障害により事理を弁識する能力が不十分な状況における自己の生活、療養看護および財産の管理に関する事務の全部または一部を委託し、その委託に係る事務について代理権を付与する委任契約であって、任意後見監督人が選任（任後法4条1項）されたときからその効力を生ずる旨の定めのあるものをいう（同法2条1号）。

　任意後見人の事務は、生活、療養看護または財産管理に関する法律行為であり、任意後見契約に定められた範囲で行われる。この事務を行うにあたっては、任意後見人は、本人の意思を尊重し、かつ、その身体の状態および生活の状況に配慮しなければならない（同法6条）。また、任意後見人には代理権が付与され、取消権は付与されない（同法2条1号）。

　任意後見人の資格については、法律上特に制限はない。ただし、任意後見受任者に、任意後見人となるに不適任な事由（未成年、不正な行為等）があった場合、任意後見監督人は選任されず、任意後見契約の効力が生じない（同法4条1項3号、民法847条）。

(2)　任意後見契約の利用形態

　任意後見契約は、次の3つの形態で利用されている。それぞれの形態のイメージについては、図8－2参照のこと。

①将来型

　契約時において、本人が判断能力を十分有する状態で、将来、判断能力が不十分となったときに備えて利用する形態である。利用形態としては、最も典型的なものである。

②移行型

　契約時において、本人の判断能力に不安が生じており、日常的な生活支援を要するときに利用する形態である。任意に代理契約を結ぶことで、切れ目ない支援が望める。

③即効型

　契約時に法定後見における補助を要する状態にあるが、本人の能力が契約締結のために必要な能力を有するときに利用する形態である。契約と同時に任意後見監督人選任の申立てをすることとなる。

図8−2　任意後見契約の利用形態

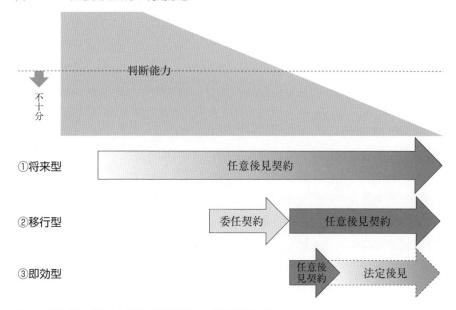

注1：各型（①～③）の矢印は、「判断能力」の図と対応している。
注2：「判断能力」が点線を下回ると、任意後見を利用する必要が生じる。
注3：矢印のグラデーションは、効力の発生していない時期を含むことを表している。

⑶　任意後見契約の方式

　任意後見契約は、「公正証書」によって締結する必要がある（任後法3条）。これは、後日その有効性等に争いが生じないようにするためである。この公正証書は、通常公証役場で作成される。その作成には、公正証書作成の基本手数料として1万5,000円が必要である。

　このような様式で締結された任意後見契約は、公証人の嘱託により、その登記がなされる（後見登記等に関する法律［以下「後登法」］5条、公証人法57条の3）。

⑷　任意後見優先の原則

　任意後見契約が登記されている場合、家庭裁判所は、本人の利益のため特に必要があると認めるときに限り、後見開始の審判等をすることができる（任後法10条1項）。自己決定権の尊重のため、原則として任意後見が法定後見に優先される。

3．任意後見契約の効力の発生

任意後見契約の効力は、任意後見監督人の選任によって発生する（任後法2条1号、4条）。この選任には、申立てが必要であり、申立てができるのは（申立権者）、本人、配偶者、4親等内の親族、任意後見受任者である（同法4条1項）。ただし、本人以外の者の申立てにより選任するためには、あらかじめ本人の同意が必要である（同法4条3項）。

この申立てを受けた家庭裁判所は、「精神上の障害により本人の事理を弁識する能力が不十分な状況」にあると判断したとき、任後法4条1項各号の事由のない限り、任意後見監督人の選任の審判をする（同法4条1項）。

任意後見監督人は特別の資格を必要とせず、法人でもよい（任後法7条4項、民法843条4項かっこ書）。ただし、一定の欠格事由がある（任後法5条）。

4．任意後見監督人の職務

任意後見監督人は、家庭裁判所から選任・監督を受け、主に次のような職務を行う（任後法7条）。これにより、任意後見人の適正な事務遂行を担保できる。

❶任意後見人の事務を監督すること、❷任意後見人の事務に関し、家庭裁判所に定期的に報告をすること、❸急迫の事情のある場合に任意後見人の代理権の範囲内において、必要な処分をすること、❹任意後見人またはその代表する者と本人との利益が相反する行為について本人を代表することである。

5．任意後見契約の終了

(1)　契約の終了事由

契約の終了事由には、次のようなものがある。

①任意後見人の解任

任意後見人に不正な行為、著しい不行跡その他その任務に適しない事由があるときは、家庭裁判所は、任意後見監督人、本人、その親族または検察官の請求により、任意後見人を解任することができる（任後法8条）。

②任意後見契約の解除

任意後見監督人が選任される前は、任意後見契約の効力が未だ生じていないため、本人または任意後見受任者は、いつでも、契約を解除することができる。もっとも、公証人の認証を受けた書面によることが必要である（任後法9条1項）。

175

任意後見監督人が選任された後は、本人または任意後見人は、正当な事由がある場合でなければ、契約を解除することができない。この場合、家庭裁判所の許可を得ることも必要である（任後法9条2項）。

③その他

　任意後見監督人が選任され、契約の効力が生じた後に必要が生じ、本人が後見開始の審判を受けた場合、任意後見契約は終了する（同法10条3項）。任意後見の場合、任意後見人の権限は契約で限られ、また取消権も認められていないため、法定後見に移行する必要があるからである。

　本人・任意後見人（任意後見受任者）の死亡・破産によっても終了する（民法653条）。これは委任契約の性質をもつためである。

(2)　契約の終了に伴う事務

　本人、任意後見受任者、任意後見人、任意後見監督人は、任意後見契約が終了したことを知ったときは、嘱託による登記がされる場合を除き、終了の登記を申請しなければならない（後登法8条2項）。

●事後学習

①成年後見制度を設けた趣旨を考えたうえで、法定後見制度と任意後見制度の違いを説明してみましょう。
②法定後見制度につき、その3類型（成年後見、保佐、補助）の違いと審判手続きについてまとめてみましょう。
③任意後見制度の特徴を整理し、その利用の促進について話し合ってみましょう。

【参考文献】
・社会福祉士養成講座編集委員会編『社会福祉士養成講座19 権利擁護と成年後見制度 第4版』中央法規出版　2014年
・高橋和之・伊藤眞・小早川光郎・能見善久・山口厚編集代表『法律学小辞典 第5版』有斐閣　2016年
・内閣府「成年被後見人等の権利の制限に係る措置の適正化等を図るための関係法律の整備に関する法律案の概要」2018年
・日本弁護士連合会編『実務解説 改正債権法 第2版』弘文堂　2020年
・福祉臨床シリーズ編集委員会編『社会福祉士シリーズ19 権利擁護と成年後見制度 第4版』弘文堂　2018年
・法令用語研究会編『法律用語辞典 第5版』有斐閣　2020年
・森長秀編『法学入門』光生館　2015年
・我妻榮・有泉亨・川井健『民法1 総則・物権 第3版』勁草書房　2008年

・我妻榮・有泉亨・遠藤浩・川井健『民法 3　親族法・相続法 第 2 版』勁草書房　2005年
・我妻榮・有泉亨・清水誠・田山輝明『我妻・有泉コンメンタール民法－総則・物権・
　債権 第 6 版』日本評論社　2019年

【参考ホームページ】
・法務省「成年後見制度～成年後見登記制度～」
　http www.moj.go.jpminjiminji17.html（2020年 9 月30日閲覧）

後見活動の実際

　成年後見人等は、本人の代理人として、財産管理とアドボカシーも含む身上監護（生活上の支援）を職務としています。私は、これまで成年後見人等として、20歳代〜90歳代の方まで、年代や障害の程度、単身生活や家族との同居など、生活スタイルもそれぞれ違う多様な人びとの「生活」にかかわってきました。まさに、成年後見人等は、本人の「人生に寄り添って」支援を続けていくことが大切だと感じています。

　こうしたかかわりのなかで、まるで自分の「家族や親族」が増えたような気持ちになることもあります。しかし、実際は、家族でも親族でもない「第三者」の成年後見人等として選任されるので、支援開始時では、本人とは初対面であることがほとんどです。

　こうした状況は、社会福祉士の特性を十分に活かせる場面です。一定の時間は必要ですが、本人の生活感覚を共有し、非言語的コミュニケーションの活用も図って、少しずつ信頼関係を構築していきます。

　そのために大切なことは、本人の居所に出向いて面会を重ねることだと思っています。自宅や施設、病院等を訪問して、本人はどのような生活環境で、どのような人たちに囲まれて暮らしているのか、ともに過ごす時間を重ねながら共感的に理解していくことが大切です。

　本人の状況によっても異なりますが、何度か面会を重ねてコミュニケーションを図っていくうちに、たとえ言葉は交わせなくても、訪問を待ちわびていたかのように微笑んでくれる瞬間は、うれしいものです。

　成年後見人等には「本人意思の尊重義務」が課せられており、本人のすてきな笑顔が見られるように、「代理権」等を行使していく必要があります。この場合、注意すべき点は、成年後見人等の「価値観」だけを基準にしないよう心がけることです。

　しかし、このことは、実際はなかなか難しいことです。頭ではわかっていても、ついつい、成年後見人等である自分自身の考えを前面に出してしまうことがあるからです。成年後見人等は、「本人を後ろから見守る」黒子のような役割を担うことが最も大切なことです。

　ソーシャルワーカーには、本人の権利を擁護し、本人の意思を尊重するための意思決定のプロセスを大切にすることが求められます。成年後見制度の学習を通して、このことを再確認してほしいと思います。

成年後見制度の理解②

●事前学習

・本章で学ぶ「成年後見制度利用促進法」がどのような経緯で、何をねらい
として制定されたのかについて調べてみましょう。

●本章のねらい

　成年後見制度は、認知症の方や知的・精神障害者の「契約支援」に必要な仕組み
である。しかし、これまでの運用において、「財産の管理」に重きが置かれるなど、
利用者本人にとって「メリットが感じられない」という声もある。本章ではこうし
た課題もふまえ、成年後見制度利用促進法の目的や成年後見制度利用促進基本計画
の内容・進捗状況を学習する。また、民間による権利擁護として、市民後見人や法
人後見人についても学んでいく。

第1節　成年後見制度の最新の動向

1．成年後見制度の利用状況

(1)　成年後見の利用者総数

　最高裁判所事務総局家庭局「成年後見関係事件の概況－平成31年1月～令
和元年12月－」によると、2019（令和元）年12月末時点における成年後見の
利用者数は22万4,442人で、その内訳は、成年後見17万1,858人、保佐3万8,949
人、補助1万983人、任意後見2,652人である[*1]。

(2)　成年後見の申立て件数と状況

　2019（平成31/令和元）年1月～12月の申立ての総数は、3万5,959件で、
後見開始は2万6,476件（前年比5.4％減）、保佐開始は6,745件（前年比7.1％増）、
補助開始は1,990件（前年比32.8％増）となっている（表9－1）。
　申立人については、本人の子が最も多く全体の22.7％、次いで市区町村長

*1
最新の動向については、
毎年、裁判所のホーム
ページで公表されてい
る。

22.0％となっている（表9－2）。成年後見人等（後見監督人、保佐監督人、補助監督人、任意後見人を除く成年後見人、保佐人および補助人）と本人との関係は、親族が21.8％、親族以外が78.2％と親族以外の者の割合が多い。親族以外の内訳は、司法書士29.5％、弁護士21.7％、社会福祉士14.4％の順で多い（表9－3）。

表9－1　成年後見関係事件申立件数　　　　　　　　　　　　　　　　（件）

年度	後見開始	保佐開始	補助開始	任意後見監督人選任
2000年度	7,451	884	621	51
2005年度	17,910	1,968	945	291
2010年	24,905	3,375	1,197	602
2015年	27,521	5,085	1,360	816
2019年	26,476	6,745	1,990	748

注）2010年～2019年は対象期間が1月～12月である。
資料：最高裁判所事務総局家庭局「成年後見関係事件の概況」

表9－2　申立人と本人との関係について　　　　　　　　　　　　　　（％）

年度	本人	配偶者	親	子	兄弟姉妹	その他親族	法定後見人等	任意後見人等	検察官	市区町村長
2000年度	2.9	18.9	9.7	39.9	17.1	10.6	0.3	0.1	0.0	0.5
2005年度	4.2	10.7	11.9	37.0	18.0	13.7	0.3	0.8	0.0	3.3
2010年	6.5	8.1	6.5	37.1	14.4	14.8	0.8	1.4	0.0	10.3
2015年	11.3	5.6	5.5	30.2	13.7	13.5	1.2	1.7	0.0	17.3
2019年	18.6	4.9	5.0	22.7	12.2	11.5	1.5	1.5	0.0	22.0

注）2010年～2019年は対象期間が1月～12月である。
資料：表9－1に同じ

表9－3　成年後見人等と本人との関係について　　　　　　　　　　　（％）

年度	親	子	兄弟姉妹	配偶者	その他の親族	知人	法人	弁護士	司法書士	社会福祉士	市民後見人	その他
2000年度	9.6	34.5	16.1	18.6	12.1	0.9	0.4	4.6	－	－	－	3.2
2005年度	10.7	30.4	15.6	8.5	12.2	0.5	1.0	7.7	8.2	3.3	－	1.9
2010年	4.4	28.8	8.8	5.7	10.9	0.5	3.4	10.2	15.6	8.9	－	2.9
2015年	2.3	15.8	4.2	2.4	5.1	－	－	22.9	27.0	10.7	0.6	8.9
2019年	1.6	11.5	3.3	1.8	3.7	－	－	21.7	29.5	14.4	0.8	11.8

注）2010年～2019年は対象期間が1月～12月である。
資料：表9－1に同じ

2．成年後見制度利用支援事業と市町村長申立て

(1)　成年後見制度利用支援事業

　成年後見制度（法定後見）では、申立ての費用について、「手続の費用は、各自の負担とする」（家事事件手続法28条）と定められており、申立人または本人が費用を負担する。また、成年後見人等の報酬については、家庭裁判所が「成年被後見人等の財産の中から与えることができる」（民法862条等）とされているが、本人に資力がないまたは少ない場合は、成年後見の利用手続きや利用後の報酬の支払いが困難となる。そのため、本人の資力の有無にかかわらず、成年後見制度を適切に利用できるよう公的な援助を行う「成年後見制度利用支援事業」が実施されている。

　同事業は当初、介護保険の利用が必要な認知症高齢者等を対象としてスタートしたが、障害者福祉サービスの支援費制度への移行に併せて、知的障害者等も対象とした。その後、精神障害者もその対象となった。

　現在、高齢者の事業は「地域支援事業の実施について」、障害者の事業は「地域生活支援事業の実施について」という通知が厚生労働省より出されている。成年後見制度利用支援事業は、これらの事業の一つとして実施され、市町村長が申立てを行う際の費用や成年後見人等への報酬など、必要となる経費の一部を助成している。

(2)　市町村長申立ての状況

　第8章で学んだ通り、民法上の申立権者に後見等開始の審判の申立てが期待できず「本人の福祉を図るため特に必要があると認めるとき」には、市町村長による後見等開始の審判の申立てができる。

　市町村長申立てに関する法制度が施行されてから数年ほどは、事務を行う市町村において、手続き方法の理解不足や4親等内の親族による申立てを最優先とする傾向が見受けられ、市町村長申立ての実績が低調な状況が続いていた。しかし、2012（平成24）年の老人福祉法改正後、市町村の取り組みに変化が見られ、2013（同25）年には、申立人の内訳で子（34.7％）に次いで2番目の割合（14.7％）となった。その後も年々増加し、2019（平成31/令和元）年には22.0％となっている。一方、市町村長申立てが行われていなかったり、その割合が少ない市町村があるなど、市町村間に差が生じているといった課題もある。

第2節　成年後見制度の利用促進

1．成年後見制度利用促進法の制定

(1)　成年後見制度利用促進法の目的

　「成年後見制度の利用の促進に関する法律」（以下「成年後見制度利用促進法」）は、成年後見制度の利用を促進するため、2016（平成28）年に施行された。この法律の第1条では「認知症、知的障害その他の精神上の障害があることにより財産の管理又は日常生活等に支障がある者を社会全体で支え合うことが、高齢社会における喫緊の課題であり、かつ、共生社会の実現に資すること及び成年後見制度がこれらの者を支える重要な手段であるにもかかわらず十分に利用されていないことに鑑み、成年後見制度の利用の促進について、その基本理念を定め、国の責務等を明らかにする」ことなどを法の目的として規定している。

　つまり、「障がい者や認知症高齢者の財産管理だけでなく、地域での日常生活等を社会全体で支えること」[1]を求めている。

(2)　成年後見制度利用促進基本計画の策定

　成年後見制度利用促進法の規定に基づき、成年後見制度の利用促進に関する施策の総合的・計画的な推進を図るため、2017（平成29）年3月には、成年後見制度利用促進基本計画（以下「基本計画」）が閣議決定された。基本計画は、内閣府に設置された「成年後見制度利用促進専門家会議」などの協議を経て、2017（同29）年度〜2021（令和3）年度までのおおむね5年間を期間として策定された。

　今後の施策の基本的な考え方として、❶ノーマライゼーション（個人としての尊厳を重んじ、その尊厳にふさわしい生活を保障する）、❷自己決定権の尊重（意思決定支援の重視と自発的意思の尊重）、❸財産管理のみならず、身上保護*2も重視の3点をあげた。

　今後の施策の目標としては、❶利用者がメリットを実感できる制度・運用への改善を進める、❷全国どの地域においても必要な人が成年後見制度を利用できるよう、各地域において、権利擁護支援の地域連携ネットワーク*3の構築を図る、❸不正防止を徹底するとともに、利用しやすさとの調和を図り、安心して成年後見制度を利用できる環境を整備する、❹成年被後見人等

*2　身上保護
「基本計画」では第8章で学んだ「身上監護」ではなく「身上保護」が用いられているが、「身上保護」の同意語である。

*3　権利擁護支援の地域連携ネットワーク
第11章 p.226参照。

の権利制限（欠格条項）を見直すことなどを示した。

(3)　成年後見制度利用促進基本計画の進捗状況

　国は、2019（令和元）年5月に基本計画に関するKPI（成果指標）*4を設定し公表した。成果指標の主な項目は、❶制度の周知、❷市町村計画の策定、❸利用者がメリットを実感できる制度の運用、❹地域連携ネットワークづくり、❺不正防止の徹底と利用しやすさの調和、❻成年後見人等の医療・介護等に係る意思決定が困難な人への支援等の検討、❼成年被後見人等の権利制限の措置の見直しなどである。

　基本計画のKPIでは、2021（令和3）年度末までに、すべての市区町村における市町村計画の策定と中核機関*5等の整備を掲げているが、2020（同2）年3月には、基本計画の中間年度における各施策の進捗状況をふまえた中間検証が行われた。それによると、2019（令和元）年10月時点では、市町村計画を134自治体（7.7％）が策定し、中核機関（権利擁護センター等を含む）の整備を589自治体（33.8％）が行っている*6。

2．身上保護の重視と意思決定支援

　成年後見制度利用促進法が施行されるまでの成年後見制度は、運用面で財産管理が中心となっているとの課題をふまえ、利用者がメリットを実感できる制度・運用への改善が求められていた。そこで、身上保護の重視にあたっては、利用の入口である申立て手続きにおける診断書*7の改訂を行い、「本人情報シート」を新たに作成することになった。

　また、成年後見人等の後見事務においては、利用者本人の意思決定支援に関するプロセスを位置づけることなどが求められている。

(1)　診断書の改訂と本人情報シート

　申立てに際して必要な診断書の書式について、2019（平成31）年4月に判定の根拠を明確化するなどの改訂が行われた。また、本人の精神の状態を判断する医師に対して、本人の生活状況等を伝えるための「本人情報シート」の書式が作成された。このシートには、本人を支援する福祉関係者等が本人の生活状況等をアセスメントして記載する。この情報は、医師の判断に寄与することはもちろん、適切な成年後見人等を選任するための情報としても活用されることが期待されている。

*4　KPI（成果指標）
KPI（Key Performance Indicator）は、施策の一層の実現に向けて、その目指すべき水準について定量的な数値を用いることなどにより施策の進捗状況を客観的に把握・評価するための指標。

*5　中核機関
第11章p.227参照。

*6
成年後見制度の利用促進に関する施策の実施状況については、毎年、厚生労働省成年後見制度利用促進室のホームページで公表されている。

*7
成年後見の申立てには、医師が作成する診断書が必要である。

(2)　意思決定支援を踏まえた後見事務

　2020（令和 2 ）年10月「意思決定支援を踏まえた後見事務のガイドライン」が公表された。意思決定支援に関するガイドラインは、厚生労働省等が示しているガイドライン*8などほかにもあるが、「後見事務のガイドライン」については、最高裁判所、厚生労働省、専門職団体によるワーキング・グループで検討が行われ、成年後見人等に向けられて作成された。

＊ 8
他の「意思決定支援ガイドライン」については、第 6 章第 2 節を参照。

　このガイドラインは、専門職だけでなく、親族や市民後見人、法人等すべての成年後見人等が使用することを想定している。また、成年後見人等として意思決定を行う場面については、「本人にとって重大な影響を与えるような法律行為及びそれに付随した事実行為の場面」としている。今後、後見実務の場面でガイドラインが活用されることが期待されている。

第 3 節　民間による権利擁護

1 ．第三者後見人の利用状況

　第 1 節で見たように、「成年後見関係事件の概況―平成31年 1 月～令和元年12月―」によると、成年後見人等に選任された者のうち、成年被後見人等（以下「本人」）の親族（以下「親族後見人」）が全体の21.8％を占めており、残りの78.2％は、親族以外の者が成年後見人等に選任（以下「第三者後見人」）されている状況である。本人の親族が成年後見人等に選任される件数は、年々減少傾向にある。

　親族後見人においては、実際に本人の介護等を行う親族が就任している場合が多く、その者に負担が偏る傾向がある。また、親族後見人と本人との間において利益が相反する事例も少なくはない。そこで、本人の権利擁護の充実と、親族等の負担軽減に資するとして、制度上、第三者後見人が選択肢の一つとして用意されている（民法847条反対解釈）。しかしながら、その受皿を担う社会福祉士、弁護士や司法書士等の専門職従事者の数は、決して多いとはいえず、統計から現状を鑑みるならば、未だ成年後見制度に対する国民の期待を充足するには至っていない状況にあるといえる。

2 ．一般市民による成年後見（市民後見人）

　加速する高齢社会において、今後、ますます成年後見制度の利用件数の増加が予測される。それにあわせて第三者後見人の需要が増すことも想定され

る。その需要に対応するためには、専門職従事者以外の第三者後見人の検討
も必要となる。現在、係る課題に対して、地方公共団体のみならず、社会福
祉協議会（以下「社協」）をはじめとする民間団体が、専門職従事者以外の
第三者後見人の養成として、社会福祉士や弁護士等の専門家の関与のもと、
一定の講習を修了した一般市民を第三者後見人（以下「市民後見人」）にす
るという取り組みが行われている。市民後見人は役務収入を目的としないこ
と（無償ボランティア）を前提とする傾向があることから、制度の利用希望
者でいわゆる「身寄りがなく財産の乏しい者」に対する「セーフティネット」
として機能し得る。加えて、本人にとっては、地域の身近な存在からの支援
を受けることが可能であり、その地域の福祉に明るい者を成年後見人等の候
補者にできることは、成年後見制度の利用の推進にもつながるものである[*9]。

　もっとも、市民後見人に対して、専門職従事者による第三者後見人と同様
の専門的な見識を期待するのは難しい。そこで、市民後見人の推進を試みて
いる地方公共団体においては、その監視・監督に注力している。市民後見人
の適正な成年後見業務の遂行を担保するため、社協をはじめとする養成機関
への活動報告書の提出を義務づけるなどをして活動状況の確認を行うほか、
社会福祉士等の専門家による相談窓口を設けて支援の充実を図るなど、市民
後見人の活動を支援するとともに監督・指導が可能な体制を図っているとこ
ろもある[*10]。

　「市民後見人の養成」は、成年後見制度の普及および成年後見人等を確保
するために「成年後見制度利用支援事業」の利用推進と併せて地方公共団体
が取り組むべき施策といえる。なお、2012（平成24）年、2013（同25）年度
において、老人福祉法および障害者総合支援法が改正・施行されたことにと
もない、高齢者福祉では「後見人の養成」が努力義務となり（老人福祉法32
条の2）、障害者福祉では、市町村の地域生活支援事業として必須事業となっ
た（障害者の日常生活及び社会生活を総合的に支援するための法律77条1項
5号）ことから、「市民後見人」の養成事業に取り組む地方公共団体が増え
ている[*11]。

3．法人による成年後見（法人後見人）

　自然人による成年後見人等と同様に、法人も成年後見人等に就任すること
ができる（民法843条4項：以下「法人後見」）。しかし、2019（令和元）年
度における法人の選任件数の割合は、第三者後見人の選任件数のうち、僅か
6.2％程度であり、極端に利用件数が少ない。係る状況下において、今後、
予想される成年後見制度の利用者の増加に対応しようとする試みとして、ま

*9
大阪府から委託された
大阪府社会福祉協議会
大阪後見支援センター
において養成する市民
後見人は、地域におけ
る支え合いの「共助」
の理念により、3つの
活動方針に基づいて成
年後見活動に取り組ん
でおり、その1つとし
て「報酬を前提としな
い」ことがあげられて
いる（『大阪府におけ
る市民後見人の普及促
進に係るあり方につい
て』平成29年10月）。

*10
大阪府では、単独後見
として活動に取り組む
ことを旨としており、
実施市町村やその受託
先である市町村社協に
おいて、日常的な相談
窓口を設け、気軽に相
談できる体制を整備し
ている。また、弁護士・
司法書士・社会福祉士
等による専門相談を実
施し、法的な問題や身
上監護面で課題が生じ
たときなどの支援にも
取り組んでいる（『大
阪府における市民後見
人の普及促進に係るあ
り方について』平成29
年10月参照）。

*11
市民後見人を養成する
自治体が増えてきたこ
とにより見えてきた課
題もある。たとえば、
大阪府では、市民後見
人を養成し受任するま
でに、1人当たりおよ
そ187万円の費用がか
かっており、市民後見
人バンク登録者は247
名、受任者数は46名に
とどまっていることか
ら（2016［平成28］年）、
財政負担が大きいにも
かかわらず、担い手不
足が解消されていない
との指摘もある。

だ多くはないものの、非営利団体であるNPO法人等の市民団体が成年後見人等として活動を行っている事例もある。

　NPO法人は、市民による自発的な活動を基盤とし、その目的に応じて柔軟に組織することが可能であるという特色をもつ。たとえば、NPO法人シビルブレインは、弁護士、税理士、司法書士、行政書士および社会福祉士等の専門職従事者、大学教員や福祉関係者が、職業団体に関係なく設立したNPO法人であり、現在では、堺市との協働体制を構築して、各専門職の特色を活かし、成年後見制度の新たな受け皿の選択肢の一つとして活動している。

　法人後見のメリットとして、事件・事故の予防や業務の柔軟性などをあげることができる。つまり、法人の内部監査機能を充実させることにより、不正防止が図れることや、担当者に変更があったとしても法人による業務の継続が可能となり、改めて家庭裁判所に成年後見人等の選任の申立てを行う必要はないこと、実務面においては、各担当者の見識を結集して事例に対応でき得ることや、組織として業務の知識やノウハウ等の蓄積が可能となることなどもあげられる（本章コラム参照）。

　これからの成年後見制度の受け皿として法人後見は有望であり、社会福祉士をはじめとする専門職従事者や市民後見人等と協力し、場合によっては、複数後見人（民法843条3項）や、市民後見人の成年後見監督人等に就くなど、個人の知識と能力を補いながらチームとして本人の権利擁護に取り組む法人が、家庭裁判所より成年後見人等として選任される案件の増加が見込まれる[*12]。

　第2節で学んだ通り、2016（平成28）年に施行された「成年後見制度の利用の促進に関する法律」において、成年後見制度の利用の促進に関する施策を総合的かつ計画的に推進するための基本理念と基本方針が定められた。2017（同29）年3月には、成年後見制度利用促進基本計画が閣議決定され、権利擁護支援の地域連携ネットワークにおける中核機関の設置が進み、地域福祉による本人支援が行われていくことが予想されるため、いわゆる「法人後見」の果たす役割がますます期待される。

186

●事後学習

①あなたの住む市区町村における成年後見の「基本計画」の策定や権利擁護
　支援の地域連携ネットワークおよび中核機関の設置等の進捗状況について、
　調べてみましょう。整備されていない場合は、その理由を調べてみましょう。
②成年後見制度において身上監護を重視する際に必要なポイントについて、
　具体的に説明してみましょう。
③あなたが暮らす地域では、市民後見人の養成のためにどのような取り組み
　（事業や講座）が行われているか調べてみましょう。

【引用文献】
1）成年後見制度利用促進体制整備委員会『地域における成年後見制度利用促進に向け
　　た体制整備のための手引き』2018年　p.3

【参考文献】
・日本社会福祉士会編『権利擁護と成年後見実践 第3版－社会福祉士のための成年後見
　入門－』民事法研究会　2019年
・日本社会福祉士会編『意思決定支援実践ハンドブック－意思決定支援のためのツール
　活用と本人情報シート作成－』民事法研究会　2019年

COLUMN

法人後見の実際

　NPO法人シビルブレイン（以下「当法人」）は、2001（平成13）年の法人設立以降、公的機関や特定の業界団体とは無関係のいわゆる「官民官営」の団体として成年後見活動を展開し、2003（同15）年には、堺市から市長申立の候補者として推薦され、翌年、NPO法人として成年後見人に選任されました。以降、NPO法人として累計140件以上（2020［令和2］年8月1日現在）の成年後見人等としての実績を積み上げてきました。

　2019（令和元）年には、これまでの当法人での相談援助業務の実績から、社会福祉士国家試験の受験要件における相談援助実務要件について、厚生労働大臣の個別認定が認められました。以下では、その実績から事例を一つあげて当法人の成年後見活動を紹介します。

　成年被後見人（以下「本人」）には、本人の親族が成年後見人に就いていましたが、高齢を理由として成年後見人の職務の継続が困難となって辞任したことから、改めて新たに成年後見人の選任が必要となり、家庭裁判所から当法人へ就任の依頼がありました。

　成年後見人就任時の財産目録調製のため、財産調査を行った結果、当初、把握していなかった自宅の所有と信用保証協会に対して保証債務があることが判明しました。そこでまず、自宅を処分するために、家庭裁判所の許可を得て居住用不動産を売却しました。その自宅を売却したお金で債務を返済し、また、本人は生活保護費を受給していたため、残ったお金は生活保護法63条に基づき市に生活保護費を返還しました。そして、その残余財産を生活費にあて、改めて生活保護の受給申請を行い、現在は高齢者施設で安定した生活を続けています。身上監護の面では、法人の事務局担当者が月に1度施設を訪問し本人の様子をうかがっています。

　このように、法人後見はいわゆる「親族後見人」や「専門職後見人」が成年後見人等を続けることが困難な場合、個人では解決が難しい複雑な事案の場合であったとしても、法人内で得意な専門知識を活かして、継続的な支援ができるメリットがあります。

　また、当法人のリスクマネージメントとして、通帳や貴重品は金融機関の貸金庫を契約して保管し、日常的な預金通帳は事務所に設置している金庫において管理しています。また、預金通帳と銀行印を分けて管理したり、複数名による入出金のチェックを行ったりすることで財産管理を徹底しています。さらに、成年後見活動中の不測の事態によって、成年被後見人等の財産に損害を与えてしまった場合に備えて、業務賠償保険にも加入するなど、適正なリスク管理を徹底しています。

　今後、ますます需要が増える成年後見人等の受け皿として、法人による成年後見活動実績をもとに、NPO法人として活動地域での成年後見制度の周知と定着を目指して、活動を続けていきます。

第**10**章　　　　日常生活自立支援事業の理解

●事前学習

> ・あなたが暮らしている市区町村にある社会福祉協議会のホームページを開
> き「日常生活自立支援事業」（または「地域福祉権利擁護事業」「福祉サー
> ビス利用援助事業」等）の概要（①事業の目的、②利用対象者、③サービ
> ス内容（支援方法）、④利用方法、⑤利用料金等）をまとめてみましょう。

●本章のねらい

　私たちは、日常生活のなかでさまざまなことを「自己決定」しながら暮らしている。たとえば、どのような洋服をいくらで買うか。今月の生活費をどう賄うか。数え上げれば限りがない。しかし、認知症や知的障害、精神障害などで判断能力が不十分な人は、適切にそれを行うことが難しく、そのために福祉サービスの利用をはじめ、日常生活にさまざまな困難をきたすことが少なくない。

　こうしたとき、自分自身（一人）では難しい自己決定を社会的に支援することで、判断能力が不十分な人の福祉サービス利用や日常生活を保障しようとする制度が日常生活自立支援事業（旧：地域福祉権利擁護事業）である。

　本章では、日常生活自立支援事業の必要性や制度の仕組みを理解するとともに、社会福祉士として必要な支援の視点や支援技術の修得を目指す。

第1節　日常生活自立支援事業とは

1．事業創設の背景

　今日のわが国は、高齢や障害の有無にかかわらず、誰もが住み慣れた地域で安心した生活を送ることができる社会の実現を目指している。

　そのためには、まず介護や訓練等に関するサービスの充実が必要であることはいうまでもない。しかし、こうした制度さえ整えば、高齢者や障害者は安心した生活を送ることができるのだろうか。たとえば、認知症や知的障害、精神障害のために自分自身の生活に必要な種々の判断をしづらい状態になったとき、日常生活に必要な物品を自ら選び、それを自分自身で契約、購入す

ることができるだろうか。また、自身の収入に応じた金銭管理を行い、日々の生活を営むことが可能だろうか。そもそも、福祉（介護）サービスを利用する際、誰が申請・契約を行い、さらに利用料を支払うのだろうか。

このように、高齢者や障害者の地域生活を保障するためには、介護サービスと相まって、日常生活上の自己決定支援や福祉サービスの利用援助、それに伴う金銭管理の保障という、もう一つの課題が生じてくるのである。

日常生活自立支援事業は、高齢社会の到来や障害者の地域生活の実現に向けた、こうした課題認識を背景として、さらに、❶判断能力が不十分な人が直面する金銭トラブルや経済的虐待（悪質商法被害等を含む）への対応、❷社会福祉基礎構造改革*¹による福祉サービスの利用制度化（契約制）に伴う適正な福祉サービス利用の確保（自己選択、自己決定支援）といった具体的な課題を克服するために誕生した制度である。

特に福祉サービスの利用制度化に伴う適正な利用の確保は、福祉サービスを必要とする人の生活を保障するうえで重要なことである。したがって、日常生活自立支援事業は苦情解決事業や福祉サービス情報提供事業、福祉サービス第三者評価事業等とともに、いわゆる「福祉サービス利用者支援（保護）

*1　社会福祉基礎構造改革
社会福祉の共通的基盤を抜本的に改革し、今後の福祉需要に見合った制度を構築する趣旨で実施。1998（平成10）年に「中間まとめ」を公表し、翌年には社会福祉法の制定（社会福祉事業法の改正）につながった。改革の方向性として、❶個人の自立を基本とし、その選択を尊重した制度の確立、❷質の高い福祉サービスの充実、❸地域での生活を総合的に支援するための地域福祉の充実を掲げた。具体的には、❶利用者の立場に立った社会福祉制度の構築（契約制や地域福祉権利擁護制度等の導入）、❷サービスの質の向上、❸社会福祉事業の充実、活性化、❹地域福祉の推進を行うとした。

図10-1　福祉サービス利用者支援（保護）制度の構造

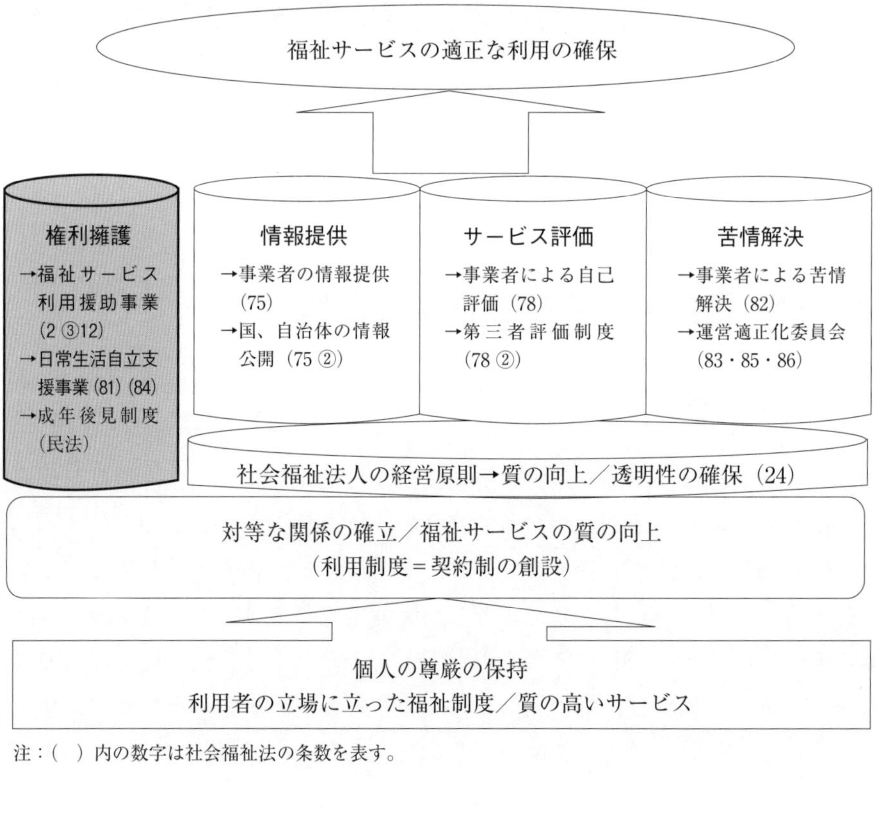

注：（　）内の数字は社会福祉法の条数を表す。

190

制度」の中核をなす事業の一つである（図10－1）。

2．各地での先駆的取り組み

　前項のような課題が顕在化するなか、東京都[*2]をはじめとする各地の地方自治体では、判断能力が不十分な人の財産管理や生活支援サービスを独自に実施し始めた（表10－1）。各地でのこうした取り組みが日常生活自立支援事業創設の原動力になったといわれており、なかでも大阪府[*3]の取り組みは、そのモデルになったといわれている。

表10－1　各地での主な権利擁護機関の設立推移

設立時期	設置主体	運営主体	権利擁護機関名称
1991（平成3）年10月	東京都	東京都社協	東京知的障害者・痴呆性高齢者権利擁護センター（権利擁護センターすてっぷ）
1997（同9）年10月	大阪府等	大阪府社協	大阪後見支援センター（あいあいねっと）
10月	埼玉県	埼玉県社協	権利擁護総合相談センター
1998（同10）年7月	滋賀県	滋賀県社協	滋賀県権利擁護センター・高齢者総合相談センター（淡海ひゅうまんねっと）
10月	神奈川県	神奈川県社協	かながわ権利擁護相談センター（あしすと）
10月	横浜市	横浜市社協	横浜生活あんしんセンター

注1：社協とは社会福祉協議会のことである。
注2：主体・機関名称等は設立当時のものである。

3．事業創設の経緯

　日常生活自立支援事業の創設に向けた国の具体的な動きは、社会福祉基礎構造改革とともに始まる。その後、厚生省（現：厚生労働省）や全国社会福祉協議会（以下「全社協」、社会福祉協議会は「社協」）が制度の詳細を検討したのち、1999（平成11）年10月に厚生省の国庫補助事業として「地域福祉権利擁護事業」を創設した。さらに、2000（同12）年6月の社会福祉法施行によって「福祉サービス利用援助事業」が第2種社会福祉事業に規定されたことで法的根拠をもつに至った。また、制度創設後も運用実態や新たなニーズの発生等をふまえて、数度の制度改正を行い今日に至っている。

　なお、制度創設当初からの名称であった「地域福祉権利擁護事業」は、名称が馴染みづらい等の理由から、2007（平成19）年の要領改正で「日常生活自立支援事業」に改称し、今日に至っている。（表10－2）。もっとも、実践現場では旧呼称のまま「地域福祉権利擁護事業」と称している場合もある。

*2　すてっぷ
東京都では、法律や生活に関する相談のほか、知的障害者の日常生活プラン作成と生活支援を行う生活アシスタントの紹介等を実施。なお、東京都は、高齢者、障害者の権利擁護相談について、住民に対するきめ細やかなサービスを実施することができる市区町村が実施すべきとして、同センターを2001（平成13）年5月に廃止した。

*3　あいあいねっと
大阪府では、府社協と市社協が連携したうえで、市社協に配置する経済生活サポーター（支援員）が認知症高齢者宅等を訪問して、預貯金の出し入れや公共料金等の支払いを行う経済生活支援サービスを実施した。現在は「大阪後見支援センター」として、日常生活自立支援事業のほか、地域福祉スーパーバイズ事業、市民後見人養成活動支援事業、成年後見制度普及啓発事業も行っている。

表10－2　日常生活自立支援事業の推移

期	年月	主な動き
制度創設に向けた検討・準備期	1997（平成9）年11月	・厚生省：社会福祉事業等のあり方に関する検討会「社会福祉の基礎構造改革について（主要な論点）」 →自己決定能力が低下している者の権利を擁護し、本人の意向を尊重したサービス利用が可能となる制度等が必要。
	1998（同10）年6月	・中央社会福祉審議会：社会福祉基礎構造改革分科会「社会福祉基礎構造改革について（中間まとめ）」 →成年後見制度の利用や各種サービスの適正利用を援助する制度、契約制度を補完し、適切なサービス利用を可能とする制度の導入が必要。
	1998（同10）年11月	・厚生省：社会福祉分野における権利擁護を目的とした日常生活支援事業に関する検討会「社会福祉分野における日常生活支援について」 →「中間まとめ」をふまえて実施体制等を整理。 →実施主体として都道府県社協を念頭においていることを明示。
	1999（同11）年9月	・全社協：地域福祉権利擁護事業の基盤整備に関する調査研究委員会 →対象範囲、援助内容、方法を協議。運営マニュアル等を作成。
制度創設期	1999（同11）年10月	・**厚生省の国庫補助事業として地域福祉権利擁護事業を創設。** ・介護保険制度の施行に向けて、市町村で要介護認定等がスタート。
	2000（同12）年4月	・成年後見制度創設 ・介護保険制度施行
	2000（同12）年6月	・**社会福祉法施行（社会福祉事業法改正）によって「福祉サービス利用援助事業」を第2種社会福祉事業に規定。** ・厚生労働省社会・援護局長通知「地域福祉権利擁護事業の実施について」（社援第1355号） →具体的な事業内容を明示。
創設後	2002（同14）年6月	・厚生労働省社会・援護局長通知「『地域福祉推進事業の実施について』の一部改正について」（社援発第0624003号） →①対象者の明確化、②援助内容の拡大、③援助方法の明確化等を実施。
	2003（同15）年5月	・厚生労働省社会・援護局長通知「『地域福祉推進事業の実施について』の一部改正について」（社援発第0509006号） →事業の実施主体を都道府県社協から指定都市社協まで拡大。
	2007（同19）年5月	・厚生労働省社会・援護局長通知『『セーフティネット支援対策等事業の実施について』の一部改正について」（社援発第0515002号） →**名称を「日常生活自立支援事業」に変更。**援助内容に定期的な訪問による生活変化の察知を追加。また、専門員の資格要件や各市町村域での事業展開を明示。 ・この年から、より身近なところで事業を実施するべく、専門員の複数配置やすべての支部を基幹的社協とする予算措置が始まる。
	2013（同25）年	・厚生労働省社会・援護局長通知「『セーフティネット支援対策等事業の実施について』の一部改正について」（社援発第0331021号） →住民参加による地域づくりを通じて誰もが安心して生活できる地域基盤の構築を目的とする「安心生活基盤構築事業」（新設）に位置づける。成年後見制度への移行支援や権利擁護相談体制の充実、権利擁護推進センター等事業を新設。
	2015（同27）年	・生活困窮者自立支援法に基づくその他の生活困窮者の自立促進事業に再編。 ・各都道府県において利用者契約数に応じて必要な事業費が確保されるように利用者1人当たりの補助基準額を設定。

第2節　日常生活自立支援事業の仕組み

1．事業の内容

(1)　目的

　日常生活自立支援事業は、認知症高齢者、知的障害者、精神障害者等のうち判断能力が不十分な人が、地域において自立した生活が送れるようにするため、福祉サービスの利用に関する援助[*4]等を行うことを目的とする。

(2)　実施主体

　日常生活自立支援事業の実施主体は都道府県・指定都市社協[*5]である。これは一定の組織管理、財務体制を確保している都道府県社協等が事業を行うことで、全国一律にあまねく実施できる体制を整備したものである。

　もっとも、都道府県等を1単位(エリア)としてサービスを実施した場合、範囲が広域すぎて利用者に対するきめ細やかな支援を行うことが困難な場合もあり得る。そこで実施主体である都道府県社協は市町村社協へ、指定都市社協は地区社協へ事業の一部を委託することができる。また、実施主体は市町村・地区社協のほか、社会福祉法人や公益社団・財団法人、実施主体が認める一般社団・財団法人、特定非営利活動法人（NPO法人）、本事業の利用対象者の当事者団体や家族会等にも事業の一部を委託することができる。なお、都道府県・指定都市社協が業務を委託した社協等のことを「基幹的社協」という。

　実際に多くの実施主体は事業の一部を社協を中心とする基幹的社協に委託しているが、その典型的な委託方法を図10-2によって例示するならば、❶実施主体である都道府県社協は、まず都道府県内を数か所の広域ブ

＊4　福祉サービスの利用に関する援助
利用者との契約に基づき、認知症や精神障害によって日常生活を営むのに支障がある人に対して、福祉サービスの利用に関する相談や助言、福祉サービスの利用手続き、利用料の支払い、その他福祉サービスの適切な利用のための援助を一体的に行うことをいう。

＊5　指定都市社協
人口50万人以上等の要件を満たす大都市で、政令で指定された都市（政令指定都市）にある社協。都道府県社協が実施する事業の一部につき、指定都市社協が実施主体となって実施することができる。

図10-2　基幹的社協方式のイメージ

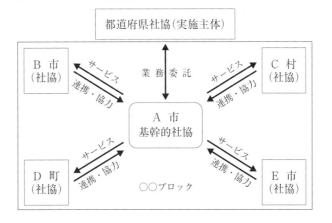

表10−3　日常生活自立支援事業の実施方式

方　式		内　容
基幹的社協	広域エリア方式	都道府県内を数ブロックに分け、その中の1社協等を基幹的社協に指名して一部業務を委託。最も典型的な方式。
	全市町村実施方式	都道府県内の全市町村に一部業務を委託。各市町村単位で支援を行う。近年、この方式が増加している。
法人委託方式		社会福祉法人、公益社団・財団法人、実施主体が認める一般社団・財団法人、特定非営利活動法人（NPO法人）、本事業の利用対象者の当事者団体、家族会等に一部業務を委託。
県社協直営方式		都道府県社協が全県域を対象に直接業務（支援）を行う。
県・市町村協力方式		都道府県社協が直接業務（支援）を行い、各市町村社協が協力する。

ロックに分け、そのうちの1市町村社協（A市社協）を「基幹的社協」に指定して相談から実際の支援に至る業務等を委託する[*6]。❷基幹的社協はブロック内の全市町村域（A市＋B・C・D・E市町村）を活動エリアに、受託した業務等を行う。❸その他の社協（B市〜E市）は、基幹的社協に連携、協力して利用者の発見や初期相談の受付、支援の補助、広報、啓発等を行うのである。

＊6　基幹的社協への事業委託の基本内容
❶相談、❷申請の受付、❸契約締結能力の確認、❹支援計画・契約書の作成、❺契約締結、❻支援計画に基づく援助、❼上記業務に係る専門員、生活支援員の配置。

　なお、近年は利用者の増加等に伴い、よりきめ細やかな支援を行う必要性があることから、1市＝1基幹社協でサービスを実施するところも増えている（表10−3）。

⑶　日常生活自立支援事業と福祉サービス利用援助事業

　福祉サービス利用援助事業は第2種社会福祉事業のうちの1事業であるから、本来、事業の実施主体に特段の制限はなく、さまざまな事業体の参入が可能である。

　もっとも、福祉サービス利用援助事業は認知症高齢者や知的障害者、精神障害者等で判断能力が不十分な人の福祉サービス利用援助や日常生活支援等を行う重要な事業であることから、全国各地に暮らす利用（希望）者が、身近な地域で安心してサービスを利用できるよう、きめ細やかなサービス提供体制を整備する必要がある。

　こうした事業の特性から、福祉サービス利用援助事業が全国で安定的に実施されるよう、国は社会福祉法81条を根拠に、都道府県・指定都市社協を実施主体としたうえで、❶福祉サービス利用援助事業、さらに❷都道府県・指

図10-3　日常生活自立支援事業と福祉サービス利用援助事業の関係

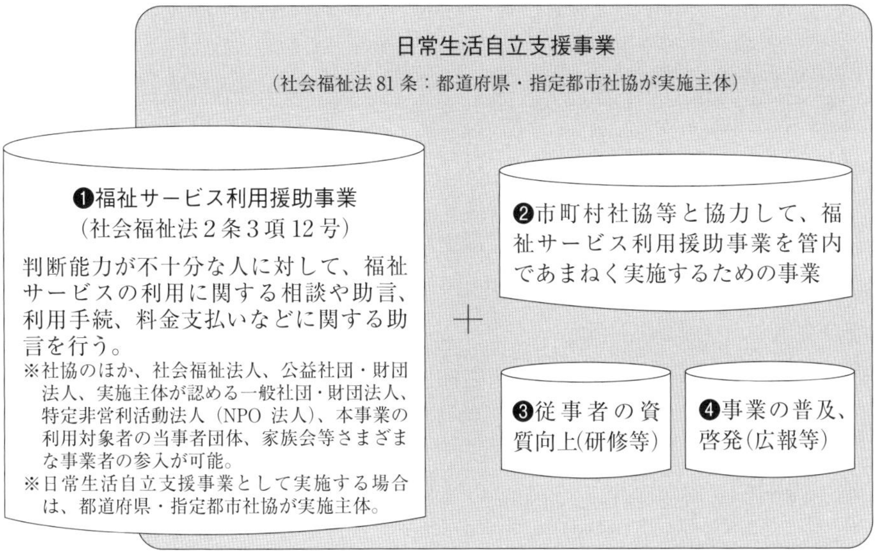

定都市内で本事業があまねく実施されるために必要な事業、❸事業従事者の資質の向上のための事業（研修等）、❹事業の普及、啓発を行う事業を実施している。この事業にあたる国庫補助要綱上の名称が「日常生活自立支援事業」（創設時は「地域福祉権利擁護事業」）である（図10-3）。

⑷　利用対象者

　日常生活自立支援事業の利用対象者は、❶判断能力が不十分な人で、❷本事業の契約内容を判断することのできる能力を有する人（契約締結能力がある人）[*7]である。判断能力が不十分な状態とは、「認知症高齢者、知的障害者、精神障害者等であって、日常生活を営むのに必要なサービスを利用するための情報の入手、理解、判断、意思表示を本人のみでは適切に行うことが困難な人」をいい、必ずしも認知症の確定診断や療育手帳、精神障害者保健福祉手帳の有無を要件とはしない。

　また、在宅（自宅等）居住者のほか、病院入院患者や福祉施設等の利用（入所）者も対象になる。さらに、成年後見制度を利用している場合は、成年後見人等が利用契約を締結することで、前述の判断能力がなくても日常生活自立支援事業を利用することができる。

　なお、具体的な利用対象者像は次のような生活課題のある人である。

*7　契約締結能力
日常生活自立支援事業が実施するサービスは、福祉サービスの利用と日常生活上の金銭管理に関するものに限定されており、判断内容はさほど複雑なものではないとされる。したがって、契約締結能力もより複雑なものを理解する能力は必要としないと解されている。

> ・福祉サービスの利用方法や手続き、利用契約がよくわからない。
> ・公的機関から送られてきた書類の内容がよくわからない。
> ・サービス利用料や公共料金、家賃等の支払いができない。
> ・通帳や年金手帳等の保管場所を忘れてしまう。　など

⑸　利用方式

　日常生活自立支援事業は、利用希望者と実施主体である都道府県・指定都市社協が「福祉サービス利用援助契約」*8を締結して利用する。契約締結能力の有無は「契約締結判定ガイドライン」*9を用いて確認し、万一、契約締結能力に疑義がある場合は、実施主体である都道府県・指定都市社協が設置している契約締結審査会に諮り、その意見をふまえて契約の可否を判断する。

⑹　利用料

　利用契約締結前の相談や支援計画作成等は無料である。

　契約締結後は実際の支援に応じて利用料が必要である。標準的利用料は実施主体ごとに異なるが、訪問1回当たり平均1,200円程度、書類預かりは年間2,000円〜6,000円である。このほか、利用者の事情を勘案して個別の利用料を決定しても差し支えない。

　なお、生活保護世帯は無料で利用することができる。

2．事業の適正な実施の確保

⑴　契約締結審査会

　契約や支援内容の適正さを専門的見地から審査するため、実施主体である都道府県・指定都市社協は医療、法律、福祉分野の専門家からなる「契約締結審査会」を設置している。契約締結審査会の審査内容は、以下の通りである。

> ・利用者の契約締結能力の審査（新規契約時・契約更新時）
> ・支援の必要性の審査
> ・支援計画の適正さの審査
> ・基幹的社協からの解約の同意
> ・法律行為にかかわる事務に関し、代理の支援を行う場合に、その必要性や範囲、内容の助言
> ・専門員からの相談に対する助言

*8　契約方式
契約方式は都道府県によって異なるが、一般的には、❶都道府県社協：基幹的社協：利用者（三者契約方式）と、❷都道府県社協：利用者（二者契約方式）、❸基幹的社協：利用者（二者契約方式）がある。

*9　契約締結判断ガイドライン
所定のチェックシートに従い専門員が利用（希望）者との面談を通して、❶コミュニケーション能力、❷契約の意思、❸基本的情報、見当識、❹生活状況の概要、将来の計画、援助の必要性、❺契約内容の理解、❻専門家への意見照会、❼記憶、意識の維持、❽3か月後の実施状況および継続の意思の各項目を評価し、日常生活自立支援事業の契約締結能力の有無を確認する。

なお、基幹的社協は、利用（希望）者の契約締結能力に疑義がある場合等は、契約締結審査会に対して審査を求めることができる。

(2)　運営適正化委員会（運営監視合議体）

日常生活自立支援事業が適正に実施されるよう、都道府県社協に事務局を置く運営適正化委員会[*10]に運営監視合議体を設置している。合議体では日常生活自立支援事業に関する苦情受付をはじめ、事業の実施状況に関する報告の聴取、調査と必要な助言、勧告を行う。なお、実施主体である都道府県・指定都市社協は委員会に対して事業の実施状況を定期的に報告するほか、委員会（合議体）が行う調査に協力し、助言や勧告を受けた場合は、それを尊重しなければならない[*11]。

(3)　関係機関連絡協議会

実施主体である都道府県・指定都市社協は、日常生活自立支援事業の理解促進や円滑な実施を目的として、関係機関で構成する会議を定期的に開催する。

第3節　日常生活自立支援事業の支援

1．支援の概要

(1)　支援の考え方

日常生活自立支援事業の支援は、判断能力が不十分な人の意思を最大限に尊重し、その意思をできるだけ引き出すことで、利用者の「自己決定」を支援することに意義がある。つまり、利用者の自立支援を原則としている。

(2)　支援内容

支援内容は表10－4の通りである。なお、支援は福祉サービスの利用に関する援助を前提（必須）としつつ、必要に応じてその他の支援を組み合わせて行う。これらを支援の種類ごとに整理すると図10－4の通りである。

*10　運営適正化委員会
都道府県の区域内において、福祉サービス利用援助事業の適正な運営を確保するとともに、福祉サービスに関する利用者等からの苦情を適切に解決するため、都道府県社会福祉協議会に、人格が高潔であつて、社会福祉に関する識見を有し、かつ、社会福祉、法律又は医療に関し学識経験を有する者で構成される運営適正化委員会を置くものとする（社会福祉法83条）。
第6章p.138も参照のこと。

*11　運営監視合議体
運営適正化委員会は、社会福祉法81条の規定により行われる福祉サービス利用援助事業の適正な運営を確保するために必要があると認めるときは、当該福祉サービス利用援助事業を行う者に対して必要な助言又は勧告をすることができる。同条2項：福祉サービス利用援助事業を行う者は、前項の勧告を受けたときは、これを尊重しなければならない（社会福祉法84条）。

表10-4　日常生活自立支援事業の支援内容

援助方法	（ⅰ）福祉サービスの利用に関する援助
	（ⅱ）福祉サービスの利用に関する苦情解決制度の利用援助
	（ⅲ）住宅改造、居住家屋の賃借、日常生活上の消費契約および住民票の届出等の行政手続きに関する援助、その他福祉サービスの適切な利用のために必要な一連の援助
援助の内容	（ⅰ）預金の払い戻し、預金の解約、預金の預け入れの手続き等、利用者の日常生活費の管理（日常的金銭管理）
	（ⅱ）定期的な訪問による生活変化の察知
	（ⅲ）福祉サービスの利用援助に付随する預貯金通帳等の書類預かりサービス

図10-4　日常生活自立支援事業で実施する支援の具体的な内容

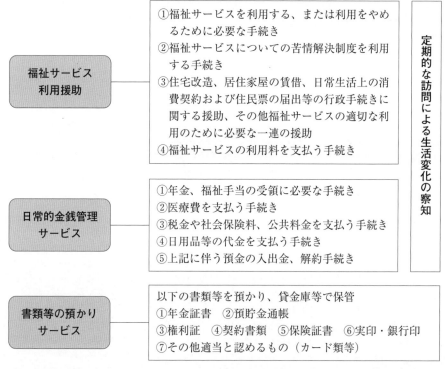

出典：『2020年 日常生活自立支援事業推進マニュアル 改訂版』全国社会福祉協議会　2020年　p.19を一部修正

⑶　支援方法

　支援方法は、本人の自己決定を尊重するため、❶相談・助言、❷情報提供、❸連絡調整を基本とし、利用者が外出できない等の理由がある場合には❹代行を、さらに他の方法によりがたい場合は、利用者が契約書に指定した口座

表10-5　日常生活自立支援事業の支援方法

基本	①相談・助言	・福祉サービスや生活に関する相談に応じる。 ・必要な助言や情報提供を行い利用者の自己決定を支援する。 ・窓口に同行し、本人が手続きを行う傍らで解説や助言を行う。
	②情報提供	・公的機関の窓口等で利用者が諸手続きを行うときに、利用者の傍らで用語解説や記入方法を助言する。
	③連絡調整	・関係諸機関等との連絡や本人の意思の代弁を行う。 ・利用者とその家族との意思疎通を図る。
必要な場合	④代行	・利用者が作成した書類を関係機関に届ける。 ・利用者自身が作成（記入）した預金払戻請求書や振込用紙を預かり、銀行で預金の引き出しや振り込みを行う。
	⑤代理	・本人に代わって預金の払い戻しや解約、預け入れ、福祉サービス利用料の支払い手続き等を行う*12。

預金の払い戻しや解約、預け入れ手続き、福祉サービス料の支払い手続き等に限って、❺代理*13を行うことができる（表10-5）。

（4）支援の担い手

①実施主体（社協）の職員

日常生活自立支援事業の実施主体には、❶責任者、❷事業の企画及び運営に携わる職員、❸専門員、❹生活支援員等を配置している（このうち、❸と❹は主に基幹的社協）。なお、専門員は、原則として高齢者や障害者への援助経験のある社会福祉士や精神保健福祉士等であって、高度な社会福祉援助技術を有することが求められている。

また、事業の実施にあたっては基幹的社協以外の社協の協力が欠かせないことから、これらの社協職員とも連携して事業を行う必要がある。主な職員の業務内容は表10-6の通りである。

②関係機関（者）

居宅介護支援事業所（介護支援専門員）をはじめ、地域包括支援センター、介護サービス事業者、障害福祉サービス事業者、民生委員・児童委員、行政等の福祉関係機関(者)は、日常生活自立支援事業の利用対象者の発見から相談窓口への連絡、実際の支援に至るまで制度運営に不可欠な存在である。

このほか、成年後見制度利用促進基本計画*14に基づく協議会*15・中核機関*16、さらには家庭裁判所、弁護士(会)、社会福祉士会等も関係の深い機関である。加えて、生活保護受給者をはじめとする要援護者に対する自立・就労支援も想定して、福祉事務所等との連携も考慮する必要がある。

*12
範囲は限定的で契約締結審査会の意見をふまえることとなっている。

*13　代理時の留意点
法律行為にかかわる事務に関して、代理による支援を行う場合には、契約締結審査会に諮り、その意見をふまえて慎重に行わなければならない。また、その旨(代理の範囲等)を契約書で定めなければならない。

*14　成年後見制度利用促進基本計画
第9章p.182参照。

*15　協議会
第11章p.227参照。

*16　中核機関
第11章p.227参照。

表10-6　日常生活自立支援事業の実施主体と業務内容（例示）

社協		配置する職員	業務内容
都道府県・指定都市社協		❶責任者	日常生活自立支援事業の責任者。統括
		❷事業の企画及び運営に携わる職員	(a)相談業務 (b)契約締結審査会、関係機関連絡会議の開催並びにこれらの組織や運営適正化委員会との連絡調整 (c)専門員の支援、指導 (d)研修、調査研究、広報啓発
	基幹的社協	❸専門員	(a)初期面接（インテーク） (b)申請者（利用希望者）の実態把握、本事業の利用対象者であることの確認（アセスメント） (c)支援計画の作成、契約締結、支援の実施、管理、モニタリング (d)生活支援員の指導、監督
		❹生活支援員（非常勤）	(a)専門員の指示を受けて、利用者に具体的支援を提供 (b)専門員が行う実態把握等についての補助
他市町村社協		職員	(a)利用希望者やその家族、関係機関からの初期相談の受付 (b)基幹的社協への連絡 (c)専門員と協力して必要な調査を行う (d)生活支援員の援助 (e)日常的な利用者の掘り起こしや広報啓発

注：実施方式によって、社協に配置する職員は異なる場合がある。

　そこで、実施主体である都道府県・指定都市社協に「関係機関連絡会議」を設置して情報交換や連携・役割分担に関する協議、実施主体に対する意見表明や提案を行う。

(5)　支援の流れ*17

①気づき・発見

　日常生活自立支援事業は、判断能力の不十分な人が日常生活のなかで何らかの生活課題を抱え、それを契機として利用を開始する場合が多い。

　もっとも、本人やその家族からの相談は少なく、福祉、保健関係機関（者）等が支援の必要性を発見し、本事業の窓口である市町村社協に相談をもちかける場合が大半である*18。

　こうしたことから関係機関の職員には判断能力が不十分な人の生活状況の変化を察知し、それを市町村社協の相談窓口にいち早く連絡して、初期相談に結びつける役割が求められている。

　一方、実施主体である都道府県・指定都市社協は利用者本人をはじめ、家族・関係機関（者）等からの多様な相談に対応できるよう体制の整備を図る必要がある。

*17
具体的な支援の様子は本章コラムを参照のこと。

*18　初期相談の特性
本人やその家族からの相談が少ない背景には、❶判断能力が不十分なために自分自身の置かれている生活（困難）状況や課題を理解することができない、❷困難をどこに訴えればよいのかがわからない、❸自分自身の「できない」部分を他者に言いたく（知られたく）ない、❹訴えても信じて（理解して）もらえないだろうとあきらめている、❺自分自身（家庭内）のお金に関することを他者に知られたくない等の理由があるものと考えられる。

②相談受付

相談が寄せられた場合、市町村社協等は、その内容を丁寧に把握したうえで、速やかに基幹的社協の専門員に連絡する。

基幹的社協に直接相談があった場合も、同様に専門員が対応する。

③初期相談

市町村社協等から連絡を受けた専門員は、利用希望者や利用希望者にかかわりをもつ関係者に出会い、生活課題の把握や日常生活自立支援事業のサービス内容の説明、利用希望の確認を行う。

④調査

利用希望者の生活課題やニーズを明確化し、日常生活自立支援事業で提供するサービスを特定する。また、利用希望者の契約締結能力を明らかにするために「契約締結判定ガイドライン」を実施する。

なお、契約締結能力に疑義がある場合や支援内容に「代理」を含む場合は契約締結審査会に審査を依頼する。

⑤関係調整

本人の生活を総合的に支援できるよう家族や他の関係機関とも連携して各種サービスを調整（マネジメント）する。また、必要に応じて成年後見制度の利用可能性の対比等を行い、本人にとってよりよい支援方法を検討・調整する。

⑥契約書・支援計画の作成

利用希望者の意向を尊重したう

図10－5　支援の流れ

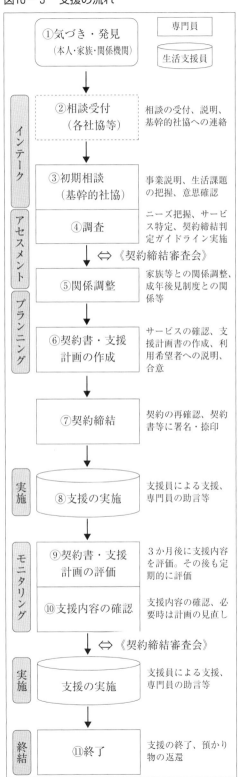

えで支援計画書(案)を作成し、利用希望者に内容の是否を確認する。「代理権」を伴う契約の場合は、特に留意する。なお、利用希望者が計画に納得できない場合は何度でも修正、説明をする。

⑦契約締結

利用希望者に契約締結の意思を再度確認したのち、「福祉サービス利用援助契約」を締結する。

⑧支援の実施（図10-6）

・**専門員**

書類等の預かりサービスがある場合は、契約書や支援計画の内容に基づき、

図10-6　日常生活自立支援事業の支援例

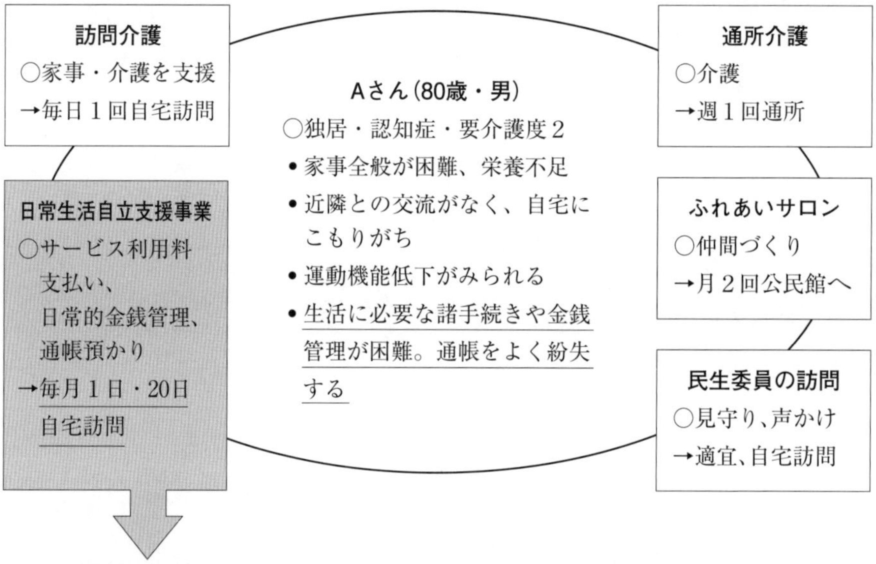

訪問介護
○家事・介護を支援
→毎日1回自宅訪問

日常生活自立支援事業
○サービス利用料
　支払い、
　日常的金銭管理、
　通帳預かり
→毎月1日・20日
　自宅訪問

Aさん（80歳・男）
○独居・認知症・要介護度2
・家事全般が困難、栄養不足
・近隣との交流がなく、自宅にこもりがち
・運動機能低下がみられる
・生活に必要な諸手続きや金銭管理が困難。通帳をよく紛失する

通所介護
○介護
→週1回通所

ふれあいサロン
○仲間づくり
→月2回公民館へ

民生委員の訪問
○見守り、声かけ
→適宜、自宅訪問

○生活支援員の活動（○月20日の訪問）

① 生活支援員の自宅から基幹的社協へ行く。
② 専門員から今日の訪問内容の指示を受けて通帳と印鑑を預かる。
③ Aさん宅を訪問する。
④ 届いた書類や請求書を確認する。また、Aさんと会話を交わし、生活状況の変化を観察する。
⑤ ○○銀行へ行き、年金の入金確認（通帳記入）と生活費を引き出す。
⑥ △△ケアサービスと□□商店に行き、代金を支払い、領収証をもらう。
⑦ Aさんが利用する居宅介護支援事業所を訪問して、介護支援専門員と面談。Aさんの生活状況や今後の介護サービスの利用方法について情報を共有する。
⑧ Aさん宅に戻り、通帳（年金入金）と領収証をAさんと一緒に確認する。
⑨ 困ったことや必要な（臨時）支援はないかを尋ねたのち、次回の訪問日を伝えてAさん宅を出る。
⑩ 基幹的社協に戻り、専門員に通帳と印鑑を返却したうえで、Aさんの様子と支援内容を報告。今日の支援記録を作成する。
⑪ 基幹的社協を出て、生活支援員の自宅へ戻る。

通帳や印鑑等を預かる。代理権が付与されている場合は、銀行等に代理人届けを提出するなど、必要な手続きを行う。

　また、支援計画書に基づき、生活支援員に具体的な支援方法（訪問日時、内容、注意点など）を指示する。

　なお、契約締結後の初期段階や利用者の生活に変化が生じた場合は、専門員が直接利用者と会い相談支援等を行う場合もある。

- **生活支援員**

　専門員の指示に基づき利用者宅を訪問して支援を行う。訪問後は活動内容や利用者の様子を専門員に報告する。

⑨契約書・支援計画の評価

　支援開始から３か月後に支援の実施状況や支援計画の適否等を評価（確認）する。また、利用者の判断能力や生活課題の変化に対応するため、その後も定期的に支援計画の評価を行う。

⑩支援内容の確認（支援計画の見直し）

　利用者が支援内容の変更を希望する場合や支援内容が利用者の生活実態に合っていない場合は、利用者と新たな支援内容について話し合い、それを契約締結審査会に諮ったうえで、支援計画を変更する。

⑪終了

　日常生活自立支援事業を終了（契約を解約）する際は、利用者に契約（支援）終了を丁寧に説明し、十分に納得を得る必要があるほか、預かり物がある場合は確実に返還する。

　なお、利用者からの終了（解約）は自由だが、実施主体である都道府県・指定都市社協からの終了は、判断能力の低下や利用者の施設入所、転居等で適切な支援が困難になった場合にのみ可能である。なお、この場合、契約締結審査会の審査を経なければならない。

2．支援の実際

(1)　支援に必要な視点

①社協の特性を活かす

　日常生活自立支援事業の実施にあたっては、社協がもつ公共性・公益性と広範なネットワークを活かして、判断能力が不十分な人の生活を地域で支える視点が必要である。また、必要に応じて地域の支援システムを（再）構築する視点も必要である。

②自己決定と自立を支援する

　日常生活自立支援事業は、利用者自身の意思をできるだけ引き出しながら支援することを基本としていることから、支援にあたっては何よりも利用者の自己決定を支え、自立を支援する視点が必要である。

③守秘義務の尊重と社会資源との連携

　業務を通じて知り得た情報は決して他に漏らしてはならない。しかし、利用者が抱える生活課題によっては、他機関・団体（専門職）や地域住民等と協働して支援を行う必要がある場合も多々ある。この場合は利用者の同意を得て、適切に情報を提供・共有する必要がある。

④生活全体を支える

　利用者は多様な生活課題を抱えていることが少なくないことから[19]、生活全体を捉えたうえで関係機関とともに支援を行う協働の視点が必要である。

　一方、関係機関には、「権利擁護＝社協」の役割ではなく、判断能力が不十分な人の生活を地域全体でともに支援する協働の視点も求められる（図10−6）。

(2)　支援技術

①心がまえ

●「人」としての尊厳の尊重

　高齢や障害の有無にかかわらず、利用者を一人の「人」として尊重して接することが大切である。

●利用者の「意思」を大切にする

　判断能力が不十分だから「意思を確認してもしょうがない」「代わりに判断してあげなければ」と決めつけずに、利用者の意思を最大限に引き出す努力をすることが大切である。なお、ここで注意しておきたいのは、判断能力が不十分なこと＝「意思をもっていない」のではなく、＝「意思を形成しづらい＋表意しづらい状態にある」ということである。

　そこで、支援者は利用者自身が意思を形成しやすいよう、必要な情報提供や助言を行い、利用者の意思形成、表示を支援する。また、時には、話が前後して断片的であったり、以前の内容と食い違うような場合でも、それを受容するよう心がける。

　本事業の目的は利用者の「自立を支援する」ことにある。したがって、仮にコミュニケーションを取りづらく、意思決定しづらい状態にあるとしても、常に「利用者らしい生活」を実現するためには何が必要かを考え支援を行う必要がある。

②必要な配慮

●面談の環境構成

利用者ができるだけ落ち着いて話すことができるよう利用者宅等に出向き面談する。ただし、家族等から虐待を受けている可能性がある場合などは、社協等（外部）で会うこともあり得る。また、利用者1人では緊張し、話しづらい場合は、本人が希望する人の同席を得るなどの配慮も必要である。

●認知症や障害、感情への配慮

利用者と面接する際は、認知症や障害の特性、本人が抱いている感情に十分配慮して話し合う必要がある。たとえば、認知症の場合は、以前は当たり前にできていたことができなくなるという記憶の喪失感に共感する姿勢が求められる。また、知的障害の場合は、支援者からすれば当然に伝わっているだろうと思っていたことが正確に伝わらない、別の意味に解釈していることがあり得ること、精神障害の場合は日や時間帯によって好不調に波があり、それに本人自身もつらさを感じていること等に配慮が必要である。

③相談の技術

●特性に応じた相談方法

面談にあたっては、認知症や知的障害、精神障害の特性に配慮する。具体的な相談方法の例は以下の通りである。

相談姿勢
・利用者に信頼感を与えるよう心がける。
・利用者が話しやすい場所、時間帯等を選ぶ。
・支援者自身の立場と面談の意図を明確に伝える。
・利用者のペースに合わせて話し合う。
・話を先に進めることに焦らず、まずは信頼関係づくりに専念する。

相談の技術
・意識的にゆっくりと話す。
・要点を押さえて単純、明確に話す。
・1つの会話に多くの意味を込めない（「○○と△△と…それから□□…」は厳禁。「○○はどうですか？」「△△はどう思いますか？」など分けて話す）。
・わかりやすい例示や言い換え等を繰り返し行う。
・必要に応じて絵や図、写真を用いる。
・何ができないかではなく、できることを確認する。

---

④支援技術

日常生活自立支援事業のこれまでの支援実績から、判断能力が不十分な利用者への効果的な支援方法も少しずつ明らかになってきた。それらをまとめるとたとえば、表10-7のような支援姿勢、技術が導かれる。

表10-7 日常生活自立支援事業における支援技術

	支援技術	説　明
支援の視点	①利用者の常識をベースに	世間の常識（知っていて／できて当たり前）からの脱却。本人の常識に合わせる。本人主体。
	②同じ方向を向き、一緒に歩く	寄り添う（同じ方向を見て、同じ速さで進む）ことによって、本人（の想い）に近づく。
	③支援者から動く	潜在化するニーズ＝本人、家族からの訴えは少ない。大半が福祉関係者からの連絡←アウトリーチの必要性
	④先手を打つ（予防）	現状の困難に対応＋これから先どうする＝２つの視点で支援。生活課題は小さなうちに早めの対応。先手を打つ。
	⑤時には失敗も	すべてを完璧にサポートすることが支援ではない。「失敗」経験からの学びを活かすことも時には効果的。
	⑥周囲を巻き込む	生活課題の多様性、複雑性＝すべてを社協が支援するということでは解決不可⇒チームアプローチの必要性
支援内容例	⑦福祉サービス利用援助	書類を一緒に読む／一緒に内容を確認する／書類を一緒に作成する（横から見守る、助言する）／提出・支払いにつき添う等
	⑧日常的金銭管理・書類預かり	買い物の仕方（店選びや広告チェック）を一緒に行う／レシートを集めて一緒に分類する／一緒に家計簿をつける／一緒に払いに行く（集金に立ち会う）等

第4節　成年後見制度との連携

1．日常生活自立支援事業と成年後見制度

⑴　特徴

　成年後見制度は財産管理に関する契約等、法律行為全般を行うものであり、家庭裁判所の審判（決定）をもって支援を行う。これに対して日常生活自立支援事業は、福祉サービス利用援助やそれに付随した日常的な金銭管理等を行うサービスとして、一般の任意代理の委任契約によって支援を行う。主な特徴は表10-8の通りである。

⑵　利用対象者

　一般的に、日常生活自立支援事業の対象者は成年後見制度の「補助」に該当する人から「保佐」の一部に該当する人とされる。また、補助に該当しない軽度の人も利用対象になり得る（図10-7）。
　両制度が重複する利用対象者については、本人の状況等を検討したうえで、

表10－8　日常生活自立支援事業と成年後見制度の比較

		日常生活自立支援事業	成年後見制度
概要	所轄庁	厚生労働省	最高裁判所
	根拠法	社会福祉法	民法
	対象者	認知症・知的障害・精神障害等の理由で判断能力が不十分な人	
		判断能力が不十分であり、かつ、本事業の契約内容を理解することができる人	補助：判断能力が不十分な人（軽度） 保佐：判断能力が著しく不十分な人（中度） 後見：判断能力を欠く常況の人（重度）
手続き	窓口	社会福祉協議会	家庭裁判所
	申請（申立）者	本人・家族など	本人・配偶者・4親等内の親族・検察官・市町村長・後見人等
	能力判定	「契約締結判定ガイドライン」で確認。困難な場合は契約締結審査会で審査	医師の診断書、鑑定書をもとに家庭裁判所が判断
	開始	本人と社協間で利用契約を締結	審判によって家庭裁判所が決定
	手続き期間	数週間	1か月～数か月
	手続き費用	無料（公費助成）	3万円～10万円程度
支援の概要	支援内容・方法	＊支援内容 福祉サービス利用援助 日常的金銭管理サービス 書類等の預かりサービス 生活状況の変化の察知（見守り） ＊支援方法 相談助言、連絡調整、情報提供を原則。必要な場合は代行、代理	＊法律行為 （下表） ＊身上監護
	支援者	社会福祉協議会職員（専門員）・生活支援員	補助人・保佐人・成年後見人、任意後見人
	費用	実施主体ごとに異なる 訪問：500円～2,000円程度／回 書類預かり2,000円～10,000円程度／年 ※生活保護受給者は原則減免	後見費用：原則実費弁償 後見報酬：請求に基づき家庭裁判所が決定。1年につき0円～数10万円程度
	監督、指導	運営適正化委員会	家庭裁判所 補助・保佐・後見・任意後見監督人
支援範囲	福祉サービス利用手続き	○	○
	病院の入院	△側面的な支援のみ	○
	医療行為の同意	×	×
	身元保証人の引き受け	×	×
	福祉サービス利用料・公共料金の支払い	○	○
	年金等の手続き、受領	○	○
	日常生活の金銭管理	○	△日用品の購入を除く
	財産管理	△高額なものは不可	○

＊法律行為の表：

		補助	保佐	後見
同意権 取消権		民法13条1項の一部行為	民法13条1項の行為	－ 日常生活以外の行為
代理権		申立の範囲内の法律行為		財産法律行為の包括的代理権・財産管理権

支援範囲	不動産・資産の管理・売買	×	△不動産の売却等には制約あり
	通帳・銀行印の保管	○	○
	消費者被害の対応	△相談支援	○取消権の行使あり
	生活状況の把握、生活課題の確認、発見等	○	○
	本人らしい生活の実現（自己決定支援）	○	○

注：任意後見人の支援は、任意後見契約の内容により異なる。

図10－7　利用対象者

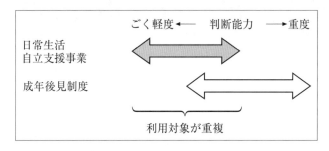

より適当な制度を利用（あるいは併用）することが大切である。

2．日常生活自立支援事業と成年後見制度の連携

(1)　連携の場面

①日常生活自立支援事業から成年後見制度への移行

　日常生活自立支援事業の利用者で、❶さらに判断能力が低下して、利用者の意思を確認することができない、❷日常生活自立支援事業の支援範囲を超える支援が必要である場合は、成年後見制度への移行を検討する。

　移行にあたっては、家庭裁判所の調査に協力し、利用者が生活状況や課題を正確に伝えられるよう支援する。また、移行後は、成年後見人等と丁寧な引き継ぎを行い、支援の継続性を確保するように努めなければならない。

②成年後見制度と日常生活自立支援事業の併用

　本人が成年後見制度を利用している場合は、成年後見人等と実施主体である都道府県・指定都市社協が契約を締結することによって、日常生活自立支援事業を利用することができる。たとえば、❶高額な財産管理や消費トラブルへの対応が必要で、かつ、家族関係の調整や介護等の福祉的支援が必要な

場合、❷日常生活自立支援事業から成年後見制度へ移行した利用者で、引き続き日常生活自立支援事業による利用を希望する場合等がこれにあたる。

　併用の場合は、成年後見人等との支援目標の共有化と役割分担が大切である。

(2)　制度利用のポイント

　実際に制度利用を検討する場合、支援者、利用者ともにいずれの制度を利用すべきか、その選択に苦慮する場合も少なくない。もっとも、選択にあたり両制度を一律に線引きすることは難しく、また、方法としても適当ではない。たとえば表10-9のポイントを考慮しつつ、何よりも、利用者の意思を尊重して、あくまでも個別的に対応する必要がある。なお、その際には各ポイントを単体で捉えるのではなく、総合的に見立てなければならない。

表10- 9　日常生活自立支援事業と成年後見制度の制度利用のポイント（参考）

ポイント	日常生活自立支援事業		成年後見制度
契約締結能力	ある		ない
高価な財産や不動産の管理	ない		ある
財産トラブル・消費者被害	ない	少しある	ある
家族、近隣調整の必要性	ある	少しある	ない
福祉（介護）ニーズ	ある	少しある	ない
緊急利用の必要性	ある	少しある	ない
申立て費用(利用支援制度の有無も含む)	ない		ある

(3)　中核機関との連携

　成年後見制度利用促進基本計画に基づき設置される「協議会」や「中核機関」は、成年後見制度（権利擁護）における地域連携ネットワーク[20]のまさに中核となる機関であることから、常に連携を密にし、包括的な権利擁護支援を実現する必要がある。

*20　地域連携ネットワーク
第11章p.226参照。

第5節　日常生活自立支援事業をめぐる最近の動向

1．日常生活自立支援事業の現状

(1)　実施体制

　全社協が毎月公表している「日常生活自立支援事業実施状況」（以下「月次調査」）によれば、2019（令和元）年度末現在、全国に1,539か所の基幹的

社協がある。また、専門員数も3,544人、生活支援員数も１万6,333人に上る。いずれも利用者数や基幹的社協の増加等に伴い、年々増加傾向にある。

⑵ 利用状況

①相談・問い合わせ数

　月次調査によると、日常生活自立支援事業に関する問い合わせ・相談件数は年々増加を続けており、事業開始から2019（令和元）年度末までで延べ2,113万2,857件に上る。このうち、初回相談件数は52万1,578件である。なお、2019（同元）年度１年間の問い合わせ・相談件数は212万8,325件、初回相談件数は３万3,649件である。

②契約件数、実利用者数

　事業創設からの新規契約締結件数は延べ18万133件、2019（令和元）年度の新規契約数は１万1,419件で、毎月約1,000人が新たに利用を開始している。

　一方、2019（令和元）年度末現在の実利用者数は５万5,717人で（図10－８）、その内訳は認知症高齢者が２万2,892人（41.1％）、知的障害者が１万3,579人（24.4％）、精神障害者が１万6,193人（29.1％）、その他が3,053人（5.5％）である。

　なお、利用者の死亡、成年後見制度への移行等によって2019（令和元）年度中に１万499件が契約を終了している。

図10－8　実利用者数の推移

資料：全国社会福祉協議会「日常生活自立支援事業実施状況」より作成

２．成果と課題、今後の展望

(1)　事業(支援)効果

　日常生活自立支援事業創設以来、20年以上にわたる支援から、サービス利用者の特性や事業効果が明らかになってきた。

①利用者の特性

　＊世帯の状況

・近隣から孤立（関係希薄）しがちである。

・家族内（関係）にさまざまな課題を抱えている。

・生活課題が潜在化、深刻化しやすい環境にある。

・これまで公的機関との接点が少ない。

　＊本人の状況

・金銭管理が困難である⇒浪費傾向あり／家計管理困難／騙される／失う。

・所得が少ない状況にある。

・基礎疾患や障害から生じる社会生活上の困難が大きい。

・本人からの訴えは少ない（気づいていない）⇒なぜお金がない？／管理できない？　に気づいていない。

・複雑多様な生活課題を有している⇒金銭管理だけでなく、生活全体の支援が必要。

・ＩＡＤＬ（手段的日常生活動作）の高い人や独居生活を送る人への支援の必要性が特に高い。

②支援の効果

・生活課題を抱えているにもかかわらず、ややもすれば従来は支援対象にならなかった（漏れていた）人の支援ができるようになった。

・従来の福祉サービスでは解決することが困難だった生活課題に介入することができるようになった。

・家庭を訪問して金銭管理や自己決定支援を行うことによって、さまざまな生活課題を把握（発見）することができるようになった。

・本事業の支援（介入）によって、アウトリーチが効果的に機能し、経済的虐待や消費者被害、さらには広範多様な生活課題の早期発見や予防につながるなど、見守り機能を果たしている。

・孤立状態から脱して、地域内でのつながりが生まれた。

⑵　日常生活自立支援事業の課題

①利用者の増加に対応する実施体制の整備

　月次調査によれば、2019（令和元）年度末現在、１基幹的社協当たりの平均専門員数は2.3人と、５年前（2.08人）と比較して微増した。しかし、依然専門員１人当たりの平均利用（担当）者数は約16人、さらに年間問い合わせ・相談件数は初回だけで9.5件、これに継続分を加えると専門員１人当たりの問い合わせ・相談件数は年間約600件に上り、なかには利用待機者を出すところもある。基幹的社協数、専門員数ともに増加しているにもかかわらず、依然としてこのような状況にあるのである。

②広がる都道府県、市町村格差

　月次調査によれば、全国的には利用者数が増加傾向にある一方、都道府県・指定都市間の利用者数格差が拡大している。人口規模の差異があるため単純に比較はできないものの、実利用者が約150人程度の都道府県・指定都市がある一方、約4,000人近い利用者がいる地域もあるなど、実利用者数の実数比は約25倍前後の差がある。

　一方、都道府県内の市町村間格差も生じている。１基幹的社協当たりの利用者数が200人以上の地域もあれば、数人しか利用していない基幹的社協もある。

③成年後見制度への移行

　日常生活自立支援事業利用者の半数近くは認知症高齢者であることから、今後認知症の進行等によって判断能力が低下し、継続的な支援が困難になることが予想される。成年後見制度への移行を検討する場合、「申立人がいない」「申立て費用がない」「後見人候補者がいない」などの理由で移行できず、そのまま日常生活自立支援事業を継続している事例もある。そのため、市町村行政と協議して市町村長申立てを検討する（成年後見制度利用支援事業を実施、拡充する）などの対応が必要である。

　なお、成年後見制度利用促進基本計画では「今後、地域連携ネットワークが構築される中で、日常生活自立支援事業等の関連制度と成年後見制度との連携が強化されるべきであり」、特に、保佐・補助類型の利用や後見類型へのスムーズな移行が進められるべきとしたうえで、移行強化策として、たとえば、判断能力の低下が見込まれる長期利用者を契約締結審査会で計画的に審査する体制の整備を提示している。

④生活保護受給者の利用と支援

　生活保護受給者が日常生活自立支援事業を利用することは制度上認められ

ているが、事業開始当初から実務レベルではさまざまな課題が生じ、今もなお、それは続いている。

　具体的には、本事業の支援方法と生活保護実務における家庭訪問や指導等が一見似通っていること、本事業の利用によって不要な金銭支出（浪費）を押さえる効果があり得ること、加えて生活保護受給者は本事業の利用料が無料であり勧めやすいこともあってか、本事業における生活保護受給（予定）者の割合が増し、一時は利用者の大半が生活保護受給（予定）者である地域さえ見受けられた。なお、2019（令和元）年度の新規利用者のうち5,052人（44.2%）が生活保護受給者であり、依然としてその傾向は続いている。

　このようななか、現場では❶両制度の役割分担が未整理なまま縦割りの支援が行われたり、実質的な支援を本事業に丸投げするような事態が生じている。また❷生活保護受給者の利用（無料）が増えれば増えるほど社協の財政を圧迫させ、さらには❸都市部を中心に本事業の利用待機者が生じている地域では他の住民が利用できない状況も生じかねない。

　いずれにしても本事業が生活保護の安易な代替サービスとならないよう、市町村と社協間で事前協議のうえ、具体的な事例については個別にマネジメントする必要があろう。

⑤**実施事業の拡大**

　すでに述べた通り、実施主体である都道府県・指定都市社協の多くは事業の一部を市町村社協や地区社協に委託している。このことから日常生活自立支援事業はもっぱら社協が行う事業というイメージが強い。もっとも、本事業の一部は社会福祉法人等の事業者へ委託することが可能である。ならば各種の法人が本事業を受託し、同一エリア内にサービス提供事業者を重層的に整備することで、利用者が窓口（事業者）を自由に選択してサービスを利用できるよう基盤を再整備することが望まれよう。

⑥**支援技術、支援体制の確立**

　日常生活自立支援事業の利用者の多くは、単に福祉サービス利用援助や日常的金銭管理に関する課題だけでなく、さまざまな生活課題を抱えて生活している場合が少なくない。こうした課題を的確に捉え、効果的、均質的な支援を行うためには、課題へのアセスメント方法（ツール）の開発やアプローチ技術の確立など、支援展開のさらなる技術開発が必要である。

　また、利用者が抱える生活課題のなかには、司法を活用して課題を解決すべきことも少なくない。そこで司法等の各種専門職とのネットワーク体制を確立することも欠かせない。

⑶ 今後の展望

　日常生活自立支援事業は、1999（平成11）年10月の事業創設以来、認知症高齢者や知的障害者、精神障害者等で判断能力が不十分な人の暮らしを支えるため、きめ細やかな生活支援を行ってきた。一方で、増え続ける利用希望者に対して社協の体制整備、とりわけ専門員の慢性的な業務過多や生活支援員の担い手不足、事業費の逼迫化などによって、支援に支障をきたしかねない状況を招きつつある。

　また、継続利用が長期にわたる現利用者のなかには、判断能力が低下して本事業の契約能力に疑義が生じているものの（本章第2節1（4）の通り、本事業を利用するには契約締結能力が必要）、成年後見制度への移行が思うように進まず、結果として社協が本事業の契約を継続せざるを得ない事例も生じている。このように、制度創設から20年が経った今日、本事業はその役割や機能を再検討する時期に来ているといえよう。

　そこで、全国社会福祉協議会地域福祉推進委員会は、2018（平成30）年に日常生活自立支援事業の実態調査を実施し、翌年3月には「日常生活自立支援事業の今後の展開に向けて～地域での暮らしを支える意思決定支援と権利擁護」（以下「報告書」）を公表した。本報告書に基づいて日常生活自立支援事業の現状と課題、そして今後の展望を概観してみよう。

　報告書ではまず、本事業が果たしている役割を次の4項目に整理している。

---

❶本人の意思決定を支援する役割
❷複合的な生活課題を解決し、権利擁護を図る役割
❸成年後見制度等の権利擁護支援への入り口としての役割
❹地域のネットワークをつくる役割

---

*21　ふれあいのまちづくり事業
市町村社協を実施主体として、地域住民の参加と関係機関連携のもと、住民の具体的な生活課題に対応する（総合相談）とともに、住民相互の助け合いや交流の輪を広げ、公私協働の共に支え合う地域社会づくりを目的とした事業。5年間の指定事業。

　このうち、❶は日常生活自立支援事業が「判断能力が不十分な人の意思を最大限に尊重し、その意思をできるだけ引き出すこと」を支援の考え方に掲げ（本章第3節1（1））、それを着実に実践してきた成果の表れだといえよう。

　また、❷～❹は今日的な市町村における包括的支援の流れに沿ったものである。なかでも、❷と❹は本事業の実施主体である社協が1991（平成3）年度から取り組み始めた「ふれあいのまちづくり事業」*21の経験と実績が成果として表れたものであるといえよう。いうならば、個々の地域住民（認知症高齢者等）が抱える新たな生活課題（福祉サービスの利用や金銭管理等に関わる自己決定の困難）への気づき、発見を契機に、ともすれば地域社会や公

的機関と関係が疎遠になりがちな住民との接点をつくったうえで、さらに本事業による支援を通して生活全般にわたる課題と見通しを明らかにし、各種専門機関（者）はもとより地域住民（生活支援員ほか）も参画した包括的かつ地域共生的な支援を実現する。いわば本事業の今日的役割は社協の本分である「地域福祉」の視点と方法を存分に発揮して支援システム化したものであり、そこからは旧名称をして「地域福祉権利擁護事業」とする由縁をもうかがい知るのである。

　なお、❸は、そもそも制度創設当時に本事業と成年後見制度とのすみ分けを巡ってさまざまな議論が交わされたところだが、今回の報告が「入り口」としての役割づけを行った点で一つの整理がなされたともいえよう。もっとも成年後見制度への移行が思うように進まない現実からすれば「入り口」というには課題も多いことをあえて付言しておきたい。

　これらの役割をふまえ、それを一層強化、推進すべく、報告書では今後の方向性として、次の３項目を指摘している。

---

❶成年後見制度利用促進との一体的な展開
❷地域共生社会に向けた包括的支援体制との連動
❸事業実施主体のあり方

　このうち、❶は成年後見制度の利用促進を図り、本事業との連続性を高めることによって、地域における総合的な権利擁護体制の構築を目標とするものである。いうまでもなく、そのためには社協が「成年後見制度利用促進基本計画」における中核機関を積極的に受任することが前提である。

　次に、❷については、地域共生社会*22の実現を目指す政策動向をふまえ、その流れのなかに日常生活自立支援事業をどのように位置づけ、具現化するかを問うものである。具体的には市町村の地域共生社会実現に向けた包括的支援体制のなかに権利擁護課題への取り組みを位置づけ、一体的な体制整備を推進することが求められるであろう。

　最後に❸は、本事業の実施者を都道府県・指定都市社協から市町村へ移行することを視野に検討を行おうとするものである。これは、今日多くの福祉サービスが市町村を実施者とするなか、法令面・実務面とも整合性を整えることに第一義的な意図がある。

　加えて、本事業が採用する基幹的社協方式の構造的な矛盾と課題もそれを誘因（ゆういん）するものである。具体的には前述の通り多くの福祉サービスが市町村事業であるなか、本事業が都道府県社協の事業であることによる連携の取りづ

*22　地域共生社会
制度・分野ごとの「縦割り」や「支え手」「受け手」という関係を超えて、地域住民や地域の多様な主体が参画し、人と人、人と資源が世代や分野を超えてつながることで、住民一人ひとりの暮らしと生きがい、地域をともに創っていく社会を目指す厚生労働省の施策。「我が事・丸ごとの地域づくり」を掲げて、❶地域課題の解決力の強化、❷地域丸ごとのつながりの強化、❸地域を基盤とする包括的支援の強化、❹専門職人材の機能強化、最大活用を骨格とした取り組みを行う。

らさのほか、同様の理由によって市町村（行政）から財政的支援は見込めないこと、さらには本事業の実質的な窓口となる基幹的社協以外の市町村社協には見合った事業費が支給されないこと等の矛盾や課題を解消するために実施主体の抜本的な見直しが求められているのである。

　これらに対して報告書は今後の課題として、❶専門員の体制強化、❷生活支援員の確保、活動支援、❸関係機関との連携、❹成年後見制度への移行、連携、❺生活保護受給者への適切な支援、❻権利擁護に関する取り組みの充実、❼運営財源の確保、市町村との関わり、❽業務の効率化と不正防止の取り組みの強化の8点をあげている。

　制度創設当時、現場の社協職員はこれまでにない新たな視点と方法を取り入れた本事業を前に日々切磋琢磨して支援技術を研磨してきた。そして今日、その成果は着実にあがりつつある。福祉政策全体が地域共生社会の実現に向かうなか、本事業の伸び代は計り知れない。

●事後学習

①あなた（社会福祉士）は今、「福祉なんでも相談会」の窓口で相談員を務めています。ある住民が訪ねて来て、「日常生活自立支援事業について詳しく知りたい」と尋ねました。地域住民に伝えるつもりで、わかりやすいように工夫して概略を説明してみましょう（説明事項：目的／実施主体／利用対象／利用料／支援内容・方法／支援の流れなど）。

②日常生活自立支援事業による支援は、利用者（判断能力が不十分な人）の生活にどのような役割を果たすでしょうか。また、支援にあたって専門員（社会福祉士）はどのようなことを心がけるべきでしょうか。

③日常生活自立支援事業を社会福祉協議会が実施することの意義について、事前学習や本章のCOLUMNをふまえてまとめてみましょう（ヒント：地域福祉の推進、地域共生社会の実現、住民主体・住民参画、包括的な支援体制、民間性、ネットワークなど）。

【参考文献】
・NPO法人あさがお編『成年後見ハンドブック』NPO法人あさがお　2008年
・全国社会福祉協議会「地域福祉権利擁護事業の機能強化および運営基盤の強化に関する調査研究報告書2006」　2006年
・全国社会福祉協議会地域福祉権利擁護に関する検討委員会「総合的な権利擁護体制の構築に向けて〜平成24年度厚生労働省社会福祉推進事業『地域における総合的な権利擁護体制の構築に関する調査研究』報告書」2013年
・全国社会福祉協議会編『地域福祉権利擁護事業における成年後見制度利用支援の手引』全国社会福祉協議会　2006年

・全国社会福祉協議会編『2020年日常生活自立支援事業推進マニュアル 改訂版』全国社会福祉協議会　2020年
・全国社会福祉協議会編『日常生活自立支援事業生活支援員の手引き』全国社会福祉協議会　2008年
・全国社会福祉協議会編『日常生活自立支援事業実践テキストブックⅠ・Ⅱ』全国社会福祉協議会　2009年
・全国社会福祉協議会編『権利擁護・虐待防止年報2013』全国社会福祉協議会　2013年
・東京都社会福祉協議会編「地域福祉権利擁護事業と地域福祉活動との連携に関する研究委員会報告書」東京都社会福祉協議会　2005年
・東京都社会福祉協議会編『地域福祉権利擁護事業とは…改訂第2版追補』東京都社会福祉協議会　2013年
・特定非営利活動法人PASネット編『福祉専門職のための権利擁護支援ハンドブック 改訂版』ミネルヴァ書房　2012年

COLUMN

日常生活自立支援事業の実際

　ここでは、日常生活自立支援事業の実際について、①契約前の支援、②契約後の支援、③問題が生じた場合の３つの観点からみていきます。

①契約前の支援

　契約前には、写真のように必ず本人に本事業について説明します。そして、本事業についての理解を得たうえで本人の合意のもと契約を締結します。

　特に、通帳を社協で保管することについては、十分な説明をするようにしています。なぜなら、本人の自由を制限することにもなるからです。

②契約後の支援

　契約後は、主に生活支援員が本人の金銭管理を行うことになります。生活支援員は原則、月に１度、本人宅を訪問します。ただし、金銭管理が安定しない利用者に関しては、週に１度、社協の窓口でお金の受け渡しを行う場合もあります。専門員は、写真のように状況に応じて本人の様子を生活支援員に確認します。

③問題が生じた場合

契約後、浪費癖等で金銭管理が安定しない人や消費者被害を受ける人がいます。最近では、出会い系サイト等、携帯電話で高額な契約を締結する人も増加しています。これらの問題が生じた場合、本人も含めて専門員や生活支援員、その他本人の生活支援にかかわる各種支援機関とケースカンファレンスを行い、情報共有します。

日常生活自立支援事業の利用者のなかには、複数の負債を抱え、生活が困窮している方もいます。生活困窮者であった方が日常生活自立支援事業を利用することで、次第に生活が安定し、笑顔を取り戻していきます。このような利用者の変化が、専門員や生活支援員にとってのやりがいにつながっています。福祉サービスというと、一般的にホームヘルプサービスやデイサービスをイメージするかもしれませんが、そうした福祉サービスを継続して利用するには、支払い等が滞ることがないよう、安定した金銭管理が欠かせません。利用者の自立支援において、金銭管理は大事な役割を担っています。

第11章

権利擁護にかかわる組織、団体、専門職の役割と実際

●事前学習

・権利擁護にかかわる組織や団体、専門職としてどのような機関等があるか
調べてみましょう。

●本章のねらい

　権利擁護にかかわる代表的な組織、団体、専門職すなわち、「家庭裁判所」「市町村」
「弁護士」等の概要・役割を学び、連携していく際の基礎知識の修得をねらいとする。
また、社会福祉士としてこれらの組織等と連携していく際の留意点や関係の築き方
についても学ぶことを目的とする。

　なお、ここでの「権利擁護」は、①本人への権利侵害の予防、②本人の適切な権
利行使の支援、③本人への権利侵害の解消という内容を有する言葉として使用して
いる。

第1節　権利擁護にかかわる組織、団体の役割と実際

1．家庭裁判所

(1)　家庭裁判所の概要

　家庭裁判所とは、地方裁判所と同格のものとされる下級裁判所の1つであ
り、1949（昭和24）年に創設された。本庁は全国に50か所、支部が203か所、
出張所が77か所設置されている。

　裁判所の権限は、❶家事事件手続法で定める家庭に関する事件の審判およ
び調停（以下「家事事件」）、❷人事訴訟法で定める人事訴訟の第一審の裁判、
❸少年法で定める少年の保護事件の審判である（裁判所法31条の3）。

　家庭裁判所には、裁判官、裁判所書記官、裁判所速記官、裁判所技官など
が配置されている。また、家庭裁判所の特有の職員として、家庭裁判所調査
官が配置されている。

　なお、改名の許可・不許可も家庭裁判所の管轄である。家事事件手続きに

は、民間人である参与員および調停委員の関与も認められている。

⑵　権利擁護と家庭裁判所の役割

　家庭裁判所も司法機関であることから、本人への権利侵害の解消という権利擁護の場面で重要な役割を有している。司法とは、具体的な争訟事件について、法を適用し、宣言することによってこれを終局的に解決する国家作用をいう。したがって、本人への権利侵害がある場合に、家庭裁判所の調停、審判、訴訟手続きで最終的に決定された事項については、終局的な解決が図られることになる。終局的な解決とは、文字通り、これで終わりという意味のほか、強制力のある解決も意味している。たとえば、離婚の調停で作成された調停調書を市役所へ提出すれば、離婚手続きが可能となり、その調停調書に記載された慰謝料を支払わない当事者は、調停調書に基づき、給料等の差押えを受けることになる。

　家庭裁判所は、成年後見制度との関係では、その審判（開始・取消し、監督人の選任・解任・辞任の許可、権限行使についての定め・取消し、報酬付与、居住用不動産の処分についての許可等）を通じて、後見人および後見監督人を監督する機関でもある。

⑶　連携していく際の留意点

　家庭裁判所も通常の行政機関と同様に受付窓口において、家庭に関する事件等につき、相談に応じている。成年後見制度についても、申立書類一式が備えられ、申立てに関して相談に応じている。

　まずは、受付窓口で気軽に相談をする姿勢が大切である。ただし、相談に際しては、家庭裁判所は主として、最終的な事件の解決という権利擁護機能を有する機関であることを心得ておく必要がある。

２．法務局

⑴　法務局の概要

　法務局は、法務省の地方組織の一つである。法務局は、国民の財産や身分関係を保護する、登記、戸籍、国籍、供託の民事行政事務、国の利害に関係のある訴訟活動を行う訟務事務、国民の基本的人権を護る人権擁護事務を行っている。

　法務局の業務は、戦前には、司法省の供託局および裁判所において所掌されていたが、1947（昭和22）年に司法省と裁判所が分離されたことに伴い、

供託局が司法事務局に改組され、供託のほか従来裁判所が所掌していた登記、戸籍、公証等の行政事務も取り扱うこととなった。また、1949（同24）年に、司法事務局が法務局および地方法務局に改められたことに伴い、訟務、人権擁護の事務を所掌することになった。さらに、1950（同25）年の国籍法の施行に伴い、国籍事務を所掌することになった。

　法務局の組織は、全国を8ブロックの地域に分け、各ブロックを受けもつ機関として法務局（全国に8か所）があり、法務局の下に、都道府県を単位とする地域を受けもつ地方法務局（全国に42か所）が置かれている。また、その出先機関として支局、出張所がある。法務局、地方法務局および支局では、登記、戸籍、国籍、供託、訟務、人権擁護の事務を行っており、出張所では主に登記の事務を行っている。

(2)　権利擁護と法務局の役割

　法務局は、人権擁護事務として、全国の市町村に配置されている人権擁護委員と協力して、国民に広く人権擁護思想を知ってもらうための啓発活動を行うとともに、人権に関するさまざまな相談や、人権が侵害された場合の調査救済などの活動を行っている。

　人権相談窓口として、全国の法務局、地方法務局とその支局における常設人権相談所等があるほか、「子どもの人権110番」「女性の人権ホットライン」等の専用相談電話、全国の小中学生に「子どもの人権SOSミニレター」を配布し、子どもからの手紙による相談にも応じている。さらに法務省ホームページ上において、インターネットによる人権相談を24時間365日受け付けている。

　法務省の人権擁護機関では、人権が侵害された疑いのある事件を「人権侵犯事件」と呼び、調査の結果、人権侵害の事実が認められれば、「告発」や「勧告」「説示」といった加害者に対する措置を講じるほか、法律的なアドバイスをしたり、他の関係機関を紹介するなどの「援助」や、当事者間の話し合いを仲介する「調整」、さらに、事案に応じて事件の関係者に人権について啓発を行ったり、救済手続き後、必要に応じて関係行政機関等と連携して被害者のためのアフターケアを行うなど、被害者の実効的な救済を図るための適切な措置を講じている。

　なお、成年後見制度に関し、「後見登記等に関する法律」（平成11年法律第152号）により、後見、保佐および補助並びに任意後見契約に関する成年後見登記制度が創設された。この制度は、成年後見人等の権限や任意後見契約の内容などをコンピュータ・システムによって登記し、登記官が登記事項を証明した登記事項証明書を発行することによって登記情報を開示する制度で

あり、東京法務局民事行政部後見登録課が全国の成年後見登記事務を行っている。これによって、禁治産・準禁治産の宣告に関する、家庭裁判所の掲示板での掲示および官報による公告並びに戸籍に記載される公示方法は廃止されている。

(3)　連携していく際の留意点

権利擁護における本人の適切な権利行使の支援や本人への権利侵害の予防という観点から、法務局の人権相談窓口は、有用な窓口の一つとなると考えられる。

まずは、家庭裁判所と同様に、受付窓口で気軽に相談をする姿勢が大切である。

3．法テラス（日本司法支援センター）

(1)　法テラスの概要

法テラスは、総合法律支援法に基づき、2006（平成18）年に独立行政法人の枠組みに従って設立された法人である。具体的には、情報提供業務、民事法律扶助業務、司法過疎対策業務、犯罪被害者支援業務、国選弁護等関連業務等の業務を行っている。

情報提供業務は、利用者からの問い合わせ内容に応じて、法制度に関する情報と、相談機関・団体等（弁護士会、司法書士会、地方公共団体の相談窓口等）に関する情報を無料で提供するものである。電話については、コールセンターを設け、面談を希望する場合にも、全国に設けられた法テラス地方事務所で専門の職員が対応している。メールについては、専用フォームによる問い合わせを24時間受け付けている。

民事法律扶助業務は、経済的に余裕のない方を対象とし、無料法律相談、弁護士・司法書士の報酬の立て替えを行う業務である。

司法過疎対策業務は、身近に法律家がいない、法律サービスへのアクセスが容易でない司法過疎地域の解消のため、法テラス地方事務所の設置等を行う業務であり、現在、約755名（2020［令和2］年4月現在）の常勤弁護士が全国の地方事務所に常駐している。

犯罪被害者支援業務は、犯罪被害者支援を行っている機関・団体との連携のもと、各地の相談窓口の情報を収集し、相談者が必要としている支援を行っている窓口を案内する等の業務である。

国選弁護等関連業務は、国選弁護人（刑事被疑者および被告人事件）およ

び国選付添人（少年事件のうち、一定の重大事件）になろうとする弁護士との契約、国選弁護人候補および国選付添人候補の指名および裁判所等への通知、国選弁護人および国選付添人に対する報酬・費用の支払いなどの業務である。

(2) 権利擁護と法テラスの役割

権利擁護、成年後見制度との関係では、高齢者や障害者等のため法テラスに行くことができない場合、出張相談を利用することができることや資力のない相談者の場合には、民事法律扶助制度等を利用して、無料相談や弁護士・司法書士の報酬の立て替えなどを利用することができる。

(3) 連携していく際の留意点

法テラスは、民事法律扶助制度等を通じて、弁護士と密接な連携関係にある。したがって、本人の適切な権利行使の支援、権利侵害の予防・解消という権利擁護の各局面で、弁護士と同様に専門的な連携が期待できる。

ただし、法テラス自体は、法による紛争の解決に有益な情報の提供をする機関であるので、その情報を利用し、案内された機関と上手に連携していくということが大切である。

4．市町村

(1) 市町村の概要

市町村という場合、地方自治法に基づく場合と社会福祉法上の「福祉事務所」としての市町村の場合を一応は整理して理解する必要がある。

地方自治法上の市町村とは、地方公共団体である市、町、村の総称をいう。日本における「基礎的な地方公共団体」（地方自治法2条3項）である。

社会福祉法14条の「福祉に関する事務所」として規定される福祉事務所は、都道府県および市・特別区に条例で設置しなければならないとされ、町村は条例で福祉事務所を設置できるとされている。市町村が設置する福祉事務所は、行政の組織体制において福祉関係部局や福祉関係課に設置されていることが多く、社会福祉法に基づく市町村と地方自治法に基づく市町村が混在し、体制も市町村によって異なっている。

ただし、どちらにしても、その人がその人らしく地域で暮らすための権利を護るうえで、最も身近な行政組織として期待される機関であるといえる。

⑵　権利擁護と市町村の役割

　市町村は、生活保護法、児童福祉法、母子及び父子並びに寡婦福祉法、老人福祉法、身体障害者福祉法、知的障害者福祉法に定める援護、育成または更生の措置に関する事務等を扱う窓口であるが、特筆するべきは、下記の点である。

①地域包括支援センター

　介護保険法115条の46に規定される「地域包括支援センター」は、2005（平成17）年の介護保険法改正によって設置された地域包括ケアの中核機関である。地域包括支援センターの事業には、権利擁護業務が位置づけられ、高齢者が地域において安心して尊厳のある生活を送ることができるように、地域住民や民生委員、介護支援専門員などの支援だけでは解決できない問題や適切なサービス等につなげる方法が見つからないなどの困難な場合に、専門的・継続的な視点から支援を行うことになっている。

　事業内容には、成年後見制度の活用促進、老人福祉施設等への措置の支援、高齢者虐待への対応、困難事例への対応、消費者被害の防止がある。

②法定後見の申立権

　成年後見制度の家庭裁判所への申立ては、市町村（首長）も申立てることが認められている（老人福祉法32条、知的障害者福祉法28条、精神保健及び精神障害者福祉に関する法律51条の11の2）[*1]。

＊1
第8章p.161、164、167参照。

　市町村長申立ては、親族がいないかまたは不明な場合、親族がいても音信不通であったり、申立てを拒否する場合のほか、虐待等により権利侵害が生じている場合や福祉サービスの申請・契約など、財産管理と身上監護の両面から本人保護を図るために、積極的に活用される必要がある。

　なお、高齢者虐待の防止、高齢者の養護者に対する支援等に関する法律9条では、通報を受けた市町村は、介護老人福祉施設等への一時保護に加え、市町村長申立てを適切に行うよう規定されている。

⑶　連携していく際の留意点

　地域包括支援センターには、社会福祉士、保健師、主任介護支援専門員が配置され、チームを組んで支援を行っている。同じ社会福祉士の資格を有する方が働いていることから、ソーシャルワークの実務的な相談・支援を受けることが期待できると思われる。

５．社会福祉協議会

(1)　社会福祉協議会の概要

　社会福祉協議会は、民間の社会福祉活動を推進することを目的とした営利を目的としない民間組織である。1951（昭和26）年に制定された社会福祉事業法（現：社会福祉法）に基づき、設置されている。

　社会福祉協議会は、地域に生活する住民と地域にある住民組織、ボランティア団体、社会福祉施設などの関係者と協力し合いながら、子ども、高齢者、障害者などに関する、さまざまな福祉課題に取り組んでいる。そして、誰もが安心して暮らすことのできる「福祉のまちづくり」を目指している。社会福祉法第109条において、社会福祉協議会は「地域福祉の推進を図ることを目的とする団体」として規定されており、全国、都道府県、市区町村に設置されている。社会福祉協議会は、略して「社協（しゃきょう）」と呼ばれている。

　社協は、地域の住民、社会福祉の関係者などの参加・協力を得て活動することを特徴としている。つまり、民間組織としての自主性と、広く住民や社会福祉関係者に支えられた公共性という、２つの側面を併せもった組織といえる。このような社協の２つの側面をもとに、社協が発揮する７つの機能について述べる。

①住民を主体とした地域福祉活動の組織化・支援

　地域の住民と協力して、福祉ニーズを的確に把握し、問題解決に向けて住民主体の地域福祉活動を推進する。

②関係機関の連携促進

　住民や社会福祉に携わる関係機関との連携・協働を図っている。さらに、社会福祉以外の分野、たとえば、保健・医療等はもちろんのこと、司法をも含めた関係機関とのネットワークづくりを進めている。

③福祉活動や事業の企画・運営

　①と②という社協が固有機能として培ってきた組織化機能を基礎として、地域に即した見守り活動や住民参加型の生活支援等を企画し、運営する。

　①・②・③の機能を支えるために、さらに次の機能が期待される。

④調査研究に基づく制度の改善・開発

　地域の福祉ニーズや福祉活動の実態を調査研究し、それに基づいて総合的な相談・援助活動を実施する。必要があれば、既存サービスの改善はもちろんのこと、新たな制度やサービスを開発する。

⑤計画策定と提言

　地域共生社会の実現、ケアリングコミュニティの創出を目指して、住民参加型の地域福祉活動計画を策定し、行政をはじめ各関係機関に提言を行う。

⑥福祉教育等による啓発活動

　地域福祉推進の理解を図るため、広報紙の発行や情報提供を行う。さらに、情報提供にとどまらず、住民主体の福祉活動、福祉課題や福祉サービスの理解を図るため福祉教育を行う。

⑦福祉活動や事業の支援

　住民の主体的な福祉活動や各種団体の事業を支援する。

(2)　権利擁護と社会福祉協議会の役割

　社協は第10章で学んだ「日常生活自立支援事業（旧：地域福祉権利擁護事業）」という事業名で、権利擁護事業を行ってきた。社協は、この日常生活自立支援事業の利用者の判断能力が低下したあとも、継続して支援するために、成年後見人を受任する法人後見にも取り組み始めている。

　一方で、社協は権利擁護の新たな担い手を育成する取り組みとして、市民後見人養成講座の開催、さらには、この市民後見人を軸としたコミュニティの形成にも励んでいる。判断能力が不十分な人の自立支援を地域の課題として捉え、国や自治体の主導ではなく、市民とともに考え、ともに実践する、このような地域共生社会の実現をも視野に入れたコミュニティづくりにも社協は取り組んでいる。

(3)　連携していく際の留意点

　福祉ニーズに的確かつ継続的に応えるためには、住民主体の地域福祉活動を展開する必要がある。さらに、新たなサービスや価値を創造する場合には、必要に応じてソーシャルアクションを起こすことも期待されている。これらの活動が円滑に機能するには、社協との連携と協働が欠かせない。地域における社会福祉士は、社協を中心とした各種専門機関とのネットワーク形成に努める必要がある

6．権利擁護支援の地域連携ネットワークと中核機関

(1)　権利擁護支援の地域連携ネットワークの概要

　権利擁護支援の地域連携ネットワークとは、全国どの地域においても成年後見制度を利用することができるよう、各地域における相談窓口を整備する

図11－1　権利擁護支援の地域連携ネットワークと中核機関

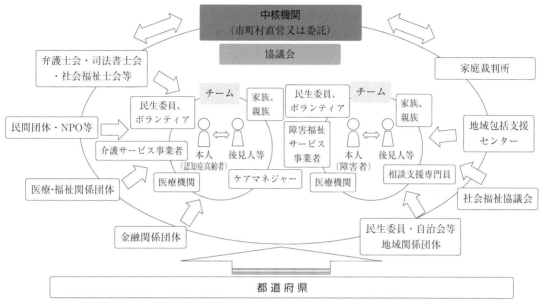

出典：厚生労働省社会・援護局成年後見制度利用促進室『中核機関等の整備の促進について』2019年　p. 3

とともに、権利擁護支援の必要な人を発見し、適切に必要な支援につなげる地域連携の仕組みのことである（図11－1）。

　「権利擁護支援の必要な人の発見・支援」「早期の段階からの相談・対応体制の整備」「意思決定支援・身上保護を重視した成年後見制度の運用に資する支援体制の構築」という3つの役割を念頭に、既存の保健・医療・福祉の連携に司法をも含めた連携の仕組みを構築するものとされ、「チーム」「協議会」「中核機関」を構成要素とする。

①**チーム**

　権利擁護支援が必要な人について、後見等開始前においては本人に身近な親族や福祉・医療・地域の関係者が、後見等開始後はこれに後見人等が加わって、日常的に本人を見守り、本人の意思や状況を継続的に把握し、必要な対応を行う仕組みである。

②**協議会**

　後見等開始の前後を問わず、家庭裁判所を含めた法律・福祉の専門機関が「チーム」に対し必要な支援を行うことができるよう働きかけるとともに、これら専門機関が自発的に連携体制を構築できるよう支援する合議体である。

③**中核機関**

　中核機関（詳細は次項参照）とは、「地域連携ネットワークの中核となる機関」であり、協議会の事務局でもある。

⑵　中核機関の概要

　中核機関は、「権利擁護支援の地域連携ネットワーク」が、❶広報機能、
❷相談機能、❸成年後見制度利用促進機能、❹後見人支援機能という4つの
機能を段階的・計画的に強化していくうえで、また、同ネットワークが❺不
正防止機能を発揮していくうえで、中核的な役割を果たす機関である。中核
機関は、地域の専門職や幅広い関係者との信頼関係を維持発展させ、地域に
おける連携強化を推進していく役割を担うことが求められている。
　中核機関の役割は以下の3点に集約して整理することができる。
・司令塔としての役割：地域の権利擁護支援・成年後見制度利用促進機能の
　　　　　　　　　　　強化に向けて、全体構想の設計とその実現に向けた
　　　　　　　　　　　進捗管理・コーディネート等を行う。
・事務局としての役割：地域における協議会を運営する。
・進行管理をする役割：地域において「3つの検討（支援方針、後見人等の
　　　　　　　　　　　候補者推薦、モニタリング・バックアップ）と専門
　　　　　　　　　　　的判断」を担保する。

⑶　連携していく際の留意点

　意思決定支援や身上保護を重視した支援を展開するためには、日常的に本
人を見守り、本人の意思や状況をできる限り継続的に把握することができる
仕組み（ネットワーク）を構築する必要がある。地域の社会福祉士が法的な
権限をもつ後見人等である場合は、このネットワークの形成を意識し、中核
機関と連携していく必要がある。

第2節　権利擁護にかかわる専門職の役割と実際

1．弁護士

⑴　弁護士の概要

　弁護士、裁判官、検察官は法曹三者と呼ばれる。弁護士は、法曹の一翼を
担い、在野法曹といわれている。弁護士は、基本的人権を擁護し、社会正義
を実現することを使命とする（弁護士法1条1項）。また、弁護士はその使
命に基づき、誠実にその職務を行い、社会秩序の維持および法律制度の改善
に努力しなければならないと規定されている（同条2項）。

　弁護士は、訴訟事件、非訟事件および審査請求、再調査の請求、再審査請求等行政庁に対する不服申立事件に関する行為その他一般の法律事務を行うことをその職務とし、また弁理士・税理士の事務も行うことができる（弁護士法3条）。

　弁護士は、法科大学院等を修了し司法試験に合格した者が、司法修習生として修習を終え、修習の終わりに行われる考試に合格したのち、弁護士会に入会しなければ弁護士としての業務を行うことはできない。

(2)　権利擁護と弁護士の役割

　弁護士は、地方裁判所の管轄区域ごとに設立される弁護士会に所属している。たとえば、長野県弁護士会とは、長野地方裁判所の管轄区域である長野県に設立された弁護士会である。

　弁護士の使命は、基本的人権擁護と社会正義の実現にあることから、個々の弁護士は、弁護士会における、人権擁護委員会（女性の権利に関する問題も含む）、高齢者・障害者の権利に関する委員会、子どもの権利委員会、消費者問題対策委員会、刑事弁護センター、犯罪被害者支援委員会、民事介入暴力対策委員会、公害対策・環境保全委員会等の委員となり、委員会活動を通じて自らの研鑽を積むと同時に、市民に対する啓発活動や救済活動を行っている。

　たとえば、弁護士会では、子ども、女性、高齢者・障害者、消費者被害者、犯罪被害者、刑事被疑者や少年付添人に関する電話・対面相談や人権救済活動を行っている。

　弁護士は、日々の業務を通じて、依頼人の全生活、全人格、全存在と密接にかかわりながら問題解決能力を身につけている。また、弁護士会における委員会活動を通じて、公益的な物事に対する理解を深めている。さらに、弁護士のかかわる領域は、虐待（子ども、女性、高齢者・障害者）、被害者（消費者、犯罪、暴力団）、介護、成年後見、遺言・相続、親族間の調整等、広い範囲に及んでいる。

(3)　連携していく際の留意点

　本人の適切な権利行使の支援、権利侵害の予防・解消という権利擁護の各局面で、総合的かつ専門的な連携が期待できる。

　まず、弁護士の知り合いがいない場合には、弁護士会の各委員会の委員の弁護士を尋ねることが近道になる。弁護士会の各委員会では、無料相談や調査活動を行っているので、弁護士会に個別に電話をするか、社会福祉士会などの団体を通じて、弁護士会に申し入れをし、その問題に関係する委員会の

弁護士を紹介してもらうべきであろう。

　次に、その問題に対し、弁護士に何を期待するのかを明確にして連携していくべきである。問題の終局的・強制的解決を図るためなのか、権利侵害の予防なのか、本人の適切な権利行使の支援なのかを明確にするとともに、社会福祉士と弁護士の役割分担を意識して連携をしていくべきであろう。

　さらに、相談や家族・被虐待者・虐待者の代理、訴訟・調停の委任等をする場合には、社会福祉士として、事前に本人等から事実を整理し、法的問題について、迅速かつ適切な助言を受けられるように準備を整えるべきであろう。

２．司法書士

⑴　司法書士の概要

　司法書士は、他人の依頼を受けて、❶登記または供託に関する手続きについて依頼者を代理すること、❷法務局または地方法務局などに提出する書類を依頼者に代わって作成すること、❸法務局または地方法務局の長などに対する登記または供託に関する審査請求の手続きについて依頼者の代理をすることなどを業とする者である（司法書士法３条）。

　司法書士は、司法書士試験に合格した者、または法務大臣による許可を受けた者が司法書士会に入会しなければ、司法書士としての業務を行うことができない。

⑵　権利擁護と司法書士の役割

＊2
現在は公益社団法人となっている。

　特筆すべきなのは、1999（平成11）年に社団法人成年後見センター・リーガルサポート（以下「リーガルサポート」）＊2が高齢者・障害者等の権利を擁護することを目的に司法書士を会員として設立され、各都道府県50か所に支部も設置されていることである。

　リーガルサポートは、成年後見制度や申立手続き等の相談、「親族後見人養成講座」「講演会や説明会」「シンポジウム」の開催等を通じて、成年後見制度に関する積極的な活動を展開している。

⑶　連携していく際の留意点

　成年後見制度にかかわる諸問題に関して、弁護士と同様に、積極的な連携が期待できる。また、「親族後見人養成講座」「講演会や説明会」等も積極的に実施していることから、必要な場合には、最寄りのリーガルサポートに対し、依頼や相談をすることも可能である。

●**事後学習**

①権利擁護、つまり、本人への❶権利侵害の予防、❷適切な権利行使の支援、
　❸権利侵害の解消という各局面で、選択すべき組織、団体、専門職は、い
　ずれでしょうか（重複・複合も可）。
②権利擁護のために、社会福祉士が権利擁護にかかわる組織、団体、専門職
　と連携する場合、一番大切なことは何でしょうか。
③あなたが暮らす地域の権利擁護にかかわるネットワーク（たとえば、高齢
　者虐待防止ネットワーク、要保護児童対策地域協議会など）を一つ選び、
　❶どのような構成員により、❷何を目的に、❸どのような活動をしている
　か調べてみましょう。

【参考文献】
・金子宏・新堂幸司・平井宜雄編『法律学小辞典 第４版補訂版』有斐閣　2008年
・香山芳範『成年後見制度の社会化に向けたソーシャルワーク実践―判断能力が不十分
　な人の自立を目指す社会福祉協議会の取り組み―』法律文化社　2020年
・厚生労働省社会・援護局成年後見制度利用促進室『中核機関等の整備の促進について』
　2019年
・社会福祉士養成講座編集委員会『権利擁護と成年後見制度』中央法規出版　2014年
・成年後見制度利用促進体制整備委員会『地域における成年後見制度利用促進に向けた
　体制整備のための手引き』2018年
・全国社会福祉協議会『新・社会福祉協議会基本要項』1992年
・鶴野隆浩『改正版 社会福祉の視点 はじめて学ぶ社会福祉』ふくろう出版　2015年
・山本主税・川上富雄編『地域福祉新時代の社会福祉協議会』中央法規出版　2003年
・和田敏明編『概説社会福祉協議会』全国社会福祉協議会　2018年

【参考ホームページ】
・法務局ホームページ
　http://houmukyoku.moj.go.jp/homu/static/（2020年９月１日閲覧）

弁護士活動における権利擁護の実際

　私は弁護士として今年で27年目を迎えます（2021〔令和3〕年現在）。現在では、成年後見人などの業務や高齢者や障害者の施設などからの相談に対し、弁護士として本人支援にかかわる場合、特別な気負いはなくなってきています。本人を支援するチームをつくり（まれにない場合がありますが、その場合には、社会資源や福祉のネットワークを通じてチームをつくります）、そのチームとともに本人のさまざまな情報を把握して、チームが成長し、本人支援がよりよくなっていく過程が弁護士としてかかわった場合のやりがいとなっています。以下では、私が権利擁護にかかわるなかで学んだことや大切にしていることなどを、社会福祉士を目指す読者のみなさんにお伝えしたいと思います。

　支援にあたっては最初から完璧を求めないことが大切です。本人の「揺れ」に付き合う、本人の支援をするチームの「揺れ」に付き合いながら、少しずつでも、よりよき支援を求めていくことが重要です。福祉の現場では、チームを構成する支援者もさまざまな方がいます。最初から理想や理念をぶつけてもなかなかうまくいかないことが多いと思います。そんなときでも、あせらず、たゆまず、ゆっくりと進みましょう。

　また、本人の過去の歴史（経歴、家族、職業、趣味や嗜好など）や、現在の状況、日常生活における日々の変化、体温、排せつ、食欲などの小さな変化も表現の一つとして捉え、「記録」を積み重ね、それを支援者全員で共有することも大切です。そして、チーム内の限られた資源のなかでも、本人らしさを引き出す支援を行おうとすること、そうしたことが少しずつでも達成できれば、支援するチームのやりがいになります。ときには失敗もあります。そんなときは、支援するチームで改善策などを考えることが大切です。小さな工夫が本人の笑顔やその表現につながる場合もあります。

　読者のみなさんが、権利擁護を支える基本を学び、福祉の現場で悪戦苦闘しながら、本人らしさを支援することを積み重ねられていかれれば、いずれ、本人らしさを支援することは、その職場のみならず、自分の住んでいる地域を豊かにすること、そして、自分自身がその過程のなかで成長し、職業としてだけでなく、一人の人として、幸福感をもてることに気づくと思います。

　職業として、その人のその人らしさを支援することを業とすることは、みなさん自身の人としての成長につながります。また、みなさんの目指す仕事は、その地域の大切な福祉的なインフラでもあるのです。

第12章 権利擁護活動の実際

第12章

●本章のねらい

　本章では、社会的排除や虐待などの権利侵害、認知症など、さまざまな日常生活上の支援が必要な方々に対する権利擁護活動の実際について、具体的な事例を通して理解することを目的としている。

　権利擁護を必要とする人は、判断能力が低下した人はもちろんのこと、そればかりではなく判断能力があっても自分の人生をあきらめていたり、自分が我慢していればよいと思い自己主張をしない人、意見を主張してはいけないと思っている人、さらには、意思をもっていても表明できない人などさまざまである。そのような対象者に対して社会福祉士としてどのようにかかわっていけばよいのか、その基盤となる権利擁護の視点、これまで学んできた法の知識とその法を駆使する実践能力、ソーシャルワーク実践について確認し、アドボカシーとしての権利擁護について理解を深めてほしい。

●エコマップを作成してみよう!!

　本節のすべての事例の冒頭に、本人の家族構成図を示しました。そこで、その本人を中心に、本人と家族を取り巻く社会環境（かかわりのある人や団体・機関等）との関係性についてエコマップを作成してみましょう。

　事例中の支援経過（たとえば、支援開始時と支援開始後など）を読み進めていくなかで、本人を取り巻く環境がどのように変化し、どのような社会資源と結びついているのかを整理し、図示することによって、本人を取り巻く環境を視覚的に理解しやすくなります。

　関係性の質は線の種類で、関係のなかでの力や関心の方向は矢印で示します。

　実際に支援をしていくなかで、本人の家族構成、社会資源等を構造的に捉えることは、本人を理解し、よりよい支援を行ううえで大切な視点となります。ぜひ取り組んでみてください。

●共通の表記

　・強い関係　━━━━━━━　　・弱い関係　　----------------

　・普通の関係　───────　　・ストレスや葛藤　〜〜〜〜〜〜〜〜〜〜

　・矢印の方向は関心の方向を示す（　───→　、　←───　）

第1節　認知症を有する者への支援の実際

●学びのねらい

　第1節では、認知症高齢者への権利擁護に関する支援の実際を学習する。特にここでは在宅で生活する認知症高齢者に起こる権利侵害の可能性と問題点を理解し、それらに対して、社会福祉士が認知症の症状である利用者の特性を把握しながら、いかに適切な支援を行っていくかを学ぶ。また、認知症を呈した高齢者の支援を考えるうえで不可欠な認知症に関する基礎的理解や対応上の留意点についても確認し、トータルな支援を導き出すことを目指す。

家族構成図

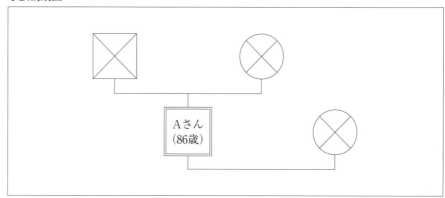

1．事例の概要

⑴　本人のプロフィール

○本　　　人：Aさん（86歳）男性

　Z市の市営住宅にひとり暮らし。アルコール依存症から、認知症を呈している。家族構成は10年ほど前に内縁の妻を病気で亡くし、身寄りは全くない。以前より、昼間からアルコールによる酩酊状態で団地内を歩行し、大声をあげるなどして近隣の住民とトラブルを起こしていた。そのため、民生委員の介入により、2年ほど前に介護保険サービスの利用、生活保護の受給につながった。

　現在はホームヘルパーによる調理等の支援により、在宅生活が成り立っている。ヘルパーとの信頼関係は徐々に構築され、それに伴い近所とのトラブルは軽減されていった。

(2)　ソーシャルワーカーのプロフィール

○ソーシャルワーカー：B主任相談員（40歳）女性
○所属機関：Z市地域包括支援センター
○資　　　格：社会福祉士・介護支援専門員

　福祉系大学を卒業と同時に社会福祉士を取得。その年の４月より、Ｙ医療法人に就職し、医療ソーシャルワーカーとして15年間勤務。その後、Ｚ市の地域包括支援センターの開設時に職員（相談員）として転職し、まもなく４年目を迎える。

２．支援の開始に至る経緯

(1)　発見の経緯

　３か月ほど前、ホームヘルパーがいつものようにＡさん宅を訪問すると、まだ当然残っているはずのヘルパーが購入した食材（本人の希望によるもので、カップラーメン、佃煮、野菜など）や買い物をした残りの金銭（Ａさんの財布に入れ、本人の指示により、タンスの引き出しに入れている）がほとんどなくなっており、本人に質問するが、「わからん、覚えてない」としか返ってこない。部屋はほかには荒された様子はない。当初、ホームヘルパーは、本人の記憶障害による物忘れではないか、実際は自分で使っているのではないかと考えた。

　この日の訪問後、ヘルパーは担当のケアマネジャーに相談。もう１、２回ほど様子を見ようという判断になる。

(2)　その後の訪問時の状況

　その日（異変が起きた次の訪問）も毎回の訪問と同じく、インターホンを鳴らしてドアを開ける。いつもと同様に鍵は施錠されていない。ホームヘルパーが調理のための買い物に行くことを告げると、「財布はいつものところだ」とＡさんは言う。

　ヘルパーは、タンスの引き出しを開けて財布を取り出すが、まだ十分に残っているはずの金銭がほぼなくなっていた。ヘルパーはおかしいと思い、本人に尋ねるが、「わしは買い物もしとらんし、財布もさわっていない」と言う。

　台所では、冷蔵庫の中に、野菜や冷凍した肉類は残されていたが、カップラーメンや清涼飲料水、佃煮などの、購入したばかりのものがほぼなくなっていた。ヘルパーは「これ全部食べちゃったのですか？」と聞くと、本人は「食べ

たかもしれんし、食べていないかもしれん、そんなことはわからん！」と答える。

　この時点で、ヘルパーは盗難ではないかと感じたとのことである。慌ててヘルパーは部屋の様子を調べるが、それら以外になくなっているものはないようであった。

3．支援の展開

(1)　情報収集と問題点の明確化

　訪問後、ヘルパーは担当のケアマネジャーに相談。もう一度詳しく様子を見ようということになるが、その後、前の2回の訪問とほぼ同様の事態が起きる。

　異変に気づいてから3回目の訪問時に、ヘルパーは質問を変えて、「最近、どなたかがお家に来られましたか？」と聞くと、本人は「よくわからん…」と返答する。ヘルパーがさらに「誰も来てないかしら？」と重ねて聞くと、「○夫の顔を見たような気もする」と答える。この報告を受けて、同日中にケアマネジャーが訪問。民生委員に状況説明をし、民生委員から、Ａさんの見守りの依頼でつながりがある隣部屋の高齢者夫婦に「Ａさん宅を度々訪れる人物はいるか」と尋ねると、その「○夫」とは以前から酒飲み友達としてＡさんとの付き合いがある、同じ市営住宅内に住む男性ではないかということがわかった。

　Ａさんの認知症の症状が進行し、記憶障害や見当識障害が顕著になってきたことにより、Ａさん自身による金銭管理能力は十分ではないと思われるため、当面、これ以上の事態を防ぐためにやむを得ず、ホームヘルパーがケアマネジャーの指導を受けながら、現金の管理を行うことにした。

　ところが、金銭管理を開始して数日後、近所の友人と名乗る男性から、「Ａさんにお金を貸したのだが、返してもらえない。預かっている金銭から返してほしい」との訴えがあった。この対応に苦慮し、ケアマネジャーが地域包括支援センターに連絡、これまでの経緯が話され、社会福祉士であるＢ主任相談員（以下「Ｂ相談員」）の関与が始まった。

(2)　当面の対応方針

　本人を支援している関係機関（ケアマネジャー・ホームヘルパー・民生委員）と地域包括支援センター（Ｂ相談員）とでカンファレンスを開催した。カンファレンスではＢ相談員より、チーム（関係機関と地域包括支援センター）としてＡさんの支援にかかわる際、「権利擁護の視点」を共通にもてるよう

提起された。そして話し合いの結果、以下のような当面の方向性が導き出された。

○現時点では、ホームヘルパーがやむを得ず、金銭管理を行っているが、本来は預かることはできないため、日常生活自立支援事業を利用する。

　・地域包括支援センターの役割：日常生活自立支援事業の申込み

　・ホームヘルパーの役割：事業が開始するまでの間の金銭管理

　・他機関の役割：日常生活自立支援事業開始までの間のホームヘルパーによる金銭管理の必要性を認める

　そして日常生活自立支援事業申請後に開始時期の決定をふまえて、さらなる支援の方向性を検討する必要があるため、その時点でカンファレンスを再び開催することとした。

4．事例の考察

⑴　Aさんへのかかわり方

　日常生活自立支援事業の担当者が状況確認のため、Aさん宅を訪問することとなるが、そこには地域包括支援センターのB相談員に加えて、本人との信頼関係が構築されている、ホームヘルパー、ケアマネジャーも同席することとなった。

　本人は○夫への疑いや他の者（訪問販売業者など）からの金銭等の搾取の可能性があるにもかかわらず、全く自覚をしておらず、そのことの事実確認は困難な状況である。認知症の進行による認知レベルの低下により、そのこと（事実確認）をいくら追及しても、本人をさらに混乱に陥らせるだけのことと判断し、本人への追及はこれ以上は行わないこととした。

　本人にかかわる支援者すべてが、可能な限りAさんを受容し、生活の困難さゆえに抱えている不安や悲しみにどこまで共感的理解を示すことができるかが、最も重要なポイントである。

⑵　財産の管理

　日常生活自立支援事業の開始には、「契約」と本人の同意が必要である。

　当初、Aさんは「人様に金を管理してもらう必要はない！」と言い張ったが、ヘルパー、ケアマネジャーらによる粘り強い説得により、最終的には同意に至った。

　そして、地域包括支援センターからZ市社会福祉協議会への申請の結果、日常生活自立支援事業が約1週間後には開始されることになった。このこと

をB相談員から他機関に状況報告し、1週間は現在の状態を継続しなければ
ならないことを確認する。

　今後も必要に応じて本人宅を訪問し、状況確認とさらに関係機関とのカン
ファレンスを定期的に実施していくことも不可欠である。

⑶　今後の支援の方向性

　Aさん自身は、感情の起伏がかなり激しく、生来のパーソナリティーに加
えて、アルコール依存症による精神的混乱や心理的不安定さが強く表れてい
ると考えられる。今後は認知症の進行を少しでも緩やかにするためにも、在
宅でのアルコールの摂取をいかに管理していけるかというかなり困難な課題
に取り組む必要性がある。

　これらを具体的に進めていくためには、医療機関との連携が不可欠である。
そのため、B相談員は、Z市民病院の物忘れ外来担当医師とMSWに連絡を
取り、協力を要請した。

　このままの状態で症状の進行が続き認知症がさらに悪化すると、独居での
在宅生活はやがて困難になるおそれがある。そのことをふまえて、ケアマネ
ジャーとも十分に相談を重ねて、さらなるサービス（デイサービス等への通
所、短期入所や傾聴ボランティアなどのボランティア）の導入も念頭に置い
ておく必要性が高いと思われる。

　しかし、本人は「自由にしたい！」という在宅生活への希望が相当強く、
新たなサービス導入はすぐには難しいとも考えられるため、ケアマネジャー
と連携を密に図りながら、本人の意思をできるだけ尊重した生活の維持を模
索することとする。

●事後学習

①認知症高齢者のように判断能力が低下している人に対する権利擁護の視点
　として、支援する側が配慮しなければならない点をあげてみましょう。そ
　のなかでも特に重視しなければならないものは何でしょうか。
②実際に日常生活自立支援事業を利用するまでのプロセスにおいて、支援者
　はどのような姿勢で臨まねばならないかを具体的にできるだけ多くあげて
　みましょう。さらに望まれている基本的姿勢を具現化するために支援者に
　必要なものは何でしょうか。
③認知症を呈した高齢者の権利擁護、本人の意思の尊重、さらに、QOLの維持・
　向上のためには、他機関・他職種との連携が不可欠です。本事例のなかで
　の社会資源をすべてあげ、さらに、将来必要となる可能性のある社会資源
　をできるだけ多くあげてみましょう。

第2節　消費者被害を受けた者への支援の実際

●学びのねらい

> 　判断能力が不十分でなくても、高齢者を対象とした消費者被害は起こる。
> 被害に遭った高齢者は「自分が悪かった」と自信を喪失したり、「いまさらどうにも
> ならない」とあきらめたりして、被害を訴えないこともある。
> 　こうした被害者に対して、ソーシャルワーカーはどのような制度を活用し、どの
> ような専門家や専門機関と連携して解決するかについて理解を深める。また、被害
> に遭った高齢者が本来もっている力を発揮し、その主体性を取り戻す支援として、
> ソーシャルワーカーに何ができるかを学ぶ。さらに、消費者被害を防ぐために、専
> 門職は地域住民に対してどのような働きかけを行っていくことができるかといった
> 悪徳業者を入りこませない地域づくりについても考える。

家族構成図

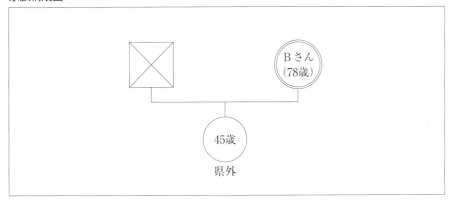

1．事例の概要

(1)　地域のプロフィール

　Ｚ町Ｙ地区は、人口約400人で、高齢化率30％、自然豊かな地区である。
主産業がないことから仕事を求めて都会へ出て行く若者が多く、ひとり暮ら
し高齢者や高齢者のみの世帯が目立つ。

　転入者はほとんどなく住民の大半が顔見知りのため、日中農作業を行う高
齢者たちは自宅に鍵をかける習慣もなければ人を疑うこともなく、またそれ
ぞれが自分の年金は自分で管理をしながら自立的な生活を営んでいた。

　一方で、年々空き家が増加していることから、防災・防犯面での不安が住
民間で高まり、いつか空き家が悪徳商法に利用されたり、不審者が勝手に住

み着いたりするのではないかと危惧されていた。

⑵　ソーシャルワーカーのプロフィール

○ソーシャルワーカー：A相談員（50歳）女性
○所属機関：Z町地域包括支援センター
○資　　格：社会福祉士・介護支援専門員
　福祉系大学を卒業後、直営の在宅介護支援センターへ勤務、2006（平成18）年に直営の地域包括支援センターが設置されて以降、高齢者の権利擁護業務を担ってきた。

2．支援の開始に至る経緯

⑴　発見の経緯

　Y地区のBさん（78歳）が、民家の空き家で開催された催眠商法によって高級布団を購入させられたと社会福祉協議会から地域包括支援センターへ情報提供があった。

⑵　発見時の状況

　Bさんは、町の寝具店であれば5,000円程度で販売している敷き布団・掛け布団セットを20万円で購入していた。「空き家では魔法にかかったような気持ちだったが、よく考えれば不用な物だった。どうして買ってしまったのだろう」と、Bさんはとても悔やんでいた。

3．支援の展開

⑴　被害高齢者の把握

　Bさんの被害報告を受けて、A相談員は「ほかにも自分の意思に反して契約をしてしまい後悔している人がいるのではないか」と考え、Y地区の民生委員2人へ依頼をして、地区内に同じ被害に遭った人がいないかを確認したところ、「高級布団を購入してしまい、途方に暮れている」と申し出た高齢者が5人いた。

⑵　被害概要

　被害に遭った高齢者から聴き取った状況は、次のようなものであった。
○農作業をしていたところ、スーツ姿の若い男性がやってきて、お菓子や日

用品が無料でもらえる会場があるとチケットを渡していった。こんなありがたい話はないと思い、隣近所で誘い合って指定された民家の空き家に入ったところ、Y地区の高齢者20人ほどが集まっていた。そこでは、たわしや洗剤などの日用品を早く手をあげた人からもらうことができた。

○最後に高級布団の販売が行われ、通常価格50万円のところを今日だけは特別価格20万円でよいと言われ、商品名を10回ほど復唱させられた。ただならぬ熱気のなかで、その高級布団がどうしてもほしい気持ちになり、率先して手をあげてしまった。また、出口付近には何人もの男性が立っており、購入しなければ出られない雰囲気もあった。

○その後、若い男性が自宅まで一緒に来て、契約書にサインをするように迫るので住所や名前を書き、また通帳と印鑑を出すように指示されたのでしぶしぶ渡した。男性は、書類に押印してから契約書の控え・通帳・印鑑を置いていった。しかし、その時点で冷静さを取り戻していた高齢者たちは、商品を持ち帰ってほしかった。サインもしたくなかったし、通帳・印鑑も出したくなかったが、迫力ある男性の声に怖くなり言いなりになってしまった。また、家の場所を覚えられてしまったことで、今断ったら何をされるかわからないという不安におびえていた。

(3) 被害への対応

　商品の解約手続きについて、A相談員が司法書士へ確認したところ、クーリングオフ手続きのハガキを代筆することは法律上認められないことがわかった。そのため、クーリングオフを希望する5人に公民館へ集まってもらい、その方法を説明して実行できるような機会を設けた。

　A相談員は、クーリングオフの際に記載しなければいけない内容を盛り込んだ文書を作成し、高齢者が読めるように大きくコピーした。そして、商品を販売した会社とクレジット会社の2社に対して、全員が自筆でクーリングオフ手続きのための文書をハガキに記入するのを手伝った。字が見えにくい高齢者には、さらに大きく見本をコピーした。

　5人が書き終わってから、ハガキを内容証明郵便にて送付し、商品はすべて返送した。無事解約は成立し、クレジット会社からお金は引き落とされず、現金で払った高齢者には通帳に同じ額だけ戻ってきた（振り込まれた）。

(4) 地域での取り組み

　A相談員は、民生委員・自治会・介護サービス事業者・警察署・消防署・社会福祉協議会・行政などが集まる地域包括ケア会議でこの問題を地域課題

として取り上げた。どうすれば同じような被害を防ぐことができるかについて、それぞれが知恵を出し合った。そして、消費者被害に遭った高齢者の協力を得てA相談員が催眠商法を中心とした消費者被害防止劇のシナリオを書き上げ、老人クラブやいきいきサロンの場で民生委員・社会福祉協議会職員・ボランティアとともに上演した。

4．事例の考察

(1)　クーリングオフ制度の活用

　被害高齢者を1人でも把握した時点で、民生委員と連携して速やかにY地区の高齢者宅を訪問したり電話をかけたりして被害を確認したことで、希望する全員にクーリングオフ制度による解約手続き支援を行うことができた。
　また、日頃から連携を取っている司法書士に正確な手続き方法を確認してから実行したため、法律に触れることなくスムーズな解約につながった。

(2)　高齢者へのエンパワメント

　「騙された私が悪い」「人に知られたら恥ずかしい」とパワーレスの状態に陥り黙り込んでいた高齢者が、クーリングオフ制度による解約手続きを自分自身で行ったことで、「もし騙された人がいたら、書き方を教えてあげたい」「これからは怖がらず、はっきり"買わない"と言いたい」と言えるまでになった。自分の問題を自分で解決できるように支援するのが自立支援の基本であるとしたら、今回のことは高齢者自身の自信につながり、今後の生活においても参考になったと思われる。このような権利擁護と自立支援が、地域包括支援センターの一つの大きな役割である。

(3)　地域への働きかけ

　Y地区では、今後も悪徳業者が入り込む可能性が高い。A相談員は、被害の再発を防ぐにあたり、地域全体での取り組みの必要性を感じた。そして、この問題を地域の課題として地域包括ケア会議の場で投げかけたことによって、民生委員・社会福祉協議会職員・ボランティア・地域包括支援センター職員による寸劇の上演が実現し、消費者被害防止の周知啓発に役立った。

●**事後学習**

①判断能力が不十分でなくても、高齢者を対象とした消費者被害は起こります。被害に遭った高齢者が、「騙された自分が悪いのだから、仕方がない」「恥ずかしいので、そっとしておいてほしい」というようなパワーレスの状態に陥っているとき、ソーシャルワーカーはどのようにして高齢者の力を引き出すとよいでしょうか。

②消費者被害に遭った高齢者の支援に際して、どのような機関や専門職と連携することが考えられますか。またどのような制度の利用が考えられますか。

③悪徳業者が入り込まない地域づくりを行うにあたって、地域包括支援センターのＡ相談員は地域包括ケア会議を活用していました。消費者被害を防ぐために、専門職は地域住民に対して、どのような働きかけを行うとよいでしょうか。

第3節　高齢者虐待防止への支援の実際

●**学びのねらい**

　高齢者虐待は、相談、通報件数、虐待判断件数ともに年々増加傾向にあり、なかには死亡事例も報告されるなど深刻さを増している。

　高齢者虐待への対応は、直面する虐待事実（行為）のみにとらわれることなく、虐待に至る背景や生活の場である家庭（家族）、地域社会との関係性に着眼する必要がある。高齢者本人（被虐待者）の意思等を最大限に尊重したうえで、最終的には家族関係の再構築（再統合）を目指していかなければならない。

　本節では、在宅高齢者の虐待事例を取り上げ、それに社会福祉士がどのように対応していくべきかを学習する。

家族構成図

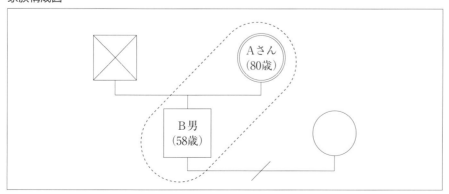

1．事例の概要

(1)　本人のプロフィール

○本　　　人：Ａさん（80歳）女性

　22歳のときにひとり息子のＢ男を出生したが、その後間もなく夫が死亡。以来、一人でＢ男を育ててきた。Ｂ男の結婚後は、自宅でひとり暮らしを続けていたが、5年前にＢ男が自宅に戻って来てからはＢ男と同居している。

　Ａさんはかねてから腰痛を患っているが、介護サービス等は利用していない。

○ひとり息子：Ｂ男（58歳）男性

　出生後すぐに父親が死亡。母親であるＡさんに育てられた。高校卒業後は隣町の工務店へ就職。実直で仕事もまじめにこなし、何事にも妥協しない性格から職人としての技術を高めていった。

　25歳のときに同じ職場の事務員の女性と結婚、Ａさんの元を離れ、工務店の近所で借家暮らしを始めた。子どもはいない。

　18年前に独立して工務店を開業したが、折りからの不況で5年前に約1,000万円の負債を抱えて廃業。同時に妻とも協議離婚した。

　その後は、実家でＡさんと同居しながら、以前に勤めていた工務店で契約社員として働いている。

(2)　ソーシャルワーカーのプロフィール

○ソーシャルワーカー：Ｃ相談員（31歳）男性
○所属機関：Ｚ市地域包括支援センター（高齢者虐待通報窓口）
○資　　　格：社会福祉士

　福祉系大学を卒業後、社会福祉法人Ｙに就職。同法人がＺ市から地域包括支援センターの運営業務を受託、開設時からセンター勤務となった。

○ソーシャルワーカー：Ｄ主任相談員（47歳）女性
○所属機関：Ｚ市権利擁護センター（中核機関）
○資　　　格：社会福祉士・精神保健福祉士

　福祉系大学を卒業後、Ｚ市社会福祉協議会に就職。ふれあいのまちづくり事業・総合相談事業や日常生活自立支援事業、生活困窮者自立支援事業等を担当したのち、新しく開設した権利擁護センター（Ｚ市から受託）に勤務している。同センターは、成年後見制度のみならず、広く高齢者・障害者の権

利擁護支援を行っている。

2．支援の開始に至る経緯

(1)　発見の経緯

　年に一度の敬老祝い金を届けるために民生委員がAさん宅を訪問したときのことだった。何度呼びかけてもいっこうに姿を現す気配がないことを不審に思い、居間に上がったところ、奥の寝室で床に伏しているAさんを発見した。Aさんは痩せ細り顔色もよくない。また、額には大きなあざもあった。

　驚いた民生委員は、すぐに地域包括支援センターへ行き、C相談員にAさんの様子を伝えた。「半年前に訪問したときには、"息子が何もかもやってくれるから助かる"とうれしそうに話していたのに…」と、民生委員自身も動揺を隠せない様子だった。

　民生委員から事情を聞いたC相談員は、「Aさんに必要な世話ができていないのではないか」と考え、同僚の保健師とともに急遽Aさん宅を訪問することにした。

(2)　発見時の状況

　Aさん宅に到着したC相談員らは、寝室でAさんと面談した。民生委員からの報告通り、Aさんはかなり痩せた様子で顔色もよくない。保健師によれば、明らかに栄養不足の状態とのことだった。また、額のあざも紫色に腫れており、叩かれたあとのように見受けられた。

　C相談員は、Aさんに普段の生活の様子を尋ねたが、Aさんは「特に変わりはありません」と繰り返すのみである。また、額のあざについても「何でもありません。B男はよくやってくれています」と話したまま口をつぐんでしまった。唯一、B男との生活を尋ねたときは「B男を育てることが生きがいだった。昔から優しい子で、結婚後も休日には戻って来て世話をやいてくれた。家に戻って来てくれて本当にありがたい」と顔を紅潮させて話してくれた。

　Aさん宅をあとにしたC相談員らは近隣宅を訪問して（先程のAさん宅での様子は伏せたうえで）、最近のAさんとB男との暮らしぶりを尋ねた。住民によると、元々、地域住民同士のかかわりが薄い地域であり、詳しいことはわからないとしながらも、最近はAさんをほとんど見かけないとのことだった。また、B男は近所でも評判の親孝行息子で朝早くから仕事に出かけ、夕方には帰宅するまじめな生活を送っているが、最近は平日の昼間に家の前

を歩いているところを見かけることがあるとも話した。

　母親や近隣住民が話すB男と、Aさんの栄養不良状態、そして額のあざ…。情報が交錯するなか、C相談員はB男との接触を試みるために、夕方、再びAさん宅を訪問した。すでにB男は帰宅していた。

　B男はC相談員が名乗るなり、いきなり「何をしに来た」と怒鳴った。C相談員がAさんの生活の様子について教えてほしいと言うと、「あんたらに話してもどうにもならない。用はない」といっこうに取り合わない。やむを得ず、その日はセンターのパンフレットだけを渡して引き上げることとなった。

3．支援の展開

(1)　情報収集と問題点の明確化

　翌朝、地域包括支援センター内で緊急ケースカンファレンスが開かれた。その結果、❶Aさんの栄養状態が極度に悪化していること、❷必要な介護が受けられていない可能性があること、❸B男による虐待の疑いもあること等から、さらに詳細な調査を行うことになった。

　その矢先、突然、B男からC相談員のもとへ電話がかかってきた。「今から地域包括支援センターに行きたい」という。C相談員は了解し、B男の到着を待った。

　まもなくB男がやってきた。B男は開口一番に昨日の非礼を詫びたうえで、母親であるAさんに十分な食事を与えられておらず、また、身の回りの世話もあまり行えていないことを打ち明けた。そして、C相談員が額のあざのことについてふれると、B男は「私が叩きました」と打ち明けた。C相談員が「よく話してくれましたね」と言葉をかけると、B男は「自分の親にひどいことをして…。これって、世間で言われている虐待ですよね」と言葉を詰まらせながらつぶやいた。

(2)　B男の事情

　しばらくの沈黙が続いたのち、B男はこれまでの経過を次のように話し始めた。
○離婚後は、一人で私（B男）を育ててくれた母親（Aさん）に恩返しをしようと再び同居を始めた。幸い、以前に勤めていた工務店への再就職も決まり、細々ではあるが母親を養い、借金返済も順調に進んでいた。母親の介護は想像以上にたいへんだったが、母親の喜ぶ顔を励みに頑張ってきた。

○その折、勤務先の工務店が不況の影響で勤務調整を実施し始めた。契約社員の私は出勤日の減少に伴い給料が一気に減った。生活費はおろか借金の返済も滞り始めた。将来の見通しが立たず途方に暮れているうちに、次第に母親の介護がおろそかになっていった。

○2日前に母親が訪問販売業者の言われるままに高級羽毛布団を購入してしまった。以前にも同じようなことがあった。最近の母親は物忘れが激しく、話の要領を得ないことが多々あり、ときどき苛立って叩いてしまう。あざはそのときにできた。

○昨夜も、母親が意味のわからないことを言うので、カッとなっていたところにあなた（C相談員）が訪ねてきた。近所に親しい人もおらず、誰にも相談できずに一人で悩んでいた。

(3)　当面の対応方針

再び緊急カンファレンスが開かれ、今後の対応を協議した結果、地域包括支援センター（高齢者虐待通報窓口）として高齢者虐待（疑い）の初期対応を行うと同時に、❶虐待のほか、さまざまな生活課題があり得ること、❷Aさんのみならず、B男にも何らかの支援が必要になりそうなこと、❸支援が広範囲に及び各分野の専門機関（者）をはじめ、地域全体による包括的な支援が必要になる可能性があること、何よりも❹Aさんの心身状況によっては成年後見制度等の利用を検討する可能性があることなどの理由から、Z市権利擁護センター（中核機関）の参画を得ることになった。

C相談員は、権利擁護センターに連絡してこれまでの経緯を伝えた。連絡を受けたD主任相談員は早速協議を行い、その結果、権利擁護センターとして専門的な対応、支援が必要と判断した。

そして、地域包括支援センターと権利擁護センターが協働し、あらためてAさんの心身状態を調査した結果、Aさんには慢性的な栄養不足による健康状態の悪化と、適切な介護を実施していなかったことによるADLの著しい低下がみられること、さらには軽度の認知症が疑われることなどが判明した。

また、B男に対する調査からは、親孝行に対する思い入れの強さからAさんの世話を一人で抱え込んでいたこと、その折に経済的不安定さが重なり負担感が蓄積してきたこと、利用可能な制度や相談窓口が分からず、加えて近隣との関係も疎遠だったことから八方塞がりとなり、自身の受容能力を超えた結果、Aさんへの暴言や暴力に至ったことが明らかになった。

一連の調査結果をふまえ、C相談員とD主任相談員を中心に両センター間で何度も情報交換を行い、相互に対応方法を検討した。その結果、Aさんの

❶判断能力の低下に伴う財産（金銭）管理のほか、❷健康、衛生状態の改善、❸適切な介護の提供、日常生活上の支援が必要だと判断した。

　一方、B男については、Aさんに対する言動を虐待であると正式に判断したうえで、その背景に❶不安定な労働による収入の低下や、❷借金の返済、❸介護負担の増加、さらには、❹地域からの孤立があると考え、B男に対する支援も同時に実施する必要があるとの結論に至った。

　協議の場では、親子の現状からAさんの施設入所（分離）も検討した。しかし、Aさんの「B男と一緒に暮らしたい」という思い（意思）をふまえて「親子2人での安定した生活の実現」を目標に、在宅生活の継続を前提に支援調整を行うことにした。その結果、次のような支援計画を作成し、関係する実務者の「チーム」による支援を行うことに決まった。

○Aさんへの支援

　①健康状態の回復が必要⇒医師に往診を依頼する。

　②適切な介護が必要⇒介護保険制度で訪問介護と訪問看護を開始する。

　③判断能力低下に伴う財産（金銭）管理や生活支援が必要⇒成年後見制度
　　あるいは日常生活自立支援事業の利用を検討する。

　※先日購入した高級羽毛布団は⇒クーリングオフ制度ですでに解約した。

○B男への支援

　①安定的な仕事が必要⇒ハローワークの就業相談を紹介する。

　②借金返済方法の再検討が必要⇒市社協が行う専門相談で弁護士に相談する。

　③Aさんの介護に対する負担軽減が必要⇒Aさんの介護サービス利用による効果を期待。

　④地域社会との関係づくりが必要⇒住民懇談会を開催して話し合う。

4．事例の考察

(1)　Aさんへのかかわり方

　介護保険サービスの利用によって、Aさんの生活環境は大きく改善した。また、Aさんの生活状況を専門的視点から確認（可視化）することも可能になった。もっとも、今後の心身状況の変化によっては在宅生活が困難になることも考えられる。「B男と一緒に暮らしたい」という意思と現実の生活課題をどのように調整し、Aさんらしい生活を実現していくのかが課題である。

⑵　Ｂ男への支援

　ハローワークの斡旋によってＢ男の正規雇用が内定した。何よりもＢ男自身が培ってきた技術が決め手となった。また、借金の返済に向けた弁護士の支援も続いている。もっとも、Ｂ男の生活環境は依然不安定である。生活課題が生じたとき、Ｂ男がいつでも相談できるよう、Ｃ相談員を交えた支援チームのきめ細やかな支援とＤ主任相談員の継続的なサポートが肝要である。

⑶　財産（金銭）の管理

　虐待の背景の一つに、Ａさんの判断能力の低下に伴う生活上のトラブルの発生がある。こうしたトラブルを防止するためには日常生活自立支援事業や成年後見制度の利用が効果的である。両センター間で協議した結果、成年後見制度（補助）の利用が適当であると判断して、現在、申立て準備を支援している。

⑷　地域との関係

　虐待の根源にはＡさん・Ｂ男親子（家庭）の地域のなかでの孤立がある。Ｄ主任相談員は、その背景として地域関係の希薄化があるのではないかと考えた。そこで、Ｃ相談員とも協議のうえ、Ａさん・Ｂ男親子の了解を得たうえで住民懇談会を実施することにした。当日は、近隣住民はもとより、Ａさん・Ｂ男親子も出席して率直な意見交換が行われた。話を聞いた地域住民は親子の苦悩に驚き、また、地域のつながりの大切さを実感した。現在は地区自治会も支援チームに加わり、住民同士の助け合い活動を計画中とのことである。地域が少しずつ動き始めている。

●事後学習

　①高齢者虐待の事例に接したとき、誰を対象として、どのような視点で支援を行うことが大切でしょうか。また、そのときに支援者はどのような姿勢、態度で臨むべきでしょうか。

　②権利擁護センター（中核機関）は地域包括支援センターからの要請に対して、「専門的な対応、支援が必要」と判断しましたが、どのような理由からそう判断したのか考えてみましょう。

　③Ａさんの判断能力低下への支援方法として、日常生活自立支援事業ではなく成年後見制度（補助）の利用を選択したのは、どのような理由からでしょうか。また、補助人候補者として誰が適任でしょうか。

索　引

新・社会福祉士養成課程対応
権利擁護を支える法制度

2021年4月20日　初版第1刷発行
2023年3月1日　初版第2刷発行

編　　　集	山 口 光 治
発 行 者	竹 鼻 均 之
発 行 所	株式会社みらい
	〒500-8137 岐阜市東興町40 第5澤田ビル
	TEL 058－247－1227代　FAX 058－247－1218
	https://www.mirai-inc.jp/
印刷・製本	西濃印刷株式会社

ISBN978-4-86015-535-3　C3036
Printed in japan　　　　　　　　　乱丁本・落丁本はお取り替え致します。